Handbuch Hunderassen

Handbuch Hunderassen

Maria Costantino

Übersetzung: Marlies Ferber

Bassermann

Der Text dieses Buches entspricht den Regeln
der neuen deutschen Rechtschreibung.

ISBN 3 8094 1851 X

Originaltitel: The Handbook of Dog Breeds

Umschlaggestaltung: John-James v. Knierein, Atelier Versen
Übersetzung: Berliner Buchwerkstatt, Marlies Ferber
Redaktion: Berliner Buchwerkstatt, Ivana Jokl
Gestaltung und Layout: Berliner Buchwerkstatt, Britta Dieterle
Fotos: Paul Forrester
Karten: © Cadmium systems

Printed in China

817 2635 4453 6271

Inhalt

Einleitung

»Plus on apprend à conna tre l'homme,

plus on apprend à éstimer le chien«

(Je mehr man den Menschen kennen lernt,

desto mehr schätzt man den Hund.)

»L'Esprit des bêtes« 1847, A. Toussenel (1803–1885)

Der Wolf ist ein enger Verwandter des Hundes.

Vom Wolf zum menschlichen Gefährten: Die Entwicklung des Hundes

Als Vorfahr der heutigen Hunde gilt Miacis, ein ausgestorbenes Fleisch fressendes Säugetier, das vor ca. 50 Millionen Jahren lebte. Viele Fachleute glauben jedoch, dass erst der Hesperocyon, ein vor 38 bis 26 Millionen Jahren im heutigen Nordamerika existierender Fleischfresser, als frühester Vorfahr des Hundes zu betrachten ist. Knochenfunde belegen, dass die Anatomie des Innenohrs dieser alten Spezies charakteristisch für die Familie der Hunde ist.

Gleichzeitig zum Hesperocyon entwickelte sich eine zweite Fleisch fressende Gruppe: Der Tomarctus, ein Tier mit lang gezogenem Körper, einem Schwanz sowie sozialen Instinkten, die denen der Hunde ähnlich waren, herrschte in Eurasien vor und wurde lange als Vorfahr unserer Hunde betrachtet. Jüngere Forschungen stellen dies jedoch in Frage.

Heute wird angenommen, dass der Tomarctus ausstarb und der Hesperocyon sich vor ca. zehn Millionen Jahren zu dem hundeartigen Tier *Canis davisi* entwickelte. Diese Tiere, glaubt man, wanderten über die Beringstraße, verbreiteten sich über Asien, Europa und Afrika und entwickelten sich während der nächsten acht Millionen Jahre zur Familie der Kaniden (Canidae). Aus ihnen entwickelte sich die Gattung *Canis*, die Art Wolf (*Canis lupus*) und schließlich die Unterart Hund (*Canis lupus familiaris*).

Die Kaniden wiesen viele Merkmale auf, die noch beim heutigen Wolf zu sehen sind: lange Schädel, halb steife und stabile Hinterbeine und biegsame, nur durch Muskeln mit dem Körper verbundene Vorderbeine. Wie Wölfe hatten auch sie ein dickes, isolierendes Fell, kleine Füße sowie große Zähne zum Schnappen, Festhalten und Auseinanderreißen der Beute. Zudem besaßen sie ein sehr großes Gehirn sowie einen exzellenten Geruchs- und Gehörsinn. Sie mögen einst einzeln jagende Säugetiere gewesen sein. Doch als das Klima sich veränderte – vor zwei Millionen Jahren wurden aus tropischen Wäldern offene Graslandschaften und Steppen –, wurden die Herbivoren, die Beutetiere der Kaniden, zu Herdentieren.

Die Kaniden verfügten entweder bereits über soziale Strukturen oder entwickelten diese sehr schnell. Denn sie konnten nun im Rudel jagen und Tiere töten, die viel größer waren als sie selbst. Diese Fähigkeit, soziale Beziehungen zu knüpfen, war die Grundlage für den Erfolg der Spezies.

Der domestizierte Hund ist ein Mitglied der Gattung *Canis*, der auch Wölfe, Schakale und Kojoten – die nächsten Verwandten des Hundes – sowie die entfernteren Verwandten wie der Fuchs (alle 21 Arten), der Afrikanische Wildhund, der Mähnenwolf Zentral- und Südamerikas, der Asiatische Wildhund, der Buschhund Afrikas und der Waschbär aus Asien angehören. Sie alle weisen gemeinsame Vorfahren und viele ähnliche Verhaltensweisen auf.

Heute wird allgemein angenommen, dass eine frühe Form des asiatischen Wolfes, *Canis lupus pallipes*, das erste Tier aus der Familie der Kaniden war, das eine Beziehung zum Menschen einging – denn Wölfe sind im Vergleich zu Kojoten und Schakalen viel sozialer. Es ist nicht bekannt, wann diese Beziehung genau begann, da die frühesten Zeugnisse des Zusammenlebens mit Menschen, die aus der Zeit um 12 000 v. Chr. stammen, darauf hindeuten, dass es sich hier bereits um Hunde handelte und nicht etwa um halbzahme Wölfe.

Alles spricht dafür, dass »Wolfhunde« unabhängig voneinander an verschiedenen Orten domestiziert worden sind. Während in einigen Teilen der Welt Sammler und Jäger noch primitive Hunde zähmten, ließen sich in anderen Gegenden bereits die ersten Bauern nieder, die Nutztiere hielten und

Wolfsjunge lernen, genau wie Hundewelpen, von ihrer Mutter.

gezielt Hütehunde für ihre Viehherden züchteten.

Es gibt viele Theorien über den Beginn der Zähmung des Wolfhundes. Die geläufigste ist, dass die ersten Wolfhunde zu der Zeit der primitiven Jäger und Sammler domestiziert wurden. Die schönen prähistorischen Felsmalereien von Altamira in Spanien zeigen hundeähnliche Tiere, die Menschen auf der Jagd nach Herdentieren wie Hirschen und Bisons begleiten.

Wölfe waren in ganz Europa, Asien und Nordamerika verbreitet. Bis ihre Population vom Menschen stark dezimiert wurde, waren sie die am weitesten verbreiteten Landsäugetiere. Sie wurden in der Frühzeit zweifellos wegen ihres Fleisches gejagt und möglicherweise in mageren Zeiten als Nahrungsreserve gefangen gehalten. Spuren, die im mexikanischen Bundesstaat Colima gefunden wurden, legen nahe, dass der Mexikanische Nackthund speziell als Fleischlieferant gezüchtet wurde. Auch in der jüngeren Geschichte wurden in Hungerperioden Hunde gegessen, z. B. während der Belagerung von Leningrad und der Besetzung der Kanalinseln im Zweiten Weltkrieg. Im frühen 19. Jahrhundert, während der Belagerung von Paris, als die Stadt blockiert war und ihre Einwohner hungerten, griff man ebenfalls auf Hunde und Katzen zurück. Bei der Zubereitung wollte man die Herkunft des Fleisches vertuschen, und es heißt, dass die vielen raffinierten Saucen und Kunstgriffe – die Basis der heutigen Haute Cuisine – auf die damalige Zeit zurückgehen. In der Mongolei und der Mandschurei (China) wurde der Chow-Chow einerseits als Wachhund und Zugtier genutzt, andererseits galt sein Fleisch als Delikatesse, und sein Fell wurde zu begehrten Kleidungsstücken verarbeitet.

Der Chow-Chow: einst Wachhund, Zugtier und Delikatesse

Es ist möglich, dass Wolfswelpen – nachdem das säugende Muttertier von Jägern getötet worden war – mit nach Hause genommen und in einer menschlichen Familiengruppe sozialisiert wurden. Doch obwohl die Welpen gezähmt wurden, blieben sie Wölfe mit einer instinktiven Vorliebe für die Jagd. Jetzt jagten Mensch und Tier gemeinsam dieselbe Beute, und beide nutzten dieselbe Technik: Die Herde wurde in Panik versetzt und die alten oder verletzten Tiere, die am einfachsten zu töten waren, von der Herde isoliert. Während Menschen Werkzeuge und Waffen für das Töten herstellen konnten, hatten Wölfe die Vorteile eines ausgezeichneten Geruchssinns und großer Schnelligkeit auf ihrer Seite.

Gleich ob Menschen oder Wölfe ein Tier töteten – immer war auch das jeweils andere »Rudel« an der Beute interessiert, denn beide waren Aasfresser. Deshalb besagt eine andere These über die Domestizierung, dass, als die Menschen ihre Jagdkünste und ihre Waffen verbesserten, die Wölfe ihnen immer öfter folgten, denn ohne großen Aufwand fiel meist auch etwas für sie ab. Bald hielten sich die Wölfe auch rund um die Lagerstätten der Menschen auf und wurden als Belohnung dafür, dass sie frühzeitig vor Eindringlingen oder Raubtieren warnten, mit Aas gefüttert.

Einer weiteren Theorie zufolge wurde der Wolf mithilfe des Mülls der Menschen domestiziert. Die weggeworfenen Knochen

Hunde wurden oft als Zugtiere ausgebildet.

waren verführerische Leckerbissen für die Wölfe, und bald benutzten die Menschen sie, um die Tiere durch Belohnungen freundlich zu stimmen. Nachdem die Wölfe sich an Menschen gewöhnt hatten, hielten sie nicht nur die Lagerstätten sauber, sondern bewachten ihre neuen Gefährten auch eifersüchtig. Eine Zeit lang wurde diese Theorie wenig beachtet, doch in neuerer Zeit haben Beobachtungen an primitiv lebenden Einwohnern Neuguineas gezeigt, dass Stämme ohne Hunde oft ihre Wohnstätten wechseln mussten: Wenn ihre Müllhalden anwuchsen, wurde die Belästigung durch Gestank und Fliegen zu groß. Die Stämme mit aasfressenden Hunden jedoch siedelten eher dauerhaft in Dörfern.

Darstellungen von Hunden gibt es in vielen alten Kulturen.

Eine andere Theorie geht davon aus, dass Hunde domestiziert wurden, um dem Menschen als Lasttier zu dienen – und ein Travois oder einen Schlitten zu ziehen. Ein Travois besteht aus zwei Stangen, die am Geschirr des Hundes befestigt werden. Durch ein Flechtwerk, auf dem eine Last festgebunden wird, werden die Stangen auseinander und parallel gehalten. Hunde könnten im Sommer ein Travois und durch den winterlichen Schnee einen Schlitten gezogen haben. Überreste eines Schlittens von ca. 6000 v. Chr., gefunden in Nordeuropa, unterstützen diese Theorie. Die ersten Menschen, die in der arktischen Region siedelten – wann genau das war, ist nicht bekannt –, konnten dies nicht ohne domestizierte Hunde als Lasttiere und Fleischlieferanten getan haben. Man weiß, dass verirrte und hungernde Inuit – sowie europäische Entdecker – ihre Hunde aßen; diese Verzweiflungstat, das eigene Transportmittel zu verzehren, ließ den Tod oft nur in größere Nähe rücken.

Welche Theorie auch stimmen mag, der Hund war wohl das allererste Tier, das vom Menschen gezähmt wurde. Doch war dies ein langsamer Prozess. Als der Mensch auch andere Tiere domestizierte, mussten Hunde erst lernen, diese nicht zu töten, sondern zu beschützen und zu hüten. Und als der Mensch sich über den ganzen Erdball ausbreitete, musste auch der Hund sich an verschiedene Umgebungen und klimatische Bedingungen anpassen.

Dieser Anpassungsvorgang währt bis heute. Hunde lernen, mit vielen verschiedenen Bedingungen und Situationen zurechtzukommen: als Arbeitshunde auf Höfen, als Jagdhunde, als Polizei-, Rettungs- und Wachhunde, als Blinden- oder Gehörlosenhunde, als Schoßhunde in großstädtischen Appartements, auf Tour mit ihren mobilen Besitzern, seien es Reisende oder Lastwagenfahrer, oder sogar – wie die berühmte Hündin Leika – in einer Weltraumrakete.

Die meisten Hunde ziehen heute keine Lasten mehr, sondern werden selbst transportiert!

Das Kolosseum in Rom: Hundekämpfe waren in dem großen Amphitheater ein regelmäßiges Spektakel.

Während der natürliche Anpassungsdruck dazu führte, dass der Wolf seine Vorsicht dem Menschen gegenüber ablegte, entwickelte sich die Vielfalt der Hunderassen erst nach vielen Generationen selektiver Zucht. Bilder aus alten ägyptischen Gräbern deuten darauf hin, dass es bereits ca. 2000 v. Chr. gesprenkelte Hunde gab, Hunde mit kurzen Beinen, Hunde mit Stehohren, Hunde mit Hänge- oder Rosenohren wie bei Greyhounds und Hunde mit dicht gelockten Schwänzen. Diese Bilder belegen, dass die ägyptische Kultur eine der ersten war, die Hunde für bestimmte Zwecke züchtete. Der Jagdhund, ein Hund, der seine Beute durch gute Sehfähigkeit und große Schnelligkeit erjagt, entstand in Nordafrika, wo klare Lichtverhältnisse herrschten, die trockene Wüstenluft jedoch kaum Gerüche weitertrug.

Der ägyptische Gott Anubis, der dem Glauben nach die Seelen der Toten zu ihrem letzten Gericht begleitete, wurde mit einem menschlichen Körper und dem Kopf eines Hundes bzw. dem eines Schakals dargestellt. Zwar notierte der griechische Geschichtsschreiber Herodot, dass die Ägypter beim Tod von Hunden trauerten, doch wurden diese nie so hoch geschätzt wie Katzen: Bei Bubastis, der Kultstätte für die Verehrung des Katzengottes Bast, wurden tausende mumifizierter Katzen gefunden. Überreste mumifizierter Hunde sind dagegen selten.

Ebenso wie die alten Griechen nutzten die Römer Hunde bei religiösen Zeremonien als Opfertiere; in Griechenland wurde in Epidaurus, am Tempel des Äskulap, dem Gott der Heilkunde, ein Hundezwinger gefunden. Äskulap wird meistens mit einem Stab und einer heiligen Schlange gezeigt, manche Abbildungen stellen ihn aber auch mit einem Hund dar, von dem es heißt, dass er die Kranken durch Ablecken heilte.

Auch wenn sie als Opfertiere herhalten mussten, wurde Hunden in beiden Kulturen viel Wertschätzung und Zuneigung entgegengebracht – was wahrscheinlich eine gute Methode war, die Hundepopulation unter Kontrolle zu halten. Viele Sagen berichten von der Unerschrockenheit von Hunden und ihrer Treue. Gegenstände wie Öllampen in Hundeform oder auch rein dekorative Hundestatuen waren in römischen Haushalten im gesamten Reich beliebt, und die urrömische Tradition des Türschildes mit dem Bildnis eines Hundes und der Inschrift *Cave Canem* (Vorsicht, Hund) existiert noch heute.

Weiter östlich, im alten Mesopotamien – im Mittleren Osten zwischen den Flüssen Euphrat und Tigris –, lag die Heimat der Abessinier und später der Babylonischen Reiche. Das Britische Museum in London beherbergt eine großartige Steinreliefsammlung aus Ninive, der Hauptstadt des Assyrischen Reiches. Sie ist ca. 645 v. Chr. entstanden und zeigt König Assurbanipal

Während der Islam Katzen als »gesegnete« Tiere ansah, galten Hunde als unrein.

auf der Jagd mit Hunden vom Molossertyp. Diese Hunde waren berühmt für ihre Furchtlosigkeit und wurden von den Römern als Jagd- und Kriegshunde gezüchtet, aber auch für den Einsatz in Kampfarenen, wo sie sowohl gegen Menschen wie auch gegen andere Hunde kämpften.

Hund vom Molossertyp: Mastino Napoletano

Die Chinesen schufen Miniatur-Hunde als Gefährten.

Vor ca. 2750 Jahren kam die zoroastrische Religion in Persien (heute Iran) auf, und im Zend Avesta, einer Sammlung heiliger Texte, befasst sich ein Kapitel mit der Pflege und Zucht von Hunden. Als später der Islam zum wichtigsten Glauben wurde, waren Katzen »gesegnete« Tiere, Hunde aber galten als »unrein« – wahrscheinlich, weil der Islam strikte Regeln für Hygiene und Gesundheitspflege vorschreibt. Wegen der von Hunden ausgehenden Tollwutgefahr war die Pflicht, sich nach dem Kontakt mit ihnen zu reinigen, eine äußerst vernünftige Vorsichtsmaßnahme.

Im Gegensatz dazu wird in ca. 4000 Jahre alten chinesischen Schriftstücken der *Fu* (Löwenhund) immer wieder als Glücksbringer erwähnt, der große Freude und Reichtum beschert. Es scheint auch, dass die Chinesen die Ersten waren, die sowohl kleine Rassen als Schoßhunde züchteten wie auch die ersten Jagdhunde, die im Rudel jagten.

Im Lauf der Geschichte sorgten Armeen für den Austausch von Hunden, indem sie ihre Kampfhunde mit sich führten und die von den Feinden eroberten Hunde mit nach Hause brachten.

Im Mittelalter, als die europäischen Handelswege sich weiter verzweigten, begannen sich in der Alten Welt verschiedene Hundetypen zu verbreiten. Die mittelalterlichen Jagdpraktiken führten zur Entwicklung einer größeren Vielfalt an Hunden, wie z. B. den Schweißhunden, die speziell für die Jagd gezüchtet wurden. Im 14. Jahrhundert erschienen die ersten Bücher über den Jagdsport, einem Zeitvertreib des Adelsstandes. In Frankreich schrieb Guillaume Twici *Le Art de Vénerie*, während in Spanien König Alfonso XI. von Kastilien und Leon persönlich das Buch *Libro de Montería* verfasste. Der erste englische Text, *The Master of Game*, der sich mit dem Thema Jagdhunde befasste, stammt aus dem frühen 15. Jahrhundert, der Verfasser ist

Herzog Edward von York. Doch erst im frühen 16. Jahrhundert wurden erste Versuche gemacht, Hunde in Gruppen einzuteilen, und zwar vom Briten Dr. John Caius in seinem Werk *Of English Dogges*. Technische Errungenschaften spielten bei der Entwicklung der Hunderassen ebenfalls eine Rolle: Nach der Einführung der Feuerwaffen entwickelten sich Vorstehhunde. Sie kamen zuerst auf der Iberischen Halbinsel (Spanien und Portugal) auf und verbreiteten sich von dort über ganz Europa.

Heute gibt es auf der Welt mehr als 400 anerkannte Rassen und Rassevarianten. Es werden weiterhin viele neue Rassen entstehen und andere verschwinden, denn der Mensch fährt fort, den Hund, seinen Körperbau oder sein Temperament den menschlichen Vorlieben entsprechend zu entwickeln, zu verändern oder an moderne Ansprüche anzupassen. Im Schauring werden zeitgenössische Moden des Aussehens von Hunden vorgeführt. Daneben gibt es immer noch die Hunde, bei denen bestimmte Fähigkeiten und nicht so sehr das Aussehen im Vordergrund stehen, z. B. Polizei-, Blinden- oder Hütehunde. Auch wird es immer »Bastarde« geben, Promenadenmischungen, deren Aussehen und Nützlichkeit ihren Besitzern weniger wichtig sind als die Tatsache, dass sie treue Freunde und Gefährten sind. Hunderassen werden heute teils aufgrund ihrer Abstammungs- und körperlichen Merkmale, teils aufgrund von Verhaltensmerkmalen unterschieden – doch diese Einteilungen sind weitgehend willkürlich. Was alle Hunde miteinander teilen, ist ein wirklich beachtenswerter, sehr langer Stammbaum.

Nach der Erfindung von Jagdgewehren wurden Vorstehhunde gezüchtet.

Kapitel 1
Anatomie und Sinnesorgane

»I am his Highness' dog at Kew;

Pray, tell me sir, whose dog are you?«

(Ich bin der Hund Ihrer Hoheit in Kew,

Bitte sagt mir, mein Herr, wessen Hund sind Sie?)

Dieses Epigramm ließ ich in das Halsband des Hundes gravieren,

das ich seiner Königlichen Hoheit 1738 geschenkt habe.

Alexander Pope (1688–1744)

Körperbau des Hundes

Lefzen – herabhängende Oberlippen
Okziput – Hinterkopf, höchster Punkt des Schädels
Stopp – Einbuchtung zwischen den Augen, wo Nasenknochen und Schädel aufeinander treffen
Kamm – obere gewölbte Halspartie
Brustkorb – Partie zwischen den Vorderbeinen
Widerrist – höchster Punkt des Rumpfes
Sprunggelenk – eigentliche Ferse des Hundes

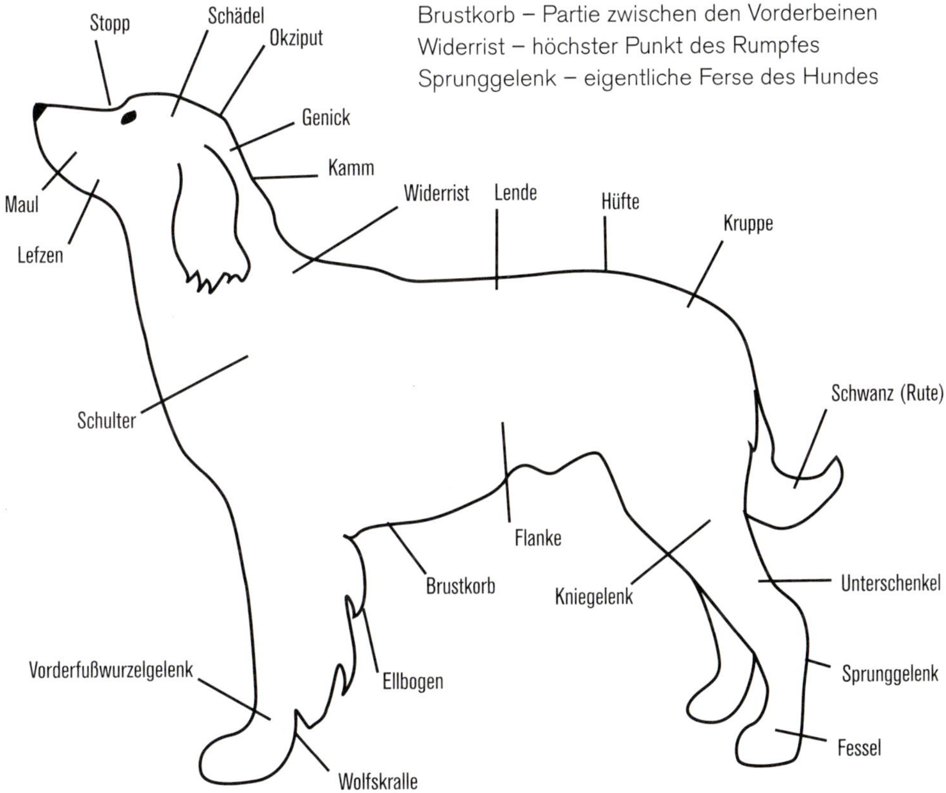

Miniatur-Rassen:
der Chihuahua aus Mexiko

Während ihres Lebens in der freien Wildbahn passten die Hunde sich außerordentlich gut an viele verschiedene Lebensräume und -bedingungen an. Und doch haben sie eine grundlegende Anatomie gemein, auch wenn selektive Zucht zu vielen Unterschieden im äußeren Erscheinungsbild führte.

Die ersten Hunde hatten wahrscheinlich etwa die Größe eines Dingos und waren im Alter von ca. 10 Monaten ausgewachsen. Vor ca. 5000 Jahren kamen durch selektive Zucht große, schwere Mastiffs auf. Jüngere Zuchten verringerten die Größe einiger Hunderassen wieder. Eine verkleinernde Zucht (Miniaturisierung) reduziert die Größe jedes Knochens proportional – Schädel, Rippen und Beinknochen – und führte zu Rassen wie dem Yorkshire Terrier oder dem Chihuahua. Bei der Zucht von »Zwergen« hingegen behält das Skelett seine normalen anatomischen Proportionen, mit Ausnahme der verkürzten Beinknochen und vergrößerten Gelenke. Rassen wie der Dackel oder der Basset sind Beispiele solcher Zwergzuchten. Sowohl die Miniaturisierung als auch der Zwergwuchs basieren auf natürlichen Erbprozessen und können darüber hinaus auch kombiniert werden, sodass es z. B. möglich ist, Zwergdackel zu züchten.

Bei Welpen bestehen die langen Beinknochen zunächst aus hohlen Knorpelröhren, die erst während des Wachstums durch Knochen ersetzt werden. Die innere Lage der Knochenhaut, die den Knochen umgibt, produziert neue Knochenzellen und sorgt so für eine Verdickung des Knochens, während das Längenwachstum an den Epiphysen (den Wachstumszonen nahe den Röhrenenden) stattfindet, wo Knorpelmasse in Knochen verwandelt wird.

Deutscher Zwergdackel

Das Knochenwachstum an den Epiphysen wird durch Hormone reguliert. Deshalb erreichen größere Hunderassen, die längere Zeit für ihr Knochenwachstum benötigen, die Geschlechtsreife später als kleinere Rassen, deren Knochenwachstum in kürzerer Zeit abgeschlossen ist.

Verbunden sind die Knochen durch Knorpelgelenke. Jedes Gelenk ist von einer Gelenkkapsel umgeben, in der sich die Gelenkschmiere befindet. Bänder verankern die Knochen miteinander, erlauben die Bewegung in bestimmten Richtungen und schützen vor übermäßigen Bewegungen in andere Richtungen. Muskeln sind mit Sehnen an den Knochen befestigt. Es gibt bei Hunden drei Muskeltypen: Knochenmuskeln, weiche Muskeln und den Herzmuskel. Knochenmuskeln können vom Hund kontrolliert werden. Sie können willentlich angespannt und entspannt werden. Ein sichtbares Beispiel dieser Muskelkontrolle ist die Rute: Der Hund kann sie einrollen, hoch tragen, einklemmen oder mit ihr wedeln. Weiche Muskeln sind für die Bewegung der Eingeweide verantwortlich, während der Herzmuskel das Herz des Hundes schlagen lässt.

Lhasa Apso ist eine der vier tibetischen Rassen, gezüchtet als Gefährte für tibetanische Mönche.

Der Deutsch-Langhaar weist die mittellange Schädelform auf.

Die Beschreibung eines Hundekopfes wirkt zunächst etwas verwirrend: Der Kopf besteht aus der Nase und dem Maul, das sich bis kurz vor bzw. zwischen die Augen erstreckt. Dieser Punkt wird Stopp genannt; bei einigen Rassen kann er sehr ausgeprägt sein, bei anderen scheint er ganz zu fehlen. Darüber setzt der Schädel an, der seinen höchsten Scheitelpunkt (Okziput) am Hinterkopf erreicht.

Es gibt drei grundlegende Schädeltypen bei Hunden. Der erste Typ (Dolichocephalus) ist lang und schmal, die natürliche Schädelform des Wolfes ist hier verlängert; er kennzeichnet Rassen wie Greyhound, Barsoi (russischer Windhund) und Saluki. Der zweite Schädeltyp (Mesocephalus) ist mittellang; Beispiele hierfür sind Hunderassen wie Pointer oder Irish Setter. Der kurze Schädel – der dritte Typ (Brachycephalus) – ist bei stupsnäsigen Rassen wie Boxern zu sehen. Bei Rassen wie dem Mops erreicht die kurzschädelige Form ihr Extrem, das Maul ist fast ganz verschwunden.

Beispiel für die kurze Schädelform: Mops

Barsoi: Beispiel für die lang gezogene Schädelform

Hundezähne brauchen Pflege.

Hundegebiss

Der Hund besitzt die Zähne eines Fleischfressers. Sie sind zum Beißen, Reißen, Schneiden und Zerkleinern geeignet. Ein Hund hat in der Regel 42 Zähne, 20 im Oberkiefer und 22 im Unterkiefer. Die sechs vorderen Zähne im Ober- und Unterkiefer sind die Schneidezähne. Scherenartig passen die oberen genau auf die unteren. Außer zum Beißen werden sie zum Knabbern und für die Fellpflege benutzt. Direkt hinter den Schneidezähnen befinden sich die Eck- bzw. Reißzähne. Im Ober- und Unterkiefer sitzt jeweils ein Reißzahn an jeder Seite. Mit diesen sehr starken Zähnen greifen die Hunde die Beute und halten sie fest, reißen Haut und Muskelfleisch von den Knochen und zerteilen die inneren Organe der Beute. Weiterhin gibt es jeweils acht Vordere Backenzähne im Ober- und Unterkiefer sowie sechs Backenzähne im Unterkiefer und vier Backenzähne im Oberkiefer. Diese Zahntypen werden als Schneide- und Kauwerkzeuge gebraucht. Da Hundezähne tief im Kiefer verankert sind und einen sehr harten Schmelz haben, sind die Backenzähne außerordentlich kräftig – in Verbindung mit den starken Kiefermuskeln können Hunde mit ihnen Knochen zerkauen. Durch das Kauen entsteht Speichelflüssigkeit, die das Hinunterschlucken der Nahrung erleichtert.

Wie bei Menschen wachsen auch bei Hunden zunächst Milchzähne, die während der Wachstumsperiode ausfallen. Welpen verlieren die oberen Schneidezähne mit ca. 14 Wochen, wenn die bleibenden Zähne durchbrechen. Die unteren Schneidezähne fallen erst einige Wochen später aus, die Reißzähne im Alter von ca. 18 Wochen. Anders als Menschen leiden Hunde selten unter Karies. Ein Grund dafür ist, dass Hunde nicht viel Zucker zu sich nehmen, ein anderer, dass die Hundezähne im Kiefer nicht so dicht aneinander stehen und sich so keine Futterreste dazwischen festsetzen. Außerdem sind Hundezähne glatter als Menschenzähne – es gibt weniger Vertiefungen und Furchen auf den Kauflächen, in denen sich Speisereste ansammeln und faulen könnten. Hunde können jedoch an Paradontose erkranken, einer bakteriellen Entzündung des die Zähne umgebenden und stützenden Zahnfleischs. Diese Krankheit – obwohl mit routinemäßiger Maulhygiene (regelmäßigem Bürsten mit einer wohlschmeckenden Zahnpasta) zu vermeiden – betrifft ca. 70 Prozent aller Haushunde, die älter als vier Jahre sind.

Training überlistet das limbische System der Hunde.

Hunde haben eine innere Uhr.

Clevere Hunde

Hunde besitzen viel kleinere Gehirne als Menschen. Vor allem das Großhirn, das mit intellektuellen Fähigkeiten, Gefühlen und der Persönlichkeit in Verbindung gebracht wird, hat eine geringere Größe. Das Gehirn des Hundes ist stattdessen viel mit der Verarbeitung von Sinneseindrücken wie Sehen, Hören und besonders Riechen beschäftigt. Das Hundehirn speichert Informationen auf zweierlei Weise: Informationen können »vorprogrammiert« sein oder erlernt werden. Der »Kampf« zwischen dem, was Hunde instinktiv tun wollen, und dem, was wir ihnen beibringen, findet in einem Netzwerk aus Zellen statt, das wir das limbische System nennen. Hundebesitzer und -trainer überlisten das limbische System, indem sie ihre Hunde dafür belohnen, wenn sie ihren Anweisungen folgen und nicht ihren eigenen Instinkten.

Hunde sind mit denselben Sinnen ausgestattet wie Menschen – Sehen, Schmecken, Riechen, Fühlen und Hören. Doch jeder Hundebesitzer wird bestätigen, dass Hunde darüber hinaus noch über einige spezielle, ebenfalls hoch entwickelte Sinne verfügen. Am häufigsten wird beobachtet, dass Hunde die Uhrzeit einschätzen können. Sie scheinen immer zu wissen, wann es Zeit für etwas ist, z. B. dass das Kind von der Schule nach Hause kommt – oft stehen sie bereits am Fenster und warten. Einige Forscher glauben, dass Hunde eine innere Uhr besitzen, die ihnen erlaubt, die Lebensrhythmen des Haushalts, in dem sie leben, zu erkennen. Andere meinen, dass Hunde einfach sehr genaue Beobachter immer wiederkehrender Vorgänge seien und auf Hinweise reagieren, die ihre Besitzer unbewusst geben.

Weitläufig herrscht die Meinung vor, dass Hunde Schwierigkeiten haben, Formen zu begreifen und wieder zu erkennen. Die meisten Hundehalter jedoch werden dieser These mit Beispielen ihrer Hunde entgegentreten, die mit freudiger Erwartung reagieren, wenn ihr Besitzer eine bestimmte Jacke, einen Mantel oder ein bestimmtes Schuhpaar anzieht – Kleidung, die üblicherweise bei Spaziergängen getragen wird und nicht etwa zur Arbeit (diese wird vom Hund ignoriert). Man könnte dagegenhalten, dass Hunde nicht auf die Formen reagieren, sondern auf eine Vielzahl von Wahrnehmungen, wie Bewegungen, Gerüche, Geräusche und Tageszeit.

Augen und Sehfähigkeit

Die Augen von Hunden sind flacher als Menschenaugen. Obwohl sie wie menschliche Augen die Stärke ihrer Linsen verändern können, um die Scharfeinstellung an das Objekt anzupassen, ist ihre Sehschärfe geringer. Hundeaugen reagieren zwar sehr viel empfindlicher auf Licht und Bewegung als menschliche Augen, doch ihre Auflösungskraft ist weniger hoch. Das bedeutet, dass wir Menschen z. B. leicht einen Ball im hohen Gras finden, ein Hund dazu aber herumschnüffeln muss. Ein Hund ist jedoch in der Lage, selbst die kleinste Bewegung aus den Augenwinkeln wahrzunehmen. Seine Gesichtsanatomie ist der seines nächsten Verwandten, dem Wolf, sehr ähnlich. Weit auseinander stehende Augen ermöglichen einen weiten Blickwinkel und damit das Erkennen von Bewegung in der Umgebung. Rassen, bei denen die Augen dichter beisammenstehen, wie z. B. Greyhounds, können Bilder und Objekte besser wahrnehmen, die direkt vor ihnen liegen.

Die Wahrnehmung bei Hunden verbessert sich, wenn sie selbst und das angesehene Objekt sich bewegen.

Wahrnehmungsexperimente haben gezeigt, dass die meisten Hunde verwirrt reagieren, wenn weder sie selbst noch die angesehenen Objekte in Bewegung sind. Die Wahrnehmung verbessert sich, sobald das Objekt sich bewegt. Noch besser wird sie, wenn sich auch der Hund bewegt. Viele Tiere – Jäger, Gejagte und auch der Mensch – erstarren instinktiv, um nicht entdeckt zu werden.

Wie bei anderen Säugetieren auch besteht die Netzhaut bei Hunden aus Stäbchen und Zäpfchen. Die Stäbchen ermöglichen die Nachtsicht. Verglichen mit Menschen weisen Hunde eine viel größere Anzahl davon auf. Die Stäbchen sind am äußeren Rand der Netzhaut platziert und unterstützen auch die periphere Sicht bei Tag. Die Zäpfchen ermöglichen das Sehen bei Licht. Hunde besitzen weniger davon als Menschen, sodass sie keine so große Bandbreite an Farben unterscheiden können. Ebenso wie Katzen haben Hunde ein drittes Augenlid (Nickhaut oder auch Hagebutte genannt), das unter dem unteren Lid verborgen ist und das Auge säubert, während Flüssigkeit aus der Tränendrüse die Hornhaut befeuchtet.

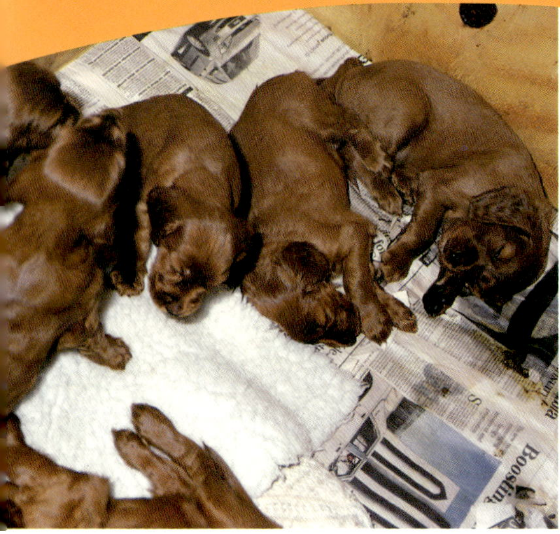

Welpen kommen blind und taub zur Welt.

Shetland Sheepdog mit charakteristischen Überfallohren

Französische Bulldogge mit Fledermausohren

Tasten, Schmecken

Da Welpen bei der Geburt blind und taub sind, ist der Tastsinn der erste Sinn, der sich entwickelt. Er bleibt während des gesamten Hundelebens gut ausgebildet und wichtig. Über den Augen, rund um das Maul und unterhalb der Lefzen befinden sich berührungsempfindliche Haare, die Tasthaare, die Veränderungen im Luftzug registrieren. Außerdem ist jeder Fuß mit berührungsempfindlichen Nerven ausgestattet. Hunde besitzen weniger Geschmacksknospen als Menschen – auf sechs Geschmacksknospen beim Menschen kommt nur eine beim Hund. Obwohl Hunde sehr wohl zwischen süß, sauer, salzig und bitter unterscheiden können, wird ihre Reaktion auf Futter üblicherweise einfach in gut, schlecht oder gleichgültig eingestuft.

Ohrform und Gehör

Selektive Zucht hat die Ohren mehr als jeden anderen Körperteil verändert. Die natürliche Ohrform des Hundes entspricht der des Wolfes: aufgestellt und beweglich. Viele Hunderassen haben diese Ohrform in unterschiedlichem Ausmaß beibehalten. Der Deutsche Schäferhund besitzt von Natur aus Stehohren, während die Ohren anderer Rassen, wie z. B. die des Dobermanns, die von Natur aus dicht am Kopf herunterhängen, in einigen Ländern tierärztlich kupiert werden, um den Hunden ein »wacheres« Aussehen zu verleihen.

Ohren, die aufrecht gehalten oder flach nach hinten an den Kopf gelegt werden können, sind häufig bei Windhundrassen zu finden. Sie können auch wie Blütenblätter seitlich am Kopf herunterhängen (Rosenohren). Spürhunde haben oft lange Hängeohren, die manchmal sogar den Boden berühren, wenn sie eine Fährte verfolgen. Des Weiteren gibt es halb aufgestellte Ohren, deren Spitzen nach vorn fallen (Überfallohren), z. B. bei Shetland Sheepdogs, sowie aufgestellte, abgerundete Fledermausohren wie bei der Französischen Bulldogge und Knopfohren, die aufgestellt sind, aber V-förmig abknicken, wie beim Jack Russell Terrier.

Der Dobermann besitzt von Natur aus Hängeohren. Sie werden oft kupiert, um ihm ein »wacheres« Aussehen zu geben.

Der Deutsche Schäferhund hat Stehohren.

Jack Russell Terrier mit Knopfohren

Sobald die Welpen hören und sehen, müssen sie das Bellen und Knurren ihrer Mutter verstehen lernen.

Zwar unterscheidet sich das äußere Ohr des Hundes sehr von dem des Menschen, doch ist die innere Anatomie des Hundeohres der des menschlichen sehr ähnlich. Hundeohren sind natürlich viel beweglicher; Hunde mit Stehohren können diese nach vorn und zu den Seiten hin bewegen. Hunde mit Hängeohren können ihre Ohren in unterschiedlichem Ausmaß anheben, um besser zu hören. Es gibt große Unterschiede im Hörvermögen bei Hund und Mensch: Forscher fanden heraus, dass Hunde eine Geräuschquelle innerhalb von sechs 100stel-Sekunden lokalisieren und viermal weiter entfernte Geräusche hören können. Hohe und tiefe Töne müssen jedoch lauter sein, um gehört zu werden – in dieser Hinsicht ist das Hörvermögen der Hunde dem der Menschen sehr ähnlich. Allerdings hören Hunde sehr hohe Töne, die weit oberhalb der menschlichen Hörskala liegen. Dieses Wissen wurde für die Erfindung einer »stillen« Pfeife genutzt: Der Mensch, der in die so genannte Galton-Pfeife bläst, nimmt nur den Luftzug wahr, der Hund kann den Ton hören. Die Ohren der bei der Geburt tauben Welpen beginnen sich nach ca. zehn bis zwölf Tagen zu öffnen. Zu diesem Zeitpunkt müssen sie lernen, was das Knurren und Bellen ihrer Mutter zu bedeuten hat. Dies kann eine schmerzvolle Erfahrung sein, denn oft wird die Mutter ihre Welpen zwicken und beißen, während sie knurrt, um sie zu unterweisen.

Riechen

Der Geruchssinn ist mit Abstand der am besten entwickelte Sinn des Hundes. Ein großer Teil des Gehirns widmet sich der Verarbeitung von »erschnüffelten« Informationen. Der durchschnittliche Hund besitzt mehr als 200 Millionen Geruchsrezeptoren in seinen Nasenwindungen, der Mensch dagegen nur fünf Millionen. Die Feuchtigkeit der Hundenase hilft, Gerüche einzufangen. Diese werden an die Nasenschleimhaut weitergeleitet, die zahlreiche sehr dünne Knochen (Nasenmuschelknochen) überzieht. Diese Knochen bilden zusammen eine Reihe von Windungen, sodass die Oberfläche der Schleimhaut vergrößert ist und auch die winzigste Geruchsspur eingefangen wird. Zusätzlich zur Nase besitzen Hun-

Schnüffeln: eine wichtige Methode der Informationsbeschaffung

de ein Organ im Gaumen, das Sexualdüfte einfängt und diese Informationen direkt ans limbische System weiterleitet – den Teil des Gehirns, der für instinktgesteuertes Verhalten zuständig ist.

Die interessantesten Gerüche für Hunde sind Urin, Schweiß, Blut, verwesendes Fleisch und anale Drüsensekrete. Der Urin einer Hündin gibt Aufschluss über ihren Eisprung und ihre Paarungsbereitschaft. Talg- und Schweißdrüsen sondern Sekrete in die beiden am Darmausgang (Anus) liegenden Analdrüsen ab – und diese Sekrete spielen bei der Markierung des Territoriums und für das Wiedererkennen der Hunde untereinander eine entscheidende Rolle: Wenn ein Hund kotet, pressen die Muskeln rund um die Analdrüsen als Duftmarke für andere Hunde einige Tropfen des klebrigen Sekrets heraus.

Hundenasen sind fähig, Informationen zu entschlüsseln, egal ob sie auf fest stehenden oder beweglichen Gegenständen hinterlassen wurden. Umherstreifende Hunde urinieren an Laternen, Autoreifen, Tore, Zäune und Erdhügel. Der nächste Hund wird erschnüffeln können, ob der erste männlich oder weiblich, ob er gesund, hungrig oder satt ist und, wenn es sich um eine Hündin handelt, ob sie paarungsbereit ist. Durch die Fährte des ersten Hundes, die Schweißabsonderungen und vielleicht Erde aus anderen Gegenden enthält, wird er wissen, ob der erste Hund von dort stammt oder ein Neuankömmling ist – und er wird der Fährte folgen können, um herauszufinden, wo genau dieser neue Hund hingegangen ist.

Hunde beschnüffeln sich gegenseitig, wenn sie sich treffen.

Kurz und lockig

Haut und Fell

Wie die Haut des Menschen besteht auch die des Hundes aus zwei Schichten, der Oberhaut (Epidermis) und der darunter liegenden flexiblen und elastischen Lederhaut (Dermis). In der Lederhaut befinden sich Blutgefäße und Nervenfasern sowie zahlreiche Hautdrüsen, z. B. die Talgdrüsen der Haarfollikel, die für die Einfettung des Fells sorgen. Im Inneren des Ohrkanals produzieren die Talgdrüsen Ohrenschmalz. Andere Hautdrüsen, etwa an den Pfoten, produzieren Schweiß.

Bei Hunden gibt es größere Unterschiede in der Beschaffenheit des Fells als bei anderen Haustieren. Das liegt daran, dass beim Hund viele Haare unterschiedlichen Typs aus einem Haarfollikel wachsen können. Das zentrale Haar eines Follikels wird von bis zu fünf Deckhaaren umgeben, jedes mit seiner eigenen Talgdrüse und einem Aufrichtmuskel, der es Hunden erlaubt, ihr Fell in verschiedenem Ausmaß zu sträuben. (Wenn wir Menschen dagegen sagen, dass sich uns »die Haare sträuben«, haben wir nur eine Gänsehaut.) Zuweilen werden diese Deckhaare von weiteren, kleinen Unterfellhaaren umgeben, die jeweils auch eine eigene Talgdrüse besitzen, jedoch keinen Aufrichtmuskel, sodass sie nicht gesträubt werden können. In vielen Teilen der Welt existieren haarlose Hunde, wie der Chinesische Schopfhund und der Mexikanische Nackthund. Die Ursache der Haarlosigkeit ist nicht ganz bekannt; es werden eine ganze Reihe von Gründen aufgeführt, die von Unzulänglichkeiten im Blutfaktor über Hautkrankheiten bis zu genetischen »Unfällen« reicht, die durch menschliches Eingreifen zustande gekommen sind. Doch alle haarlosen Rassen gebären in jedem Wurf einige Welpen mit Fell, Powder Puffs (Puderquasten) genannt.

Lang und luxuriös

Fellbeschaffenheit

Hunde vom Spitztyp entwickelten sich in arktischen Regionen und haben ein dichtes Fell.

Das Fell eines Hundes besteht aus Deckhaaren und Unterhaaren. Die unterschiedlichen Felltypen werden von der Dichte der Haare und der Art ihrer

Haarloser Chinesischer Schopfhund

Verteilung bestimmt. Während ein Yorkshire Terrier ca. 100 Haare auf einem Quadratzentimeter Haut besitzt, weist ein Hund vom Spitztyp auf gleicher Fläche ca. 600 Haare auf. Einige Rassen, wie z. B. drahthaarige Hunde, haben mehr Deckhaare und weniger Unterhaare – dies macht das Fell robust, isoliert und stellt auch einen guten Schutz gegen Bisse und Abschürfungen dar. Andere Rassen, die sich im Allgemeinen in wärmerem Klima entwickelt haben, besitzen dichtere Unterhaare. Unter dem Mikroskop ist zu erkennen, dass das gerade, raue Deckhaar vieler Hunde aus runden Haaren besteht, während die leicht welligen oder gelockten wolligen Haare des Unterkleids im Querschnitt oval sind. Zusätzlich zu den normalen Fellhaaren, die in Zyklen wachsen und ausfallen (abhängig von Temperatur, Menge des Tageslichts, Hormonaktivität, Ernährung und Stressfaktoren), gibt es über den ganzen Hundekörper verteilt einzelne Sinneshaare, auch Vibrissen, Tasthaare oder Sinushaare genannt. Diese stellen zusammen mit den steifen Barthaaren spezialisierte Berührungsrezeptoren dar, die vom sympathischen Nervensystem kontrolliert werden.

Ebenso wie bei Katzen sind die Haarfarben bei Hunden so vielfältig, dass oft ein Wort nicht ausreicht, um sie zu beschreiben.

Yorkshire Terrier mit langem Fell: eine moderne Züchtung für Ausstellungszwecke

Hundezüchter haben eine eigene Farbpalette für die Beschreibung von Fellfarben entwickelt, die von gewöhnlichem Grau, Creme oder Rotbraun bis zu poetischeren Begriffen wie Weizenblond, Zitrone, Elfenbein und Zimt reicht. Darüber hinaus gibt es u.a. Blenheim (kastanienbraune Abzeichen auf perlweißer Grundfarbe), Blue-Merle (Blau und Grau gemischt mit Schwarz), gescheckt, gefleckt, meliert (eine Mischung aus farbigen und weißen Haaren), gestromt (Streifenzeichnung), Tricolor (Schwarz-Weiß mit lohfarbenen Abzeichen), Blaugrau, Rotgrau, Schwarzgrau, Buntschecken (ungleichmäßige weiße Stellen, mit einer anderen Farbe gemischt) und Zobel (Haare mit schwarzen Spitzen, Grundfarbe aus goldenen, silbernen, grauen, rehbraunen oder gelbbraunen Haaren).

Die Fellarten der verschiedenen Rassen hängen mit deren Herkunft zusammen und wurden durch Klima und Art der Verwendung beeinflusst.

Spaziergänge

Ein gesunder Hund weist perfekt koordinierte Bewegungen und einen schwungvollen Gang auf. An den Fußballen und unter den Zehennägeln befinden sich veränderte Hautstrukturen. Die Zehennägel werden aus modifizierten Fortsätzen der Oberhaut gebildet. Die Fußballen – die Polster an der Unterseite der Füße – sind mit einer dicken, schützenden Hornhaut bedeckt. Sie enthalten Schweiß produzierende Drüsen, die sie geschmeidig halten und Geruchsspuren auf dem Boden hinterlassen. Anders als menschliche Hände und Füße sind die Fußballen eines Hundes viel weniger kälte- und hitzeempfindlich. An der Innenseite jedes Vorderfußes, dort, wo beim Menschen der Daumen wäre, befindet sich die so genannte Wolfskralle. Bei den meisten Rassen wird die Wolfskralle wenige Tage nach der Geburt entfernt, um dem Bein eine geradere Linie zu geben. Es gibt jedoch auch einige Hunde, bei denen sie zum Rassestandard gehört: Beim Alapaha Blue Blood Bulldog werden die Wolfskrallen niemals amputiert. Der Islandhund und der Lundehund haben doppelte Wolfskrallen an ihren Vorderpfoten, während der Portugiesische Wachhund Wolfskrallen an den Hinterpfoten besitzt, genau wie der Beauceron.

Normalerweise zeigen gesunde Hunde vier Arten der Fortbewegung: den müßigen Spaziergang bzw. Schritt (mit häufigen Unterbrechungen, um interessante oder aufregende Gerüche zu untersuchen), den schnellen Schritt bzw. Trab, den leichten Galopp und den schnellen Galopp bzw. Renngalopp.

Gesunder, vor Energie sprühender Hund

Geschwindigkeit zulegen

Italienischer Greyhound – perfekt »aerodynamisch«: Der gebogene Rücken deutet auf die Biegsamkeit der Wirbelsäule hin, die für enorme Geschwindigkeit sorgt. Beim Rennen kann der Hund die Hinterfüße vor den Vorderfüßen aufsetzen.

Die unterschiedlichen Fortbewegungsformen werden Gangarten genannt. Sie unterscheiden sich in den Abfolgen der Schritte und in den Geschwindigkeiten. Im Schauring werden die einzelnen Rassen in der jeweils für sie vorgeschriebenen Gangart vorgeführt.

Beim langsamen Gang haben normalerweise drei der vier Hundebeine Bodenkontakt. Während des Trabs bzw. schnellen Schritts setzen die diagonal gegenüberliegenden Füße gleichzeitig auf: der linke Hinterfuß und der rechte Vorderfuß, der rechte Hinterfuß und der linke Vorderfuß. Für einen Sekundenbruchteil befinden sich alle vier Füße in der Luft.

Der leichte Galopp ist eine Dreitaktbewegung, bei der zwei Pfoten einzeln und die anderen beiden paarweise aufgesetzt werden. Die schnellste Gangart, der schnelle Galopp bzw. Renngalopp, ist ein Springen im Dreitakt. Der Hund setzt gleichzeitig seine beiden Vorderpfoten, dann die beiden Hinterpfoten auf. Es gibt eine Schwebephase, bei der sich alle vier Pfoten in der Luft befinden.

Ein perfekt ausbalancierter Gang – wie er im Schauring von Champions gezeigt wird – ist dann erreicht, wenn beide Körperhälften sich genau synchron bewegen, gleich ob die Einteilung in die zwei Hälften quer (an der Taille) oder der Länge nach erfolgt.

Bei Windhundrassen wie dem Greyhound setzen die Hinterfüße vor den Vorderfüßen auf. Da diese Hunde eine sehr bewegliche Wirbelsäule besitzen, fungiert das Hinterteil ihres Körpers beim Springen oder Rennen als Verlängerung ihrer Hinterbeine – anders ausgedrückt, die untere Rückenpartie arbeitet quasi als zweiter Oberschenkelmuskel. Der Galopp besteht aus fast ununterbrochenen Luftsprüngen.

Kapitel 2
Hundezucht

Selektive Zucht

Die große Vielfalt an Formen, Größen, Farben, Felltypen, Temperamenten und Fähigkeiten – wie sie Hütehunde, Schweißhunde, Vorsteh- und Apportierhunde sowie Rennhunde besitzen – zeugen von der flexiblen Natur der Hundegene wie auch von züchterischen Fähigkeiten über tausende von Jahren hinweg. Heute richten sich die meisten Züchter nach den Standards von Rasseclubs und nicht mehr so sehr nach Standards für Arbeitshunde. Demzufolge sehen viele heutige Hunde deutlich anders aus als frühere, selbst als ihre jüngeren Ahnen. Überlieferte Geschichten der Rassehundzucht sind oft wenig mehr als unterhaltsame Legenden, denn eine Schwierigkeit, authentische Berichte zur Hundezucht zusammenzutragen, besteht darin, dass es vor 1873 nirgendwo auf der Welt einen Hundezuchtverein gab. Folglich existierten vorher nur sehr wenige Registrierungssysteme und genaue Rassebeschreibungen.

Züchter wählen ihre Hunde hauptsächlich anhand ihres Aussehens und Verhaltens aus sowie aufgrund einer verwandtschaftlichen Beziehung zu außergewöhnlichen Exemplaren; diese können Vorfahren gewesen sein oder aus dem aktuellen verwandtschaftlichen Umfeld stammen. Jede kontrollierte bzw. selektive Zucht bedeutet Auswahl – und Ablehnung. Einigen Hunden wird eine Fortpflanzung erlaubt, anderen nicht. Durch Selektion führen die Züchter die Rasse in die gewünschte Richtung. Ziel ist es, die Rassestandards und damit die Qualität der Rasse zu erhalten. Dies muss sorgfältig geschehen, denn andernfalls könnten wertvolle Qualitäten der Hunde verloren gehen oder, schlimmer noch, Gendefekte erhalten bleiben und vervielfältigt werden. Viele Gendefekte sind rezessiv, d. h., der entsprechende Fehler tritt nur dann auf, wenn das Gen dafür sowohl vom Vater wie auch von der Mutter vererbt wird. Das kann leicht passieren, wenn zwei nahe Verwandte gekreuzt werden, bei denen die Gefahr der Übereinstimmung erblicher Anlagen größer ist. Anders ausgedrückt, vergrößert Inzucht (auch als Reinzucht bezeichnet) Rein- oder Gleicherbigkeit. Fast alle Haustierrassen, auch Hunde, wurden einst durch Inzucht produziert. Die meisten modernen Züchter, die um die Gefahren der Inzucht wissen, praktizieren stattdessen Linienzucht. Hierbei werden Tiere miteinander gekreuzt, die auf die gleiche Linie zurückgehen, d. h. auf einen oder mehrere gleiche Vorfahren mit guten Anlagen.

Grand Basset Griffon Vendéen

Foxterrier

Linienzucht

Als Linienzucht wird das Kreuzen verwandter Tiere bezeichnet, die allerdings nicht so eng verwandt sind wie etwa Mutter und Sohn oder Vater und Tochter.

Im Stammbaum eines Hundes aus einer Linienzucht treten immer wieder ein oder mehrere herausragende Exemplare auf. Auf dem Schaubild stehen A und B für die Eltern eines Hundes. Der gefleckte Hund erscheint dreimal im Stammbaum, und das gesamte genetische Erbe des Hundes mit den Eltern A und B stammt von drei Individuen – den schwarz, weiß und gefleckt gezeichneten Hunden (abgesehen von den Einkreuzungen nicht verwandter Exemplare derselben Rasse vier Generationen zuvor, markiert mit einem O).

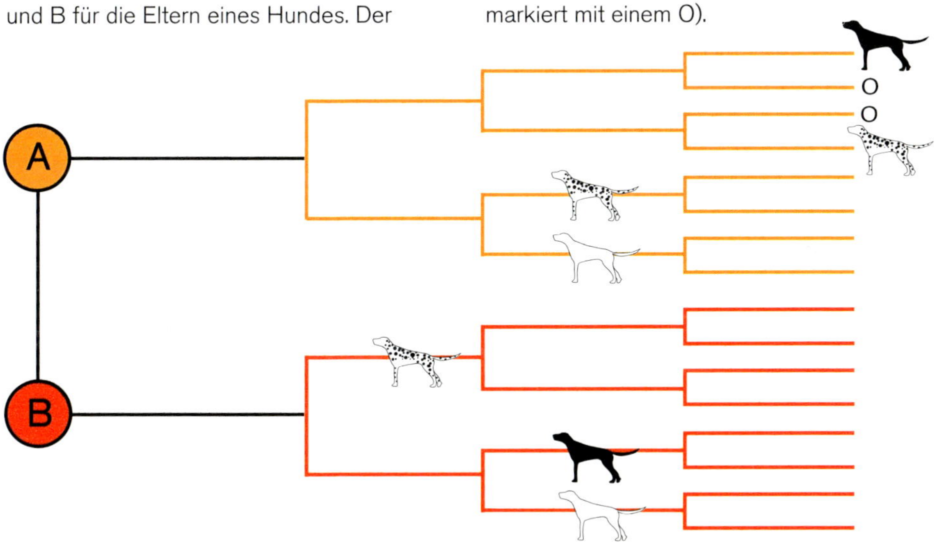

Die Rolle der Hundeverbände

Über tausende von Jahren hinweg besaßen Kaiser, Könige, Generäle, Kriegsherren und der Adel Jagd- und Kampfhunde. Diese wurden auf bestimmte Fähigkeiten, aber auch auf das Aussehen hin gezüchtet. Die Herrscher setzten neue Modetrends, der Adel folgte, und es entstanden »Schoßhunde«, Gefährten für die Damen bei Hof.

Im 19. Jahrhundert hielten alle Gesellschaftsschichten Hunde. Der Besitz von selektiv gezüchteten Hunden war aber unter den Wohlhabenden am verbreitetsten. Die erste Hundeausstellung in England hatte karitativen Charakter: Englische Aristokraten organisierten eine Wohltätigkeitsveranstaltung. 1860 wurde im englischen Birmingham die erste Gesellschaft für Hundeausstellungen gegründet, drei Jahre später fand in Paris die erste Hundeschau auf dem europäischen Festland statt.

Die Rassen waren damals noch nicht genau definiert. Es gab innerhalb einer einzigen Rasse hunderte von verschiedenen Größen, Formen und Farben. Die vielen widerstreitenden Meinungen darüber, wie ein bestimmter Hundetyp auszusehen hatte, führten zur Gründung von Hundeclubs und Zuchtverbänden, die offizielle Standards oder »Ideale« festzulegen begannen, um Hunde klassifizieren und bewerten zu können. 1873 wurde in England ein Dachverband für die Hundezucht gegründet, der *Kennel Club* (*KC*). Er brachte ein Zuchtbuch mit Stammbäumen von mehr als 4000 Hunden heraus, eingeteilt in 40 Rassen, sowie Regeln für Hundeschauen und Leistungsprüfungen. 1880 entschied er, dass nur noch Hunde, die bei ihm registriert waren, auf von ihm lizensierten Schauen gezeigt werden durften. Diese Vorschrift hatte für

Hauptziele von Hunde-Dachverbänden

- Rassen klassifizieren
- Stammbaumhunde registrieren
- Besitzüberschreibungen von Rassehunden registrieren
- Rassezuchtverbände, Hundeclubs und -trainingsverbände lizensieren und registrieren
- Hundeschauen sowie Leistungs- und Gehorsamsprüfungen lizensieren und kontrollieren
- Die Aufwertung von Hunden in jeder Beziehung unterstützen
- Regeln des Verbandes aufstellen und durchsetzen
- Auszeichnungen verleihen

die Zukunft der selektiven Hundezucht weltweit eine große Wirkung, denn sie definierte erstmals eine Rasse als eine Gruppe von Hunden, die von einem Verband anerkannt war.

Der britische *Kennel Club* setzte die Maßstäbe für spätere Verbände: 1882 wurde in Frankreich die *Societé Centrale Canine* gegründet, und ein Jahr später entstand der *American Kennel Club*. Diese beiden Verbände sowie der kynologische Weltverband – *Fédération Cynologique Internationale* (*FCI*), mit Sitz in Thuin, Belgien, gegründet 1911 unter Beteiligung deutscher, französischer, österreichischer, niederländischer und belgischer Hundeverbände – schrieben vor, dass nur die Hunde bei ihren Hundeschauen gezeigt werden durften, die in ihren jeweiligen Verbänden registriert waren. Heute sind die meisten europäischen Länder dem *FCI* angeschlossen, und es gibt Übereinkommen mit südostasiatischen Nationen, Japan, zentral- und südamerikanischen Ländern sowie mit Großbritannien. Der *FCI* setzt sich für die wechselseitige Anerkennung von Zuchtbüchern, Übereinkünften bei Rassestandards und für das Übernehmen internationaler Regeln und Bewertungskriterien ein.

Cruft's: Die größte (Hunde-)Schau der Welt

Charles Cruft, geboren 1851, arbeitete als Verkäufer bei James Spratt, der eine neuartige Idee aus Amerika mitgebracht hatte: den Hundekuchen. Das Geschäft war erfolgreich, und Cruft begann zu reisen. Bei der Pariser Weltausstellung 1879 wurde er gebeten, eine Hundeschau zu inszenieren. Zurück in London, blieb er dabei und organisierte 1886 eine Terrier-Ausstellung, die sehr erfolgreich war. Cruft beschloss, für seine Hundeausstellungen einen langfristigen Vertrag über die Nutzung der landwirtschaftlichen Halle in Islington im Norden Londons abzuschließen. 1891 gab es die erste der weltberühmten Cruft's Dog Shows. Königin Victoria war Schirmherrin und häufige Besucherin der Ausstellungen, und bevor Großbritannien seine strikten Quarantäneregeln einführte, gab es Nennungen aus ganz Europa, Russland und selbst aus Indien. Nach Crufts Tod im Jahr 1938 übernahm der *British Kennel Club* die Ausstellung, die heute von geschätzt 50 000 Menschen besucht wird. Das Interesse an der Veranstaltung und am Hund, der am Ende Champion wird, ist so groß, dass die Ausstellung regelmäßig ein wichtiges Thema in den nationalen Fernsehnachrichten ist.

Einteilung der Rassen

Hound: Fox Hound

Die Klassifizierung von Rassen und Rassetypen ist recht willkürlich. Die alten Römer teilten Hunde in Haushunde, Hütehunde sowie Sport- bzw. Jagdhunde ein, und noch im Mittelalter untergliederte Dr. John Caius, als er seine Klassifizierungen vornahm, Hunde in drei Gruppen: Jagdhunde, Haushunde und Köter. Diese drei Gruppen wurden weiter unterteilt; die Jagdhunde umfassten Terrier, Harrier (Hund für die Hasenjagd), Bloodhound (Spürhund), Gazehound (auf Sicht jagender Hund), Greyhound (Windhund), Spaniels, Setter und Water Spaniels. Die »sanften« Water Spaniels tauchten neben Hunden, die als »Tröster« beschrieben wurden, auch in der Gruppe der Haushunde auf. Die Gruppe der Köter beinhaltete Hütehunde, Mastiffs und Bandoggers (altenglischer Begriff für Hunde, die bei Tag eingesperrt und bei Nacht freigelassen wurden – das mittelalterliche Äquivalent heutiger professionell trainierter Wachhunde).

Vorstehhund: English Setter

Im 18. Jahrhundert publizierte der schwedische Wissenschaftler Dr. Carolus Linneaus (1707–1778) *The System of Nature*, wo er 35 Hunderassen aufführte, während der Comte de Buffon, ein französischer Naturforscher (1707–1788), Hunde anhand von Erscheinungsbild und Verhalten in fünf Gruppen einteilte. Im folgenden Jahrhundert, als das Interesse für die Naturwissenschaften zunahm, wurden neue Rasseeinteilungen entwickelt, und 1878 klassifizierte der deutsche Wissenschaftler Professor L. Fitzinger anhand von äußeren Merkmalen 180 Hunderassen und Variationen.

Auch nach der Gründung des ersten Hundeverbandes 1873 wurden die verschiedenen Hunde zusammen gezeigt. Bald jedoch erfolgte in Großbritannien eine Einteilung in zwei Kategorien, »sportlich« und »nicht sportlich«. Etwas später wurden die Sporthunde in drei Gruppen unterteilt: Gun Dogs (Vorsteh-, Stöber-, Wasser- und Apportierhunde für die Schusswaffenjagd), Hounds (Wind-, Lauf- und Schweißhunde für den Jagdsport) und Terrier (»Erdhunde« für das Aufstöbern von Fuchs-, Dachs- und Kaninchenbauen). Die »unsportlichen« Hunde waren etwas schwieriger zu klassifizieren, doch schließlich einigte man sich auf

Toy Dog: King Charles Spaniel

die Einteilung in Toy Dogs (Kleinhunde) und Working Dogs (Arbeitshunde). Die Rassen, die in keine der beiden Kategorien passten, wurden unter dem Begriff Utility Dogs (Gebrauchshunde) zusammengefasst. (In den USA werden Gun Dogs noch immer als sportliche Hunde bezeichnet und Utility Dogs als unsportliche Hunde.)

Die Rasseneinteilung in diesem Buch folgt der Unterteilung des *British Kennel Club (KC)* in sechs Hauptgruppen: Jagdhunde (Gun Dogs), Wind-, Lauf- und Schweißhunde (Hounds), Terrier, Kleinhunde (Toy Dogs), Gebrauchshunde (Utility Dogs) und Arbeitshunde (Working Dogs). Jeder Rasseverband hat das Recht, seine eigenen Rassestandards aufzustellen, doch alle Verbände, die dem kynologischen Weltverband *(FCI)* angehören, legen diesem ihre Standards zur internationalen Anerkennung vor. Das bedeutet, dass der *FCI* bestimmte Hunderassen anerkennt, während der britische oder der amerikanische Hundeverband es vielleicht nicht tun. Außerdem werden die Rassestandards oft von Land zu Land anders ausgelegt, und so können Hunde einer Rasse aus unterschiedlichen Ländern sehr verschieden aussehen.

Basenji

Die Rasseneinteilung des *FCI* ist kompliziert; sie basiert sowohl auf der Herkunft und den körperlichen Merkmalen der Rassen wie auch auf dem Verhalten. Es gibt zehn Gruppen, deren Einteilung – wie jede andere Einteilung auch – willkürlich ist, denn einige Rassen könnten genauso gut in einer anderen Gruppe aufgeführt werden.

Die Kategorien des *FCI* sind:

1. Hütehunde und Treibhunde (ausgenommen Schweizer Sennenhunde); 2. Pinscher, Schnauzer, Molossoide und ähnliche Rassen; 3. Terrier; 4. Dachshunde; 5. Spitze und Hunde vom Urtyp; 6. Laufhunde, Schweißhunde und verwandte Rassen; 7. Vorstehhunde; 8. Apportierhunde, Stöberhunde und Wasserhunde; 9. Gesellschaftshunde und Begleithunde; 10. Windhunde.

Kapitel 3
Hunderassen

Jagdhunde

Curly-Coated Retriever

Jahrhundertelang begleiteten Schweiß- und Laufhunde die Menschen auf der Jagd, zum Zwecke der Nahrungsbeschaffung oder als Sport. Diese Jagdhunde waren dem Adel und reichen Gutsbesitzern vorbehalten und wurden zur Jagd von Damwild oder Wildschweinen benutzt. Für die niederen Gesellschaftsklassen war Haltung und Gebrauch dieser Rassen verboten; die kleinbäuerliche Schicht entwickelte ihre eigenen Jagdhunde – Terrier, die kleinere Säugetiere wie Ratten, Kaninchen und Füchse erbeuteten, indem sie deren Höhlen aufspürten und hineinkrochen.

Das Aufkommen von Feuerwaffen ermunterte die Züchter, sich noch mehr auf die natürlichen Instinkte von Jagdhunden und Terriern zu konzentrieren: die Fähigkeit, Fährten aufzunehmen, in Höhlen hineinzukriechen und zu schwimmen. Was für die Schusswaffenjagd zusätzlich gebraucht wurde, waren Hunde, die eine Beute aufstöbern und stellen konnten, dann jedoch auf Kommando des Jägers still stehen blieben oder niederkauerten, damit dieser die Beute schießen konnte; ebenso Hunde, die auf Befehl ins eiskalte Wasser sprangen, um die geschossene Beute zu apportieren – diese also nicht auffraßen, sondern dem Jäger brachten. Dieser Hundetyp, der Hund für die Jagd mit Schusswaffen, benötigte nicht nur die natürlichen Instinkte der Jagdhunde, sondern außerdem eine große Bereitschaft, Befehlen zu folgen. Im 16. und 17. Jahrhundert entwickelten Hundezüchter aus Jagdhunden und Hütehunden, die ausgezeichnet auf Kommandos hörten und gelernt hatten, die zu hütenden Schafe nur insoweit zu »zwicken«, als dies vom Schäfer erwünscht war, ca. 50 Jagdhundrassen. Diese werden gewöhnlich in fünf Untergruppen eingeteilt: Wasserhunde, Pointer und Setter (Vorstehhunde), Stöberhunde und Retriever (Apportierhunde).

Wasserhunde, die geschossenes Wild aus Flüssen und Seen apportieren, dürfen nicht wasserscheu sein und brauchen ein dichtes, Wasser abweisendes Fell, wie z. B. der Curly-Coated Retriever. Die ursprüngliche Aufgabe von Pointern und Settern war es, mit Netzen bewaffnete Jäger zu begleiten. Die Hunde verfolgen eine Fährte, suchen möglichst geräuschlos nach der Beute am Boden und »versteinern« in der Bewegung, wenn sie sie gefunden haben. Der Pointer (von engl. *to point* = zeigen, Richtung weisen) erstarrt, wobei ein Vorderfuß angewinkelt ist und auf die Beute »zeigt«; der Setter

Clumber Spaniel

Field Spaniel

arbeitet in der gleichen Weise, nur dass er sich niederkauert. In beiden Fällen wurde der natürliche Instinkt des Hundes, die Beute zu greifen, durch Training gestoppt.

Stöberhunde arbeiten sich durch dichtes Buschwerk und scheuchen die Vögel in Richtung der Jäger auf. Einst wurden alle britischen Spaniels je nach Einsatzgebiet als Land-, Feld- oder Wasser-Spaniels klassifiziert, doch mit der Entwicklung der Hundezucht wurden die Einteilungen genauer: Der English oder Welsh Springer Spaniel (so genannt wegen der Technik des Aufstöberns von Vögeln) wurde vom Cocker Spaniel (so bezeichnet wegen seiner besonderen Eignung, kleinere Vögel wie die Waldschnepfe, engl. *woodcock*, aufzustöbern) unterschieden, Field Spaniel, Sussex Spaniel und Clumber Spaniel wurden zu eigenständigen Rassen.

Golden Retriever

Auf der Basis der Wasser liebenden Hunde Neufundlands (s. S. 74) entwickelten britische Züchter den Retriever (engl. *to retrieve* = apportieren). Dieser Hund besitzt eine natürliche Fähigkeit, seine Beute weich im Maul zu tragen, ohne mit den Zähnen Spuren zu hinterlassen – dazu eine große Intelligenz, gepaart mit Gelehrigkeit und Gehorsam. Diese außergewöhnlichen Fähigkeiten machen Labrador Retriever und Golden Retriever nicht nur zu beliebten Jagdhunden, sondern langfristig auch zu favorisierten Familienhunden; zudem geben sie ausgezeichnete Diensthunde, speziell Blindenhunde, ab.

Springer Spaniel

English Cocker Spaniel

Andere Namen: Cocker Spaniel
Entstehungszeit: 19. Jahrhundert
Entstehungsort: Großbritannien
Ursprüngliche Nutzung: Stöber- und Apportierhund (Kleinwild)
Moderne Nutzung: Gesellschaftshund
Maße: Größe 38–41 cm, Gewicht 13–15 kg
Farben: Vielfältig, u.a. Schwarz, Rotbraun, blau meliert, rot meliert, Schwarz-Weiß, Tricolor
FCI-Kategorie: 8

Der Begriff Spaniel ist seit der Renaissance gebräuchlich und bezieht sich auf die ursprüngliche Heimat der Rasse – Spanien, das sich im 16. Jahrhundert auf dem Höhepunkt seiner kulturellen und politischen Blüte befand. Hier wurden die neuen Jagdmethoden und die dafür benötigten Hunderassen zuerst entwickelt. Die Hunde setzten sich auf dem europäischen Kontinent durch und waren wahrscheinlich schon während der Regierungszeit der Plantagenet-Könige (1154–1399) in England bekannt. Die Bezeichnung Spaniel war jedoch ein Oberbegriff; im 17. Jahrhundert gab es sowohl große wie auch kleine Spaniels sowie Spaniels mit gedrungenem oder lang gestrecktem Körperbau, die als langsame oder schnelle Hunde bezeichnet wurden. Aus diesen Tieren wurden verschiedene Rassen entwickelt, wie die English und American Cocker Spaniels, außerdem Sussex Spaniels, Springer Spaniels und Field Spaniels.

Der Cocker – so sagen die einen – erhielt seinen Namen, weil er für die Jagd von kleineren Vögeln, wie z.B. Waldschnepfen (engl. *woodcock*), gebraucht wurde. Andere wiederum behaupten, der Name beziehe sich darauf, dass der Hund das Wild bei der Jagd (die zuerst mit Netzen, später mit Gewehren erfolgte) springend und hüpfend (engl. *cocking*) aufstöberte. Was auch immer der Ursprung des Namens ist, er war so geläufig, dass der englische Hundeverband, der *British Kennel Club*, die Rasse ab 1873 unter dieser Bezeichnung führte.

Nach der Ansicht von Jägern ist der Cocker am leistungsfähigsten gebaut: robust und stark, aber klein genug, um durch dichtes Unterholz zu streifen; mit einem Hals, der stark genug ist, eine im Vergleich zum Hundekörper große und schwere Beute zu tragen, dabei so lang, dass die Beute beim Apportieren nicht über den Boden schleift. Die Vorderbeine sind kurz und kräftig – perfekt für konzentrierte Kraft –, während der elegant geformte Kopf einen deutlich hervortretenden, rechteckigen Fang und eine gute Spürnase aufweist.

American Cocker Spaniel

Andere Namen: Cocker Spaniel
Entstehungszeit: 19. Jahrhundert
Entstehungsort: USA
Ursprüngliche Nutzung: Stöber- und Apportierhund (Kleinwild)
Moderne Nutzung: Gesellschaftshund
Maße: Größe 36–38 cm, Gewicht 11–13 kg
Farben: Vielfältig, u.a. Schwarz, Schwarz-Rotbraun, Braun-Rotbraun, gescheckt, Tricolor
FCI-Kategorie: 8

Der Name Cocker Spaniel bezeichnet eigentlich zwei verschiedene Rassen: den English Cocker Spaniel und den American Cocker Spaniel. Der englische Cocker ist die ältere Rasse, doch gibt es eine Legende, der zufolge die Vorfahren des American Cockers im Jahr 1620 an Bord der Mayflower zusammen mit den Pilgrim-Vätern in die Neue Welt kamen. Zwar war der Begriff Spaniel schon während des Mittelalters in England gebräuchlich, doch die wirkliche Geschichte des Cocker Spaniels beginnt 1879 mit der Geburt eines Hundes, der Obo genannt wurde – der Stammbaum aller Cocker, englischer und amerikanischer, kann bis zu diesem Hund zurückverfolgt werden.

Der American Cocker Spaniel wurde in den USA aus englischen Arbeits-Cockern entwickelt. Obwohl der American Cocker seine Jagdinstinkte behielt und auch Versuche gemacht wurden, ihn als Jagdhund einzusetzen, liegt sein größter Reiz doch in seinem sanften, treuen und liebevollen Wesen, das ihn zum idealen Haustier macht. In den 1920er-Jahren entwickelten amerikanische Züchter Cocker, die im Vergleich zum englischen Cocker einen gewölbteren Schädel, ein höheres Schultermaß, einen kürzeren Rücken und einen etwas längeren Hals haben. Der American Cocker zeichnet sich außerdem durch sein wunderbar langes, seidiges, leicht gewelltes, dichtes und feines Haarkleid aus. Es muss täglich sorgfältig gebürstet werden, um nicht zu verfilzen.

Leider leidet der American Cocker genau wie sein englischer Vetter unter einer Reihe gesundheitlicher Probleme wie Haut- und Augenkrankheiten und zuweilen Epilepsie. Trotzdem bleibt das Tier mit seinem wundervollen Charakter die beliebteste »einheimische« Hunderasse in den USA.

Clumber Spaniel

Andere Namen: Keine
Entstehungszeit: 19. Jahrhundert
Entstehungsort: England (Nottinghamshire)
Ursprüngliche Nutzung: Fährtensuch- und Apportierhund
Moderne Nutzung: Fährtensuch- und Gesellschaftshund
Maße: Größe 48–51 cm, Gewicht 29–36 kg
Farben: Weiß, zitronenfarbene Abzeichen erlaubt
FCI-Kategorie: 8

Der Clumber ist das Schwergewicht unter den Spaniel-Rassen. Er ist sowohl groß wie auch extrem schwerfällig in seinen Bewegungen – es sei denn, man will ihn einholen! Der Clumber Spaniel erhielt seinen Namen vom Landgut des Herzogs von Nottinghamshire, Clumber Park. Der Legende nach waren seine Vorfahren Retriever, die dem französischen Herzog von Noailles gehörten; dieser brachte seine Hunde bei Ausbruch der Französischen Revolution nach England in Sicherheit. Daher könnten zu den Vorfahren des Clumber Spaniels auch Bassets gehören – der lange Rücken spräche dafür – sowie Bernhardiner, die für den mächtigen Schädel und den quadratischen Fang verantwortlich sein könnten.

Wahrscheinlicher ist jedoch, dass der Clumber in Nottinghamshire mit Hunden aus der Region erzüchtet wurde – hierbei fiele der Bernhardiner als möglicher Einfluss weg. Wie auch immer die Ahnenreihe genau aussehen mag, Ziel war es, einen verlässlichen und nicht allzu schnellen Hund für die geführte Jagd zu züchten. Im Grunde fungierte der Clumber Spaniel als kleine »Walze«, die das dichte Unterholz für den ihm auf den Fersen folgenden Jäger (der im 19. Jahrhundert zuweilen ebenfalls recht kräftig gebaut war) ebnete, und zwar in gemäßigtem Spaziertempo. Bei der Treibjagd arbeiten Clumber Spaniels als Team zusammen und treiben das Wild eher gemütlich den Jägern zu.

Seine »vornehme« Jagdgeschwindigkeit machte den Clumber zum favorisierten Jagdhund der Könige: König Edward VII., ein begeisterter Jäger und Feinschmecker, der wegen seiner ständig zunehmenden Bauchfülle im Volksmund Tum-Tum (engl. *tummy* = Bäuchlein) genannt wurde, war ein besonders großer Anhänger der Clumber Spaniels und hielt viele dieser Hunde auf Schloss Sandringham (Norfolk). Später hielt auch König George V. ausschließlich Clumber Spaniels auf den königlichen Gütern von Norfolk, und die dort gezüchteten Hunde übten großen Einfluss auf die Entwicklung der Rasse aus. Heute werden für die Jagd schnellere Spaniels bevorzugt, und der Clumber Spaniel kann eher in Vorstadtgärten beim Aufspüren und Apportieren von Stöckchen und herabfallendem Laub beobachtet werden.

Field Spaniel

Andere Namen: Keine
Entstehungszeit: 19. Jahrhundert
Entstehungsort: Großbritannien
Ursprüngliche Nutzung: Apportierhund
Moderne Nutzung: Gesellschaftshund
Maße: Größe 51–58 cm, Gewicht 16–23 kg
Farben: Schwarz, Leberbraun, geschimmelt
FCI-Kategorie: 8

Obwohl der Field Spaniel zu Anfang des 20. Jahrhunderts sehr populär war, ist er inzwischen ein recht seltener Hund. Die Rasse hat ähnliche Vorfahren wie der Cocker Spaniel, und beide wurden anfänglich nur durch ihr Gewicht unterschieden, nämlich als Field Spaniel unter 11,5 kg und über 11,5 kg. 1892 jedoch wurden die Rassen als Cocker Spaniel und Field Spaniel klassifiziert. Während der Cocker kleiner und robuster wurde, arbeiteten die Züchter der Field Spaniels auf einen niedrigen, lang gestreckten Hund mit grobknochigen Beinen hin. Diese Hunde sahen bald nicht mehr wie Apportierhunde, sondern mehr wie schwer

gebaute Dackel aus, und in der Folge waren sie kaum noch bei der Jagd, sondern nur noch im Schauring anzutreffen.

Gegen Ende des Zweiten Weltkriegs war der Field Spaniel beinahe ausgestorben. Doch einige Züchter retteten ihn und bewahrten ihn davor, völlig in Vergessenheit zu geraten. In den 1960er-Jahren wurden English Cocker Spaniels (s. S. 44) und Springer Spaniels (s. S. 52) eingekreuzt, um die Rasse neu zu beleben. Es entstand der gut aussehende und liebevolle Hund, den wir heute kennen, und die Bestände nahmen wieder zu.

Heutige Field Spaniels besitzen einen ausgewogenen Körperbau, eine moderate Länge, einen gut definierten Brustkorb, eine starke, muskulöse Hinterhand und kräftige Vorderläufe. Die Schultern sind gut abgeschrägt, der Schädel ist gut entwickelt und besitzt einen ausgeprägten Okziput. Wie alle Spaniels besitzt der Field Spaniel lange, schön gefiederte Ohren. Das Haarkleid ist lang, glatt, glänzend und von seidiger Beschaffenheit, kann etwas gewellt sein und ist dicht genug, um wetterfest zu sein. Als Farben sind Schwarz, Leberbraun oder geschimmelt zulässig. Jede dieser Farben darf Loh-Abzeichen an den eher ernst blickenden Augen, an Wangen, Füßen und Fesseln aufweisen. Bei einfarbigen Hunden sind weiße oder geschimmelte Abzeichen auf der Brust zulässig. Schecken werden nicht anerkannt.

Sussex Spaniel

Andere Namen: Keine
Entstehungszeit: 18. Jahrhundert
Entstehungsort: England (Hastings, Sussex)
Ursprüngliche Nutzung: Fährtensuchhund
Moderne Nutzung: Gesellschaftshund
Maße: Größe 38–41 cm, Gewicht 18–23 kg
Farben: Leberbraun mit goldenem Schimmer
FCI-Kategorie: 8

1795 begann ein Mr. Fuller bei Rosehill Park, Hastings, im englischen Sussex, Hunde für einen speziellen Zweck zu züchten: Fährtensuchhunde für raues Terrain mit sehr dichtem Unterholz. Die wichtigsten Eigenschaften dieser Hunde waren ihre Stärke und die Fähigkeit, Laut zu geben – was bei anderen Jagd-Spaniels weniger erwünscht war, umso mehr jedoch in Sussex. Denn im dortigen Dickicht aus Farngestrüpp und Dornensträuchern, wo die Hunde nicht zu sehen waren, konnten sie wenigstens gehört werden, und der erfahrene Jäger konnte am Bellen erkennen, ob die Hunde Tiere mit Fell oder mit Federn aufgestöbert hatten.

Fullers Rasse war das Ergebnis einer Kreuzung verschiedener Spaniel-Rassen, darunter des inzwischen ausgestorbenen leberbraun-weiß gescheckten Norfolks, des Field Spaniels (s. S. 48) und möglicherweise einiger früher Springer Spaniels (s. S. 52). Das Resultat war ein Hund mit einer wunderbaren Farbe, die bis dahin in keiner anderen Rasse vorgekommen war: ein satt leberfarbenes Haarkleid mit goldenem Schimmer, wobei der goldene Farbton zu den Haarspitzen hin zunimmt und vorherrscht. Der Sussex Spaniel wurde 1862 erstmals bei einer Ausstellung in London gezeigt, doch er spielte in der Hundewelt eine solch untergeordnete Rolle, dass der Erste Weltkrieg seine Existenz gefährdete. Einer kurzen Erholungszeit in den 1920er- und 1930er-Jahren folgte der Ausbruch des Zweiten Weltkriegs; 1947 waren nur noch zehn Sussex Spaniels registriert. Versehentliche Inzucht und selektive Zucht mit so wenigen Individuen sind riskant, und folglich kommen häufig erbliche Defekte wie herunterhängende untere Augenlider und Lefzen vor, was zu Infektionen führen kann.

Heute liegt die Erhaltung dieser seltenen Rasse in den Händen von einem Dutzend engagierter Züchter, vornehmlich in den USA. So bleibt der Sussex rar – auch und besonders in seiner Heimat England.

English Springer Spaniel

Andere Namen: Spaniel
Entstehungszeit: 17. Jahrhundert
Entstehungsort: Großbritannien
Ursprüngliche Nutzung: Stöber- und Apportierhund
Moderne Nutzung: Jagd- und Gesellschaftshund
Maße: Größe 48–51 cm, Gewicht 22–24 kg
Farben: Schwarz-Weiß, Leberbraun-Weiß
FCI-Kategorie: 8

Es wird behauptet, der English Springer Spaniel sei der älteste Jagd-Spaniel. Lange vor der Erfindung des Schießpulvers wurden Spaniels für die Beizjagd oder die Jagd mit Netzen benutzt. Ihre Aufgabe war das Aufspüren und Aufmachen (engl. *springing)* des Wildes. Wenn dieses dann seine Deckung verlassen hatte, ließen die Jäger ihre Falken auf die Beute los, oder die Hunde trieben Vögel und kleine Säugetiere in Netze. Man weiß nicht genau, wie diese frühen Hunde wirklich aussahen. Erst im 19. Jahrhundert, als Hundeausstellungen veranstaltet wurden, wurden Spaniels in Land- und Wasser-Spaniels unterteilt. Landspaniels wurden nach ihrem Gewicht klassifiziert; der English Springer Spaniel tauchte in den schwersten Landspaniel-Klassen auf, in Unterscheidung zu den leichteren Cockern.

Heute ist der English Springer Spaniel noch immer der populärste Jagd-Spaniel in Großbritannien. Der Hund ist ein Allrounder mit offenbar unbegrenzter Ausdauer und großer Liebe zum Wasser. Er verfügt über die längsten und schnellsten Beine aller britischen Landspaniels und ist einer der intelligentesten. Wegen dieser Eigenschaften braucht er viel Anregung und Bewegung, denn sonst langweilt er sich. Die Merkmale von Ausstellungs- und Arbeitshunden innerhalb der Rasse sind recht unterschiedlich. Die Ausstellungshunde sind allgemein größer und schwerknochiger; sie können besonders gut Tennisbälle in Parks apportieren und widerstehen der Versuchung, die von Ententeichen ausgeht, nur schwer.

Die häufigste Fellfärbung beim English Springer Spaniel ist Leberbraun mit Weiß, doch Schwarz mit Weiß gehört ebenfalls zum Rassestandard sowie eine dieser Farben mit Loh-Abzeichen. Das glatte Haarkleid ist fest und erfordert regelmäßiges Bürsten.

Welsh Springer Spaniel

Andere Namen: Einst Welsh Cocker
Entstehungszeit: 17. Jahrhundert
Entstehungsort: Wales
Ursprüngliche Nutzung: Stöber- und Apportierhund
Moderne Nutzung: Jagd- und Gesellschaftshund
Maße: Größe 46–48 cm, Gewicht 16–20 kg
Farben: Rot-Weiß
FCI-Kategorie: 8

Wales brachte drei Hunderassen hervor: den Welsh Terrier, den Welsh Corgi Cardigan (s. S. 245) und den Welsh Springer Spaniel. In den Gesetzen von Hywel Dda, einem walisischen Herrscher aus dem 10. Jahrhundert, wurden drei Hunde – wenn auch nicht diese drei Rassen – erwähnt: ein Schweißhund, ein Greyhound und ein Spaniel. Letzterer, hieß es, sei von gleichem Wert wie ein Hengst oder wie der Hirschhund (ein für die Hirschjagd verwendeter Hund) des Königs.

Die Erwähnung eines Spaniels zu diesem frühen Zeitpunkt ist interessant, denn spanische Hunde waren damals auf den Britischen Inseln noch nicht eingeführt. Noch

merkwürdiger ist, dass in einem alten walisischen Gesetz aus dem Jahr 300 n. Chr. ebenfalls »unser einheimischer Spaniel« erwähnt wird. Die meisten Menschen in Britannien wussten zu dieser Zeit nichts von der Existenz Spaniens, und so steht hier offensichtlich weder die Rasse noch der Name in einem Zusammenhang mit Spanien. Eine Theorie ist, dass diese Spaniels zu vorrömischer Zeit von Gallien (dem »alten« Frankreich) aus nach Wales kamen, und so könnten der Welsh Springer Spaniel und der ebenfalls alte und ähnlich gefärbte Bretonische Vorstehhund (s. S. 55) gemeinsame Vorfahren haben.

Zwar war der Welsh Springer Spaniel nie populär, doch stets ein hoch geschätzter Arbeitshund, fähig, Schaf- und Rinderherden zu treiben oder Wildvögel aufzustöbern. Die Fellfärbung ist sehr ungewöhnlich; Dr. John Caius beschreibt in seinem Buch *Of English Dogges* von 1570 Spaniels, deren »Fell weiß ist, und wenn sie irgendwelche Zeichnungen haben, sind sie gewöhnlich rot«. Dr. Caius erwähnt auch, wie glänzend weiß – fast perlweiß – der helle Teil des Fells war. Ihr außergewöhnliches Erscheinungsbild machte die Hunde auch für Künstler attraktiv. Auf zahlreichen Jagddrucken des 18. Jahrhunderts und auf einer Reihe von Familienporträts von Künstlern wie John Copley und Joseph Wright sind Welsh Springer Spaniels zu sehen.

Das glatte, seidige Fell ist an Beinen und Ohren weniger üppig als bei einigen anderen Rassen, und wegen seines natürlichen Fettgehaltes bleibt das Fell recht sauber – was den Welsh Springer Spaniel auch zu einem guten Wasser-Apportierhund macht. Die Form der Ohren ist ungewöhnlich: Sie sind kleiner als die des English Springer Spaniels und ähneln Weinblättern. Auf ihren ersten Ausstellungen wurden die Hunde zunächst als Welsh Cockers bezeichnet. 1902 erkannte der *British Kennel Club* den Welsh Springer Spaniel – in Unterscheidung zum English Cocker Spaniel (s. S. 44) – als eigenständige Rasse an.

Bretonischer Vorstehhund

Andere Namen: Epagneul Breton, Armoricon, Armorique
Entstehungszeit: 19. Jahrhundert
Entstehungsort: Bretagne
Ursprüngliche Nutzung: Apportierhund
Moderne Nutzung: Jagd- und Gesellschaftshund
Maße: Größe 46–52 cm, Gewicht 13–15 kg
Farben: Schwarz-Weiß, Weiß-Orange, Weiß-Braun, Tricolor
FCI-Kategorie: 7

Aus der nordfranzösischen Bretagne stammend, der er seinen Namen verdankt, schließt der Bretonische Vorstehhund eine Lücke zwischen den Spaniels und den Settern und Pointern. Spaniels werden innerhalb der Schussweite der Gewehre eingesetzt; sie buschieren, stöbern Vögel auf, die sich im dichten Unterholz verbergen. In offenerem Gebiet wie Moorlandschaften wird ein schnellerer, leichterer Hund gebraucht, der ein größeres Areal abdecken kann. Pointer und Setter sind solche Hunde: Sie durchstreifen das Gebiet vor den Gewehren, schnuppern mit weit offenen Nasenlöchern, um verstecktes Federwild aufzuspüren. So finden die Hunde oft Vögel, die sich in weiterer Entfernung zum Jäger befinden. Dann kauern sie sich nieder (daher der engl. Begriff Setter) oder bleiben ruhig vor dem Wild stehen (daher die deutsche Bezeichnung Vorstehhund) und zeigen damit das Wild an (daher der engl. Name Pointer). Mit etwas Glück bleibt das Wild, das sich unentdeckt glaubt, in seinem Versteck, bis der Jäger es ins Visier genommen hat.

Der Bretonische Vorstehhund ist die populärste einheimische Rasse in Frankreich und dort wie auch in Kanada und den USA ein beliebter Gebrauchshund. Er wird entweder ohne Rute geboren, oder diese wird auf 10 cm Länge kupiert. Die Ohren sind kürzer als die anderer Spaniels und setzen über Augenhöhe an.

Wie die Engländer entwickelten auch die Franzosen Jagdhunde, die an das jeweilige Einsatzgebiet angepasst waren. Im 19. Jahrhundert überquerten britische Jäger den Kanal, um in der Bretagne Waldschnepfen zu schießen. Sie führten ihre eigenen Hunde mit sich, und dies waren vor allem Setter. Es ist anzunehmen, dass sich aus Kreuzungen zwischen den englischen Hunden und den bretonischen Spaniel eine eigene Rasse entwickelte; diese war zunächst als Armorique bekannt und wurde im Jahr 1905 als Bretonischer Vorstehhund offiziell anerkannt.

English Setter

Andere Namen: Setting Spaniel
Entstehungszeit: 19. Jahrhundert
Entstehungsort: Großbritannien
Ursprüngliche Nutzung: Apportier- und Vorstehhund (Federwild)
Moderne Nutzung: Jagd- und Gesellschaftshund
Maße: Größe 61–69 cm, Gewicht 25–30 kg
Farben: Grundfarbe Weiß mit Tüpfelungen in Orange, Schwarz, Zitrone, Leberbraun, Tricolor
FCI-Kategorie: 7

Der English Setter mit seiner feinen Tüpfelung oder Fleckung und seinem reichen Farbspektrum hat eine sehr lange Geschichte. Auf einem Schuldschein, datiert auf das Jahr 1485 und unterzeichnet von einem John Harris, heißt es, dass dieser für 10 Shillinge (50 Pence) »bestimmte Spaniels für die Jagd nach Rebhühnern, Fasanen und anderem Wild« für die Dauer von sechs Monaten behalten dürfe. Diese Hunde, damals als Setting Spaniel bezeichnet, wurden später kurz Setter und schließlich English Setter genannt, um sie von den vielen anderen Arten zu unterscheiden, die in dieser Zeit aufkamen. Die Setting Spaniels hatten längere Beine als heutige Spaniel-Rassen, doch sie jagten mit wedelnder Rute, genau wie umherschweifende Setter es tun. Bis zum 19. Jahrhundert waren diese Setter noch nicht die schönen, eleganten, flinken Hunde, die wir heute kennen. Der moderne English Setter ist in der Hauptsache das Ergebnis der Bemühungen von zwei Züchtern. Der erste war Sir Edward Laverack, der 1825 ein Setterpaar kaufte, den Rüden Ponto und die Hündin Moll. Mit diesen Hunden, die aus einer reinen, anerkannten Zucht stammten, züchtete er in strenger Inzestpaarung weiter, und es entwickelte sich eine Linie wunderschöner und sehr leistungsfähiger Hunde.

Inzucht festigt die Vorzüge und positiven Merkmale einer Rasse; sie bringt keine Fehler in die Rasse hinein, sie kann jedoch bestehende Fehler verstärken – was auch

oft geschieht. So wurde ein eleganter, gelehriger Hund, ein exzellenter Feldspezialist mit Jagdverstand und Ausdauer gezüchtet, doch durch die Inzucht wurden auch bestimmte Erbkrankheiten gefördert: Allergische Hautreaktionen sind vor allem bei weißen Hunden häufig, und bei allen besteht die Gefahr einer erblichen degenerativen Netzhauterkrankung mit nachfolgender Erblindung.

Die Entwicklung des English Setters erhielt bald nach dem Tod von Laverack durch Sir Purcell Llewellin neue Impulse, der erfolgreich mit einem langfristig angelegten Zuchtprogramm fortfuhr.

Der moderne English Setter ist kurzbeiniger als seine Vorfahren und die anderen Setter-Rassen, denn er wurde eher für den Einsatz auf Wiesen und Stoppelfeldern entwickelt als für Moor- und Sumpflandschaften. Wenn ein English Setter Wildwitterung aufnimmt, verharrt er in typischer Vorstehhund-Manier regungslos und zeigt das Wild an. Auf Befehl pirscht er sich Schritt für Schritt heran, bis das Federwild seine Deckung verlässt.

Im 20. Jahrhundert wurde der English Setter in Großbritannien immer weniger als Jagdhund genutzt, und heute ist er dort überhaupt nicht mehr im Gebrauch. In den USA und Kanada jedoch wird die Rasse in zwei verschiedene Typen unterteilt; die kleinere Linie wurde für die Jagd und den Turniersport weiterentwickelt. Sie ist heute eine der populärsten auf die Jagd von Federwild spezialisierten Rassen. Der größere Typ ist dem Schauring vorbehalten.

Gordon Setter

Andere Namen: Black and Tan Setter
Entstehungszeit: 18. Jahrhundert
Entstehungsort: Schottland (Banffshire)
Ursprüngliche Nutzung: Vorstehhund (Federwild)
Moderne Nutzung: Jagd- und Gesellschaftshund
Maße: Größe 62–66 cm, Gewicht 25–30 kg
Farben: Schwarz mit Loh-Abzeichen
FCI-Kategorie: 7

Der Gordon Setter ist der größte, stärkste, schwerste und langsamste aller Setter. Er ist auch der einzige Vorstehhund, den Schottland hervorgebracht hat – obwohl der Jagdsport in Schottland traditionell sehr hochgehalten wird. Der Gordon Setter ist ein sehr vielseitiger Jagdhund: Widerstandsfähig genug, um den rauen schottischen Wetterverhältnissen der frühen Jagdsaison zu trotzen, kann er auch die Hitze der sommerlichen Jagdsaison aushalten (die am 12. August beginnt). Er kann lange

laufen ohne etwas zu trinken, und seine Beine und Füße sind stark genug, um über ausgedörrte Felder oder die härtesten, stacheligsten Stoppeln zu gehen. Was brauchte man in Schottland noch einen anderen Jagdhund, wenn man den Gordon Setter hatte!

Schwarz-lohfarbene Setter gab es bereits im 17. Jahrhundert in Britannien, doch der Gordon Setter wurde von Alexander, dem 4. Herzog von Richmond und Gordon, auf dessen Landsitz in Banffshire, Schottland, entwickelt und etabliert. Er arbeitete bis zu seinem Tod 1827 an der Perfektionierung der Rasse. Es wird angenommen, dass der Gordon Setter einer Kreuzung von schwarzlohfarbenen Settern mit Bloodhounds (s. S. 107) entstammt. Dies würde seine Farbe erklären – und seine Angewohnheit, mit der Nase am Boden zu jagen. Auch ein Collie (s. S. 230) soll bei der Züchtung beteiligt gewesen sein. In der örtlichen Geschichtsschreibung heißt es, dass einer der Schäfer des Herzogs einen schwarzen »Colley« besaß, der ein Naturtalent beim Aufspüren von Wild war – auch dann, wenn die Setter des Herzogs versagten. Außerdem erstarrte diese Collie-Hündin in Setter-Manier und zeigte das Wild an, was ihr eine Einladung zu den herzöglichen Jagden eintrug und wohl auch zu den Zuchtzwingern. Das Blut dieser Collie-Hündin könnte für einen früheren Hang des Gordons verantwortlich sein: Wenn der Gordon Setter ein Wild gefunden hatte, umkreiste er es oft wie ein Hütehund und hielt es in Schach, anstatt stehen zu bleiben oder sich niederzukauern. Bei einem Vorstehhund kann solches Verhalten böse ausgehen, weil er dadurch leicht in die Schusslinie gerät. Durch Zucht und sorgsames Training konnte diese Neigung inzwischen eliminiert werden.

Das prachtvolle Fell, tiefschwarz mit satt lohfarbenen Abzeichen, ist am Körper völlig glatt und mittellang. Anderswo – an Kopf, Vorderbeinen und Ohrspitzen – ist es kurz und fein. Die Befederung an Bauch, Brust und Kehle bildet einen wundervollen Besatz. Die Rute ist relativ kurz und gerade und wird horizontal oder kurz unterhalb der Rückenlinie getragen.

Irish Setter

Andere Namen: Modder Rhu (gälisch für Roter Hund), Roter Setter, einst Roter Spaniel
Entstehungszeit: 18. Jahrhundert
Entstehungsort: Irland
Ursprüngliche Nutzung: Vorsteh- und Apportierhund
Moderne Nutzung: Gesellschaftshund
Maße: Größe 64–69 cm, Gewicht 27–32 kg
Farben: Kastanienbraun
FCI-Kategorie: 7

Heute oft auch Roter Setter genannt, war der Irish Setter einst als Roter Spaniel bekannt. Er gehört zu den populärsten Setter-Rassen und ist weitaus bekannter als seine Vettern, der Irish Red and White Setter (s. S. 61) und der English Setter (s. S. 56). Er ist zweifellos ein wunderschöner und liebevoller Hund, doch kann er auch sehr ausgelassen sein und liebt nichts mehr als das Galoppieren durch Felder und Parks – besonders zusammen mit anderen Hunden.

Wie bei den meisten anderen irischen Hunderassen ist auch beim Irish Setter die genaue Herkunft unsicher. Es ist möglich, dass der Alte Spanische Pointer, eine außerhalb Spaniens unbekannte Rasse, sowie Jagd-Spaniels und frühe schottische Setter zu seiner Entwicklung beitrugen. Jedenfalls existierte die Rasse bereits im frühen 18. Jahrhundert und spürte auf den Landgütern der irischen Oberschicht bei Jagden die Beute auf.

Heute haben Irish Setter noch immer eine gute Nase, doch werden nur noch wenige als Jagdhunde eingesetzt, denn die Rasse hat unglücklicherweise und größtenteils zu Unrecht den Ruf erworben, launisch, leicht erregbar und daher unberechenbar bei der Jagd zu sein. Es stimmt zwar, dass man beim Irish Setter – wie auch bei seinem Vetter, dem Red and White Setter – etwas mehr Zeit für das Befehlstraining einkalkulieren muss als bei anderen Jagdhunden. Das liegt jedoch daran, dass die Rasse erst spät erwachsen wird – die Tiere behalten viel länger ihre jugendliche Lebensfreude und Verspieltheit. Doch einmal ausgebildet, sind sie äußerst verlässliche Gefährten.

Der Rassestandard dieser großartigen, geselligen Hunde schreibt einen »rassigen« Hund mit einem freundlichen Ausdruck der oval geformten Augen vor, außerdem ein prächtiges, leuchtendes, kastanienbraunes Fell, das seidig und glatt am Körper anliegt und eine üppige Befederung an Ohren, Beinen und Rute aufweist. Die empfindliche Nase ist normalerweise schwarz oder von hübscher Schokoladenfärbung.

Irish Red and White Setter

Andere Namen: Bunter Setter
Entstehungszeit: 18. Jahrhundert
Entstehungsort: Irland
Ursprüngliche Nutzung: Vorsteh- und Apportierhund
Moderne Nutzung: Jagd- und Gesellschaftshund
Maße: Größe 58–69 cm, Gewicht 27–32 kg
Farben: Rot-Weiß
FCI-Kategorie: 7

Wie bei den meisten irischen Rassen ist wenig über die genauen Ursprünge dieser Hunde bekannt. Wir wissen, dass Setter im 18. Jahrhundert in Irland existierten, wo sie vom Adel auf den großen Landgütern zum Aufspüren von Wild eingesetzt wurden. Es ist möglich, dass Irische Setter durch einige Kreuzungen erzüchtet wurden, an denen der Irish Water Spaniel, English Setter (s. S. 56), Gordon Setter (s. S. 58), English Springer Spaniel (s. S. 52) und der Pointer (s. S. 62) beteiligt waren.

Den meisten Menschen fällt, wenn sie an Irische Setter denken, zuerst der *Modder Rhu* (gälisch für Roter Hund) ein, also der einfarbige kastanienbraune Irish Setter. Vor einem Jahrhundert waren diese Jagdgebrauchshunde jedoch nicht immer einfarbig braun, sondern viel öfter braun-weiß oder rot-weiß. Die Züchter begannen dann, sich auf die rot-weiße Variante zu konzentrieren. Vor 1877 waren die Klassen für Irish Setter in Dublin nach Farben unterteilt, wobei die rot-weißen in der Mehrheit waren. Im 20. Jahrhundert starben diese beinahe aus, wurden dann aber als eigenständige Rasse neu belebt.

Der Irish Red and White Setter ist etwas kleiner als sein roter Vetter. Der große Brustkorb macht die Rasse anfällig für eine Magentorsion. Sie tritt plötzlich auf, ist sehr schmerzhaft und endet manchmal tödlich. Der verdrehte Magen schließt Gase ein, die den Bauch aufblähen.

Genau wie sein rothaariger Vetter ist der Irish Red and White Setter ausgelassen, extrovertiert und begeisterungsfähig. Er besitzt eine ausgezeichnete Nase, doch im Vergleich zu anderen Jagdhunden muss etwas mehr Zeit in die Erziehung zum Gehorsam investiert werden.

Pointer

Andere Namen: English Pointer
Entstehungszeit: 17. Jahrhundert
Entstehungsort: Großbritannien
Ursprüngliche Nutzung: Vorstehhund
Moderne Nutzung: Jagd- und Gesellschaftshund
Maße: Größe 61–69 cm, Gewicht 20–30 kg
Farben: Schwarz-Weiß, Leberbraun-Weiß, Zitrone-Weiß, Orange-Weiß, einfarbig, Tricolor
FCI-Kategorie: 7

Wahrscheinlich war der Rassename ursprünglich die Beschreibung der Tätigkeit. Als Pointing Dogs, abgekürzt Pointer, wurden Jagdhunde beschrieben, die das Wild mit ihrer guten Nase in der offenen Landschaft aufspürten, jedoch nicht selbst erlegten, sondern starr vor ihm stehen blieben (daher der deutsche Begriff Vorstehhund) und es dem Jäger anzeigten (engl. *to point).* Die klassische Pose des Pointers dabei: die Nase hoch erhoben, ein Vorderbein angewinkelt, die Rute still und in gerader Verlängerung des Rückens. Zwar wird angenommen, dass der Pointer im 18. Jahrhundert von Spanien (wo er sich im 16. Jahrhundert entwickelt hatte) nach England kam, doch existierten ähnliche Hunde in vielen europäischen Ländern. Die Niederlande (einst unter spanischer Herrschaft), Frankreich, Deutschland und Dänemark hatten ihre eigenen Varianten, die den jeweiligen Einsatzgebieten angepasst waren.

Der Pointer – in diesem Fall bezieht sich der Name auf die Rasse, die ausschließlich in Großbritannien erzüchtet wurde – ist ein Hund mit einer exzellenten Nase, aber einem langsamen, schwerfälligen Wesen. Sein Tempo passte zu der frühen, eher umständlichen Jagd mit Vorderladern. Spätere technische

Entwicklungen verbesserten die Gewehre, und man war nicht mehr darauf beschränkt, auf ruhendes Federwild zu schießen, sondern konnte auch fliegende Vögel genau treffen. Folglich wurden schnellere und fähigere Vorstehhunde gebraucht.

Um den Pointer robuster und schneller zu machen, kreuzten frühe Züchter ihn mit Foxhounds (s. S. 112). Dies stellte sich jedoch als verheerend heraus, denn Foxhounds arbeiten mit ihrer Nase am Boden, und ihr Instinkt, das Wild zu verfolgen und zu töten, ist stark ausgeprägt, während der Pointer mit der Nase im Wind die Witterung aufnimmt, das Wild aufspürt, aber dem Jäger das Töten überlässt. Die Nachkommen dieser Kreuzungen erbten tendenziell eher die »Fähigkeiten« der Hounds. Es wurde weiter experimentiert, diesmal mit Bulldoggen, Greyhounds und Bloodhounds, doch wie es der Zufall wollte, waren die Nachkommen dieser Kreuzungen als Vorstehhunde noch nutzloser.

Es war schließlich der Schauring, der die Rasse vor noch mehr »Herumpfuschen« bewahrte: Die erste Hundeschau im englischen Newcastle 1859 war weniger eine Ausstellung als vielmehr ein Wettstreit, insbesondere unter den Jägern, die unablässig darüber diskutierten, welche Hunde nicht nur die besten Jagdhunde, sondern auch die ansehnlichsten seien. Die Veranstaltung erregte solches Interesse, dass die »Pointer-Männer« danach alles daran setzten, einen Hund mit den klarsten, rassigsten Formen zu züchten, und das Resultat kann sich heute sehen lassen. Zwar werden Pointer heute kaum noch zur Jagd verwendet. Doch ihre Schönheit und ihr ruhiges Wesen haben sie in vielen Familien zu liebevollen Hausgenossen werden lassen, sodass sie sicherlich niemals verschwinden werden.

Deutsch-Kurzhaar

Andere Namen: Deutscher Vorstehhund (kurzhaarig), Deutscher Pointer
Entstehungszeit: 19. Jahrhundert
Entstehungsort: Deutschland
Ursprüngliche Nutzung: Vollgebrauchshund (Jagd)
Moderne Nutzung: Jagd- und Gesellschaftshund
Maße: Größe 60–65 cm, Gewicht 27–32 kg
Farben: Leberbraun, Leberbraun-Weiß, Schwarz-Weiß, Schwarz
FCI-Kategorie: 7

Deutsche Jagdhunde sind auf eine Vielzahl von Ursprüngen zurückzuführen und basieren auf intensiven Zuchtaktivitäten, die im späten 19. Jahrhundert in Deutschland stattfanden. Die bekanntesten deutschen Jagdhunde sind der Deutsch-Kurzhaar, der Deutsch-Drahthaar und der Weimaraner (s. S. 68). Es gibt jedoch noch andere, weniger bekannte deutsche Jagdhunde, z. B. den Deutsch-Langhaar (s. S. 66) und den Pudelpointer. Die einheimischen deutschen Jagdhunde waren schwere, langsame Tiere. Wie viele Rassen wurde der Deutsch-Kurz-

haar zwischen 1860 und 1880 entwickelt, als man in Deutschland nach einem verbesserten Gebrauchshund für die Jagd strebte. Dazu wurden Hunde mit spanischen Pointer-Wurzeln mit dem Bloodhound gekreuzt, was zumindest zu einer exzellenten Spürnase führte.

Ein früher Züchter der Rasse war Prinz Albrecht zu Solms-Braunfels aus dem Haus Hannover, der 1870 die Maxime ausgab, dass die äußere Form des Hundes seiner Funktion und Fähigkeit folgen sollte. Später, so heißt es, habe Christian Bode von Altenau Blut des englischen Pointers eingekreuzt, um den Hunden eine bessere Spürnase im Wind und ein eleganteres, schlankeres, athletischeres Aussehen zu verleihen. 1883 wurde der züchterische Grundstock der Rasse durch zwei Hunde gelegt: Nero und Treff, die sich in jenem Jahr den ersten Preis beim Deutschen Derby teilten.

Der Deutsch-Kurzhaar tauchte in Großbritannien erstmals 1887 auf, doch erst 1950 wurde dort ein Rasseverband gegründet. Das Tier wurde jedoch ein Lieblingshund von Freizeitjägern in Deutschland und den USA, wo es 1925 von Dr. Charles R. Thornton aus Missoula, Montana, eingeführt wurde. Bald darauf wurde ein Rasseverband in den USA gegründet, und 1930 wurde die Rasse vom *American Kennel Club* anerkannt.

Der Deutsch-Drahthaar entwickelte sich aus der Kreuzung zwischen dem Deutsch-Kurzhaar und einer Anzahl anderer Rassen, u. a. dem drahthaarigen Griffon, dem Pudelpointer und dem Stichelhaar. So entstand ein weiterer Vollgebrauchshund, der für die Jagd an Land oder im Wasser eingesetzt werden konnte, für das Aufspüren und Stöbern, Vorstehen und Apportieren.

Deutsch-Langhaar

Andere Namen: Deutscher Vorstehhund (langhaarig), Deutscher Pointer
Entstehungszeit: 19. Jahrhundert
Entstehungsort: Deutschland
Ursprüngliche Nutzung: Vollgebrauchshund (Jagd)
Moderne Nutzung: Jagd- und Gesellschaftshund
Maße: Größe 60–65 cm, Gewicht 27–32 kg
Farben: Leberbraun-Weiß, Schwarz-Weiß
FCI-Kategorie: 7

Der Deutsch-Langhaar ist eine der drei deutschen Jagdhundrassen, die im späten 19. Jahrhundert aus einheimischen und importierten Rassen erzüchtet wurden. Er ist außerhalb Deutschlands, wo er noch immer hauptsächlich als Jagdhund gehalten wird, nicht sehr bekannt, doch als Rasse vom kynologischen Weltverband *FCI* anerkannt.

Die Rasse tauchte erstmals 1879 in Hannover auf. Sie entstand aus Kreuzungen zwischen Pointern und langhaarigen kontinental-europäischen Federwildjägern, wie dem Epagneul Francais (Französischer Spaniel), die dem Deutsch-Langhaar sein »spanielartiges« Aussehen und Temperament verliehen, sowie dem Irish Setter und Gordon Setter (s. S. 58), die sich zuweilen in einer schwarz-weißen Fellfärbung niederschlagen (obwohl diese gewöhnlich für eine Registrierung im Zuchtbuch nicht erlaubt ist). Genau wie bei den anderen deutschen Jagdhunden, die gegen Ende des 19. Jahrhunderts entwickelt wurden, hatte man sich hier zum Ziel gesetzt, einen Jagdhund zu schaffen, der leichter, schneller und scharfsinniger war als die damals existierenden deutschen Jagdhunde.

Der Deutsch-Langhaar ist mit seinen langen, geraden, mit weichen Haaren befederten Vorderläufen, den breiten, mit welligem Haar bedeckten Ohrlappen und dem sanften Ausdruck seiner Augen ein sehr attraktiver Hund. Er ist ein ausgezeichneter Kamerad und ein sehr guter Wachhund. Diese Eigenschaften werden zweifellos seine weitere Existenz sichern und ihm vielleicht auch eine größere Beachtung außerhalb Deutschlands verschaffen.

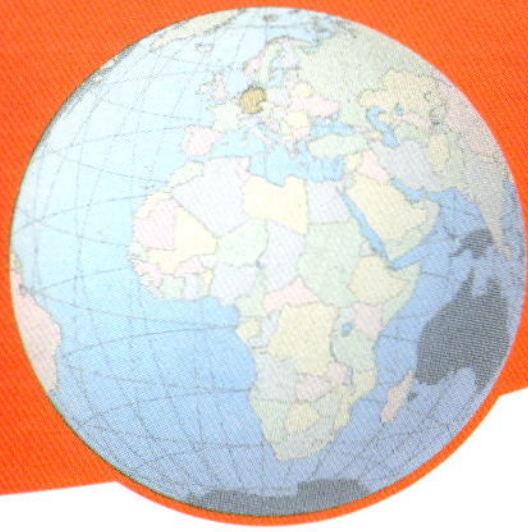

Großer Münsterländer

Andere Namen: Großer Münsterländer Vorstehhund
Entstehungszeit: 19. Jahrhundert
Entstehungsort: Deutschland
Ursprüngliche Nutzung: Vollgebrauchshund (Jagd)
Moderne Nutzung: Jagd- und Gesellschaftshund
Maße: Größe 59–61 cm, Gewicht 25–29 kg
Farben: Schwarz-Weiß, überwiegend schwarz geschimmelt
FCI-Kategorie: 7

Der schwarz-weiße Große Münsterländer ist ein Vollgebrauchshund für die Jagd mit einer ausgezeichneten Nase. Er wurde im 19. Jahrhundert in Deutschland entwickelt, seine Vorfahren sind verschiedene deutsche Federwild-Jagdhunde. Die eigentliche Geschichte der Rasse begann als schwarzweiße Variante des Deutsch-Langhaars (s. S. 66). Als die Anzahl der Deutsch-Langhaar-Exemplare zurückging, wurden sie als eigenständige Rasse etabliert; der Standard waren rot-weiße Tiere. Schwarzweiße Welpen kamen in den Würfen jedoch weiterhin vor, und Jäger im Münsterland begannen, ausschließlich mit diesen zu züchten. 1919 gründeten sie einen eigenen Rasseverband, um ihre Tiere von den kleineren Verwandten, den Kleinen Münsterländern (auch als Heidewachtel oder Spione bekannt) zu unterscheiden, die nur vom kynologischen Weltverband *FCI* anerkannt werden und nicht – wie der Große Münsterländer – sowohl vom *British Kennel Club* wie auch vom *FCI*.

Der Große Münsterländer gilt als idealer Hund für die Jagd mit Schrotflinten und ist sehr begeisterungsfähig im Feld. In Deutschland wird er noch immer für die Jagd nach Hasen, Füchsen, Federwild und Rehen genutzt. Er arbeitet zu Land und im Wasser gleich gut. In Frankreich ist der Große Münsterländer im Ausstellungsring wohl bekannt, während sich die Züchter in Großbritannien dafür einsetzen, die hervorragenden Arbeitsqualitäten des Münsterländers zu erhalten.

Weimaraner

Andere Namen: Weimaraner Vorstehhund, Weimarer Pointer
Entstehungszeit: 17. Jahrhundert, im frühen 19. Jahrhundert in heutiger Form entwickelt
Entstehungsort: Deutschland
Ursprüngliche Nutzung: Vollgebrauchshund (Jagd)
Moderne Nutzung: Jagd- und Gesellschaftshund
Maße: Größe 56–69 cm, Gewicht 32–39 kg
Farben: Grau
FCI-Kategorie: 7

Ein Gemälde des Künstlers Sir Anthony van Dyke (1599–1641) ist eines der frühesten Zeugnisse dieser einzigartig gefärbten Rasse. Es gibt keinen Hinweis auf die Ursprünge des Weimaraners, aber es wird angenommen, dass er das Produkt von Kreuzungen zwischen Bloodhound (s. S. 107) und Pointer ist. Wie dem auch sei, im frühen 19. Jahrhundert tauchten offenkundig Jagdhunde mit einem besonderen grauen Fell in Deutschland auf. Das Verdienst, die Rasse entwickelt und populär gemacht zu haben, wird im Wesentlichen Großherzog Karl August von Sachsen-Weimar zugeschrieben. Die Arbeit des Großherzogs wurde von leidenschaftlichen Jägern fortgeführt, die ein starkes Interesse daran hatten, einen Vollgebrauchshund für die Jagd zu schaffen, der nicht nur Federwild

aus dem Wasser holen konnte, sondern der die Fähigkeiten von Fährtensuch- und Stöberhunden mit denen von Vorstehhunden in sich vereinte. Das Ergebnis war der herrliche Weimaraner, dessen Muskelspiel unter dem kurzen Fell zu sehen ist; es gibt auch eine langhaarige Variante, doch diese ist weniger bekannt.

Der Weimaraner wurde in Deutschland 1896 als eigenständige Rasse anerkannt. In den folgenden Jahren gründeten Hundebesitzer in Erfurt einen Rasseverband – nicht um die Hunde populär zu machen, sondern um sie mit der Einführung von strengen Zuchtvorgaben vor dem Aussterben zu bewahren. 1943 wurde die Rasse in den USA anerkannt, wo ihre Beliebtheit stetig zunahm. Das Tier leistet Überdurchschnittliches bei Feld- und Gehorsamsprüfungen, als Jagd- und als Wachhund. Doch ist es unzweifelhaft sein Aussehen, das die Herzen der meisten Menschen höher schlagen lässt. Das glänzende graue Fell – das ihm den Spitznamen Grauer Geist eintrug – zusammen mit den charakteristischen und fesselnden Augen, deren Farbe von Bernstein über Grau bis zu Blau reicht, sowie die Anmut seines Körpers machen den Weimaraner zu einer allgemein bewunderten Rasse.

Golden Retriever

Andere Namen: Keine
Entstehungszeit: 19. Jahrhundert
Entstehungsort: Großbritannien
Ursprüngliche Nutzung: Apportierhund
Moderne Nutzung: Jagd-, Gesellschafts- und Blindenhund
Maße: Größe 51–61 cm, Gewicht 27–36 kg
Farben: Creme, Gold
FCI-Kategorie: 8

Es ist durchaus möglich, dass der Golden Retriever die freundlichste, gutmütigste, gelehrigste – und lernwilligste – aller Hunderassen ist. Dieser hervorragende Jagdhund, wundervolle Familienhund und exzellente Blindenhund gehört heute zu den beliebtesten Rassen überhaupt. Im späten 19. und frühen 20. Jahrhundert war folgende eher unglaubwürdige Geschichte über die Ursprünge der Rasse populär: Im Jahr 1858 sei Sir Dudley Majorbanks bei einem Zirkusbesuch in Brighton auf eine Gruppe russischer Hirtenhunde aufmerksam geworden. Sir Dudley sei so beeindruckt von ihren Kunststücken und ihrer Schönheit gewesen, dass er sofort ein Paar kaufen wollte. Der Trainer der Hundegruppe habe sich jedoch mit der Behauptung geweigert, der Verkauf von zwei Hunden würde seine Nummer ruinieren. Also, so die Legende, kaufte Sir Dudley alle acht Hunde

und brachte sie auf seinen Landsitz, um mit ihnen zu züchten.

Diese Geschichte wurde in der Öffentlichkeit kritiklos hingenommen. Doch wenn diese Hunde wirklich Hütehunde gewesen wären, hätten sie keine guten Retriever abgegeben. Hütehunde umrunden und treiben die ihnen anbefohlenen Tiere – und schnappen nach den Hinterbeinen der langsamen Tiere, um sie anzutreiben –, während Retriever, also Apportierhunde, ganz gegensätzlich arbeiten: Sie müssen das Objekt des Interesses mit so wenig Wirbel wie möglich finden und es nach dem Schuss vorsichtig im Maul zum Jäger tragen, ohne dass ihre Zähne Spuren hinterlassen. Schließlich wurde das Geheimnis gelüftet, als Sir Dudley seine Erinnerungen an die Hundezucht von 1835–1890 veröffentlichte; Majorbanks hatte mit Jagdhunden gezüchtet, die leicht von der erwarteten Norm abwichen. Die Ursprungstiere des Golden Retriever waren Nous, ein gelber Hund, der von schwarzen Flat-Coated-Retriever-Eltern abstammte, und eine kleine leberbraune Water-Spaniel-Hündin namens Belle. Sie zeugten die ersten vier Golden-Retriever-Welpen Crocus, Ada, Primrose und Cowslip. Nicht die Spur von einem russischen Hütehund! Im Gegenteil, der Golden Retriever war immer zu 100 Prozent ein Jagdhund.

Seit der Einführung der Rasse wurden vier Linien etabliert; eine produziert nach wie vor Jagdgebrauchshunde, die zweite Linie wurde für den Turniersport entwickelt, die dritte (größte) Linie führt Ausstellungs- und Familienhunde, und die vierte Linie ist auf die Zucht von Blinden- und Rettungshunden spezialisiert.

Flat-Coated Retriever

Andere Namen: Ursprünglich Wavy-Coated Retriever
Entstehungszeit: 19. Jahrhundert
Entstehungsort: Großbritannien
Ursprüngliche Nutzung: Apportierhund
Moderne Nutzung: Jagd- und Gesellschaftshund
Maße: Größe 56–61 cm, Gewicht 25–35 kg
Farben: Leberbraun, Schwarz
FCI-Kategorie: 8

Nachdem Federwild geschossen worden ist, muss es gefunden werden. Stöberhunde, deren Aufgabe es ist, Vögel aufzuscheuchen, waren – genau wie die meisten Setter und Pointer – weniger daran interessiert, geschossenes Wild zu apportieren. Deshalb wurden Hunde gebraucht, die genau darauf spezialisiert waren. Die ersten dieser Hunde waren Flat-Coated Retriever, ursprünglich bekannt als Wavy-Coated Retriever.

Der erste Repräsentant der Rasse war ein Hund namens Wyndham, der 1860 in Birmingham gezeigt wurde und sofort das Interesse der Jäger auf sich zog. Doch von Wyndhams Besitzer waren nur sehr spärliche Informationen in Erfahrung zu bringen. Schließlich wurde gefolgert, dass auch diese Rasse auf den Stammvater aller Retriever-Ahnen, den Saint John's Dog, einen kleinen Neufundländer, zurückgeht. Diese Hunde wurden von Seeleuten Mitte des 18. Jahrhunderts nach England gebracht und wahrscheinlich als Wachhunde benutzt. Im 19. Jahrhundert entdeckten auch die Jagdherren ihre speziellen Talente. Nach weiteren Einkreuzungen mit Settern (die das ursprünglich gewellte Haar glätteten) war der elegante, glatthaarige Retriever bald ein favorisierter Jagdhund. Das Aufkommen des Labrador Retrievers und des Golden Retrievers führte jedoch dazu, dass der »Flat« nach dem Zweiten Weltkrieg beinahe ausgestorben war. In den 1960er-Jahren wurde diese schöne Rasse noch einmal gerettet und entwickelte sich zu einem sehr gefragten Jagdhund. Die Bestände werden gewiss entsprechend seiner wachsenden Beliebtheit als Gesellschaftshund in Zukunft noch weiter zunehmen.

Labrador Retriever

Andere Namen: Labrador, Kleiner Wasserhund
Entstehungszeit: 19. Jahrhundert
Entstehungsort: Großbritannien
Ursprüngliche Nutzung: Fischer- und Apportierhund
Moderne Nutzung: Jagd-, Gesellschafts-, Turnier-, Blinden- und Rettungshund
Maße: Größe 54–57 cm, Gewicht 25–34 kg
Farben: Leberbraun, Schwarz, Gelb
FCI-Kategorie: 8

Der »wasserfeste« und Wasser liebende Labrador Retriever ist weltweit eine der beliebtesten Rassen. Das ursprüngliche Einsatzgebiet dieses Hundes – mit einer angeborenen Begabung für die Arbeit nach dem Schuss – war das zu Kanada gehörende Neufundland. Doch apportierte er nicht etwa Vögel, vielmehr war es seine Aufgabe, vom Fischerboot aus ins Wasser zu springen, um die vollen Fischnetze mit dem Maul an Land zu ziehen, denn für die Boote war es zu gefährlich, der felszerklüfteten Küste Labradors zu nah zu kommen. Wenn er diese Aufgabe erledigt hatte, schwamm der Labrador zurück zum Boot und apportierte alles, was während des Vorgangs verloren gegangen war. Segelten die Fischer britische Häfen an, um ihren Fang zu verkaufen, kamen ihre Hunde mit, und einige blieben im Land. In ihrem Heimatland wurden diese Hunde Kleine Wasserhunde genannt, um sie vom sehr großen Neufundländer (s. S. 229) zu unterscheiden, der ebenfalls in dieser Region beheimatet war. Ein früher britischer Labrador-Besitzer war der Earl of Malmesbury, der 1879 in einem Brief berichtete, dass er solche Hunde in Poole, Dorset, von einem Fischer aus Neufundland erworben habe. Er habe begonnen, die Hunde für die Jagd zu züchten, und nenne sie Labradors. Seither tragen sie diesen Namen.

Labradors sind noch immer als Jagdhunde, vor allem für die Jagd nach dem Schuss, weit verbreitet, doch haben viele Vertreter dieser Rasse, die zu den freundlichsten Hunderassen überhaupt gehört, auch liebevolle Aufnahme in Familien gefunden. Leider finden sich häufig erbliche Erkrankungen des Bewegungsapparates sowie der Augen. Wenn die Hunde älter werden, sind sie anfällig für Gewichtszunahme, was bestehende Gelenkprobleme verstärken kann.

Curly-Coated Retriever

Andere Namen: Keine
Entstehungszeit: 19. Jahrhundert
Entstehungsort: Großbritannien
Ursprüngliche Nutzung: Apportierhund (Wasserjagd)
Moderne Nutzung: Jagd- und Gesellschaftshund
Maße: Größe 64–69 cm, Gewicht 32–36 kg
Farben: Schwarz, Leberbraun
FCI-Kategorie: 8

Die Ursprünge dieser Rasse liegen im Kleinen Wasserhund (s. Labrador Retriever, S. 74), der im späten 18. und 19. Jahrhundert von Kabeljaufischern aus Neufundland nach England gebracht wurde, sowie im inzwischen ausgestorbenen Wasserhund bzw. English Water Spaniel. Es ist wahrscheinlich, dass es auch Einkreuzungen von Pudeln (s. S. 194) gab, die die Apportiereigenschaften des Curly-Coated Retrievers verbessert haben könnten – nicht jedoch sein Fell.

Der Curly-Coated Retriever ist der größte, älteste (früheste Erwähnung bereits 1803) und am wenigsten bekannte britische Retriever. Charakteristisch ist sein wunderbares Fell: Der gesamte Körper ist mit krausen, festen und sehr wasserdichten Locken bedeckt. Das Fell sieht eher wie ein Lammfell als wie das eines Hundes aus und ist tiefschwarz oder leberbraun. Der Hund muss sich nur einmal kräftig schütteln, und das

Fell ist wieder so gut wie trocken. Das ist sehr nützlich, denn der Curly-Coated Retriever liebt das Wasser und eroberte mit seinem robusten Wesen und seiner Willigkeit, Morast, Bäche und Flüsse zu durchqueren, die Herzen vieler Jäger im 19. Jahrhundert. Sein liebenswürdiger und verspielter Charakter macht den Curly in unserer Zeit zu einem beliebten Hund für Familien mit Kindern.

1896 wurde ein Club zur Förderung der Rasse gegründet, und eine Zeit lang gedieh das Tier als Jagd-, Ausstellungs- und Haushund. Seine Blütezeit erlebte es sicherlich zwischen den Weltkriegen (1918–1939), danach wurde die Rasse durch seine Vettern, den Labrador Retriever (s. S. 74) und den Golden Retriever (s. S. 70), an den Rand gedrängt. Seit einigen Jahren gibt es wieder ein verstärktes Interesse an der Rasse, und bald werden diese ruhigen, reizend anzusehenden Hunde sicher wieder viele Bewunderer und Liebhaber finden.

Ungarischer Vorstehhund

Andere Namen: Magyar Vizsla (Kurzhaar)
Entstehungszeit: Mittelalter, drahthaarige Variante in den 1930er-Jahren entwickelt
Entstehungsort: Ungarn
Ursprüngliche Nutzung: Vorsteh- und Apportierhund (v. a. Beizjagd)
Moderne Nutzung: Jagd- und Gesellschaftshund
Maße: Größe 57–64 cm, Gewicht 22–30 kg
Farben: Einfarbig Rostbraun bis Sandgelb, dunklere Farbtöne bevorzugt
FCI-Kategorie: 7

Dieses elegante und energische Tier ist der berühmteste einheimische Jagdhund Ungarns. Der Name Magyar Vizsla wurde erstmals 1510 benutzt, um das Ergebnis einer Kreuzung zwischen dem inzwischen ausgestorbenen einheimischen Pannonian Hound mit einem gelben Türkischen Hund zu bezeichnen. Es ist jedoch wahrscheinlicher, dass die Rasse in neuerer Zeit entstanden ist; zu ihren Ahnen könnten der Transsylvanische Laufhund und der deutsche Weimaraner (s. S. 68) gehören.

Welches genau seine Ursprünge auch sein mögen, Mitte des 19. Jahrhunderts war der Gelbe Ungarische Vorstehhund weit verbreitet und wurde viel als Vorsteh- und auch als Apportierhund eingesetzt. In Ungarn wurden die Hunde zur Arbeit »bei Fuß« abgerichtet. Das bedeutete zwar, dass sie nicht so schnell waren oder solch ein großes Gebiet abdecken konnten wie andere Jagdhunde, doch waren sie gewissenhafte und fleißige Sucher, die ihre feine Nase sowohl für die Fährtensuche am Boden wie auch für das Schnuppern in der Luft einsetzten.

Das wunderschöne Tier verdankt sein Überleben bis heute den gemeinsamen Anstrengungen von Exil-Ungarn, die während des Zweiten Weltkriegs mit ihren geliebten Hunden aus ihrem Heimatland flohen und eine neue Heimat in anderen Teilen Europas oder in Nordamerika fanden. Seit dieser Zeit kam zu der Verwendung als Jagdhund eine weitere Rolle hinzu, für die sich der Ungarische Vorstehhund ebenfalls gut eignet: die des verlässlichen, gehorsamen und geliebten Familienhundes. In Ungarn wurde die Rasse als Jagdhund wiederbelebt, und in Kanada ist die in den 1930er-Jahren entwickelte drahthaarige Variante mit dem »Backenbart eines alten Gentleman« zu einem bevorzugten Begleiter von Wochenend-Jägern geworden.

Bracco Italiano

Andere Namen: Italienische Bracke, Italienischer Vorstehhund
Entstehungszeit: 18. Jahrhundert
Entstehungsort: Italien
Ursprüngliche Nutzung: Fährtensuch-, Vorsteh- und Apportierhund
Moderne Nutzung: Jagd- und Gesellschaftshund
Maße: Größe 56–67 cm, Gewicht 25–40 kg
Farben: Weiß, Weiß-Orange, Weiß-Kastanienbraun
FCI-Kategorie: 7

Bis vor kurzer Zeit war diese kräftig gebaute und einzigartig aussehende Rasse mit ihren langen Bloodhound-Ohren extrem selten. Sie wurde zunächst von italienischen Hundezüchtern wieder entdeckt, dann auch von Züchtern im übrigen Europa. Ähnlich aussehende Hunde waren in Italien einst äußerst beliebte Jagdhunde an den Renaissance-Höfen gewesen. Die Rasse entwickelte sich in den nördlichen Regionen Italiens, im Piemont und in der Lombardei, und erwies sich als vielseitig verwendbar zum Aufspüren, Vorstehen und Apportieren – an Land und im Wasser.

Die Ursprünge der Rasse liegen größtenteils im Dunkeln; einige Züchter behaupten, sie sei das Ergebnis von Kreuzungen zwischen dem Segugio Italiano (s. S. 120) und dem alten asiatischen Mastiff. Andere sind der Meinung, der Bracco Italiano stamme vom Bloodhound ab – was immerhin seine Schlappohren erklären würde!

Spinone Italiano

Andere Namen: Spinone
Entstehungszeit: Mittelalter
Entstehungsort: Italien
Ursprüngliche Nutzung: Apportierhund
Moderne Nutzung: Jagd-, Turnier- und Gesellschaftshund
Maße: Größe 61–66 cm, Gewicht 32–37 kg
Farben: Weiß, Weiß-Orange
FCI-Kategorie: 7

Wie der Bracco Italiano (s. S. 79) entwickelte sich der Spinone Italiano im Piemont und in der Lombardei in Norditalien. Obwohl sein heutiges Aussehen durch selektive Zucht erreicht wurde, ist der Spinone eine alte Rasse, und es ist bekannt, dass sie – oder zumindest Varianten von ihr – bereits im 13. Jahrhundert existierten. Es ist möglich, dass der Spinone auf dem Segugio Italiano (s. S. 120) basiert, doch es wird auch behauptet, dass er vom alten Korthals-Griffon abstamme. In Italien wird er als Vorstehhund eingesetzt, der das Wild aufspürt und das Finden durch ein plötzliches Erstarren in der Bewegung anzeigt – eine stocksteife Pose, die ihn aussehen lässt, als hätte er sich zu Stein verwandelt. Der Spinone ist ein stabil aussehender Hund, muskulös und mit starkem Knochenbau. Er wirkt etwas reserviert, was hauptsächlich an seinem langen »Backenbart« liegt. Sein Wesen ist arbeitsfreudig, im Allgemeinen ist er ruhig und gelassen. Doch er kann auch alles andere als zurückhaltend und sehr verspielt sein – sein eher großer Körper wirkt dann etwas plump. Er neigt auch ein wenig zum Sabbern und Tröpfeln und kann einen eher scharfen Hundegeruch verströmen. Glücklicherweise sind diese Fehler der gehorsamen und glücklichen Rasse im Vergleich zu ihren positiven Eigenschaften völlig unbedeutend. Seit kurzer Zeit ist der Spinone außerhalb seiner Heimat Italien auch in den USA und Kanada sowie in allen Ländern der Europäischen Union äußerst beliebt.

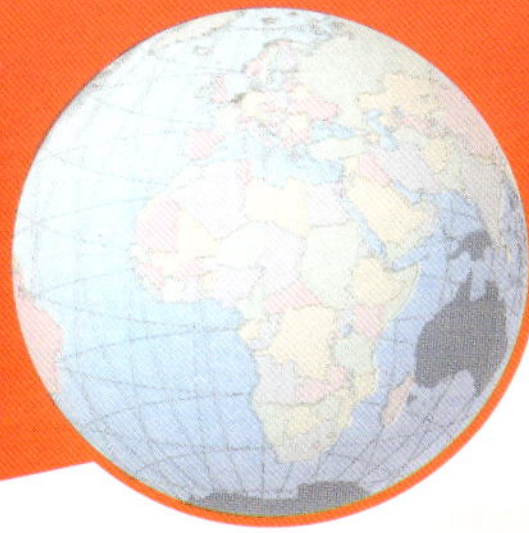

Kooikerhondje

Andere Namen: Niederländisches Lockvogel-Hündchen
Entstehungszeit: 18. Jahrhundert
Entstehungsort: Niederlande
Ursprüngliche Nutzung: Aufjagen von Federwild, Apportierhund
Moderne Nutzung: Jagd- und Gesellschaftshund
Maße: Größe 35–41 cm, Gewicht 9–11 kg
Farben: Rot-Weiß
FCI-Kategorie: 8

Diese Rasse lässt sich zurückverfolgen bis in die Zeit des niederländischen Herrschers Wilhelm von Oranien (1650–1702), der 1688 als William III. König von England wurde. Wie der heute ausgestorbene English Red Decoy Dog half das Kooikerhondje (Lockvogel-Hündchen) niederländischen Jägern, indem es mit seiner buschigen Rute wedelte. Dies lockte neugierige Enten und Gänse hervor, die in Netzen oder Fallen aus Binsenmatten gefangen wurden. Damals wurden die Wasservögel als Nahrung gefangen. Heute helfen die Hunde bei Schutzprogrammen mit, bei denen Identifizierungs-Bänder an den Entenbeinen befestigt werden.

Wie auch bei vielen anderen europäischen Rassen nahm während des Zweiten Weltkriegs die Anzahl der liebenswürdigen Kooikerhondjes gravierend ab. Fast waren sie verschwunden – nur 25 Hunde überlebten den Krieg. Diese kleine Anzahl war der Grundstock, aus dem Baroness van Hardenbroek van Amerstol die Rasse wieder belebte. Heute nimmt die Zahl der Hunde weiter zu, doch ein kleiner Genpool führt zu Erbkrankheiten.

Der Körper des Kooikerhondje ist mit schwerem, üppigem, wasserfestem Langhaar bedeckt, das die gut isolierenden Felllagen darunter verdeckt. Am charakteristischsten jedoch sind die Ohren mit ihrem dunklen Behang aus langen Haaren.

Portugiesischer Wasserhund

Andere Namen: Caõ de Agua
Entstehungszeit: Mittelalter
Entstehungsort: Portugal
Ursprüngliche Nutzung: Fischerhund
Moderne Nutzung: Apportier-, Wach- und Gesellschaftshund
Maße: Größe 43–57 cm, Gewicht 16–25 kg
Farben: Schwarz, Braun, Weiß, Schwarz-Weiß, Braun-Weiß
FCI-Kategorie: 8

Der Caõ de Agua ist heute hauptsächlich an der portugiesischen Algarve anzutreffen. Früher wurde diese alte Rasse von portugiesischen Fischern genutzt, um Fischnetze im Wasser zu ziehen, oder sie wurde als »Kurier« zwischen Booten eingesetzt. Außerdem zeigte sich, dass die Hunde meisterliche Kaninchenjäger waren. Einige behaupten, der Portugiesische Wasserhund sei ursprünglich im 8. Jahrhundert mit den Mauren aus dem Nahen Osten gekommen. Andere sind der Meinung, die Rasse sei noch früher nach Portugal gelangt, und zwar im 5. Jahrhundert mit den eindringenden Westgoten, bevor sie sich in Europa verbreitete und (möglicherweise) den Pudel (s. S. 194) und den Irish Water Spaniel begründete.

Der Caõ de Agua ist treu, sehr stark, intelligent und lernfreudig. Das Fell kann entweder lang und wellig oder kurz und lockig sein. Beide Fellarten wurden ursprünglich so geschnitten, dass die Haare an den Hinterbeinen sich nicht mit Wasser vollsaugen konnten, was zu langsamem Vorankommen im Wasser und schneller Ermüdung geführt hätte. Das Fell an Brust, Bauch und Vorderbeinen wurde länger belassen, um den Hund vor dem Kälteschock beim Sprung ins kalte Atlantikwasser vor der portugiesischen Küste zu bewahren. Die herrliche Rute, der man ein Haarbüschel an der Spitze belässt, damit sie im Wasser treiben kann, bildet einen Ring, wenn der Hund aufmerksam ist.

Beagle

Wind-, Lauf- und Schweißhunde

Nach internationalem Standard zählen zu dieser britischen Gruppe (Hounds) vier Kategorien: Windhunde (*FCI*-Gruppe 10), Laufhunde, Schweißhunde und verwandte Rassen (*FCI*-Gruppe 6), Dachshunde (*FCI*-Gruppe 4) sowie Spitze und Hunde vom Urtyp (*FCI*-Gruppe 5). (Die britische Einteilung rechnet die meisten Hunde vom Spitztyp der Gruppe der Arbeitshunde zu.) Die Gruppe der Hounds umfasst Rassen, die den Menschen jahrhundertelang auf der ganzen Welt bei der Jagd – zur Nahrungsbeschaffung oder zum Vergnügen – geholfen haben. Windhunde, wie Afghanen oder Greyhounds, jagen auf Sicht und folgen ihrer Beute mit großer Schnelligkeit und Beweglichkeit. Lauf- und Schweißhunde, wie Bassets oder Beagles, verfolgen ihre Beute mit guter Nase und viel Ausdauer so lange, bis das gejagte Tier ermüdet. Beide Hundearten nutzen bei der Jagd all ihre Sinne. Doch während der Lauf- und Schweißhund bellt und jault, wenn er die Witterung seiner Beute aufnimmt, verfolgt der Windhund die Tiere geräuschlos.

Die Spitze und Hunde vom Urtyp stammen vom Indischen Steppenwolf (*Canis lupus papilles*) ab. In diese Gruppe fallen primitive Hunde wie der Australische Dingo, der Singhund Neuguineas und Hunde wie der Basenji, Kanaanhund, Podenco Ibicenco und Pharaohund, die auf dieselben Ahnen zurückgehen, jedoch durch verschiedene Zuchtprogramme entwickelt wurden.

Kanaanhund

Afghanischer Windhund

Der auf Sicht jagende Windhund ist ein Produkt selektiver Zucht, die vor tausenden von Jahren begann. Arabien ist das ursprüngliche Heimatland des Salukis und

Sloughi

des Sloughis; dort wurden diese Hunde vor 5000 Jahren gezüchtet, um Wüstengazellen zu jagen. Vor ca. 3000 Jahren bildeten ägyptische Künstler erstmals Hunde ab, die Greyhounds ähnelten.

Höchstwahrscheinlich wurden Windhunde von phönizischen Händlern in Südeuropa, Nordafrika und entlang der Mittelmeerküsten eingeführt. Es wird angenommen, dass diese Händler die Hunde vor ca. 2500 Jahren auch nach Britannien brachten. Hier fanden weitere Zuchtauslese und Einkreuzungen von Mastiff-Rassen statt, um muskulösere und kräftigere Windhunde zu züchten, z. B. den Irish Wolfhound und den Scottish Deerhound. Genau wie bei ihren Verwandten aus dem Nahen Osten sind Körperhaltung und Betragen dieser Tiere nobel und elegant, was sie zu Hunden der Aristokratie in Schottland und Irland werden ließ.

Kennzeichen von Windhunden sind Reserviertheit und kühle Beherrschtheit. Sie sind weder besonders munter noch überschwänglich liebevoll. Obwohl die meisten inzwischen als Begleithunde gehalten werden, haben sie ihren Jagdinstinkt bei weitem nicht verloren. Das größte Problem bei der Haltung eines Windhundes ist, einen sicheren Ort zu finden, an dem er sich ausreichend bewegen kann; da er nicht ohne weiteres gehorcht, muss er in einem gut umzäunten Gebiet trainiert werden. Und weil er ein sehr beweglicher Hund ist, der sowohl springen wie auch graben kann, muss der Zaun mindestens 2 m hoch und 30 cm tief im Erdreich verankert sein.

Irish Wolfhound

Lauf- und Schweißhunde sind schwerer und niedriger gebaut und nicht so schnell. Sie haben weit geöffnete Nasenlöcher, um Gerüche aufzunehmen, und herunterhängende Ohren, die für eine Luftzirkulation am Kopf sorgen und so beim Erschnüffeln von Düften helfen; herabhängende Lefzen dienen ebenfalls als »Duftfallen«.

Das mittelalterliche Frankreich hatte zweifellos die Führungsrolle bei der Entwicklung der Lauf- und Schweißhunde, und oft schnüffelten in den Parks und Wäldern Frankreichs 1000 Hunde zur gleichen Zeit »im Dienst des Königs«. Die älteste französische Schweißhundrasse ist der Porce-

Bloodhound

laine, ein Nachfahre des inzwischen ausgestorbenen Montaimbeouf. Mehr als 1000 Jahre, bis zur Französischen Revolution 1789, gaben die Äbte des Benediktiner-Klosters Saint Hubert (heute in Belgien gelegen) dem König jedes Jahr sechs Saint Hubert Hounds; Nachfahre dieser Hunde ist der berühmte Bloodhound, der größte Schweißhund der Welt. Einige Schweißhunde hatten ein glattes Fell, andere waren drahthaarig – wie die Griffons. Manche wurden mit kurzen Beinen gezüchtet, wie die Bassets (von franz. *bas* = niedrig), sodass Jäger diesen weniger schnellen Hunden zu Fuß (statt auf dem Pferderücken) folgen konnten. Andere in Frankreich entwickelte kleinere Schweißhunde sind die Harrier, deren Name vom normannisch-französischen Wort für jagen (*harier*) abgeleitet wurde. An die Arbeit im Rudel gewöhnt, sind Schweißhunde leichter gemeinsam zu halten als jeder andere Hundetyp. Sie sind am glücklichsten, wenn sie arbeiten, selbst wenn es sich dabei nur um das Schnüffeln nach dem Duft der Pfotenspuren handelt, die ein Vorgänger hinterlassen hat. Alle Schweiß- und Laufhunde geben Laut, um sich mit den anderen Rudelmitgliedern zu verständigen. Doch während Hundebesitzer diese Geräusche als Musik bezeichnen, werden die Nachbarn das vielleicht anders empfinden!

Basset Griffon Vendéen

Basenji

Andere Namen: Kongohund
Entstehungszeit: Altertum
Entstehungsort: Zentralafrika
Ursprüngliche Nutzung: Jagdhund
Moderne Nutzung: Jagd- und Gesellschaftshund
Maße: Größe 41–43 cm, Gewicht 9,5–11 kg
Farben: Schwarz-Weiß, Gelbbraun-Weiß, Schwarz
FCI-Kategorie: 5

Der Basenji, einer der ungewöhnlicheren Jagdhunde, hat eine sehr lange Geschichte. Hunde seiner Gestalt, mit aufgestellten Ohren und einer fest nach oben eingerollten Rute, wurden bereits in der altägyptischen Kunst dargestellt. Im 19. Jahrhundert entdeckten britische Forschungsreisende ähnliche Hunde im Kongo-Becken, wo sie von ihren Besitzern bei der Jagd als Stöber-, Fährtensuch- und Apportierhunde sowie zum Aufspüren verwundeter Beutetiere

eingesetzt wurden. Der Basenji hat einige einzigartige Merkmale: Er kann nicht bellen, gibt jedoch wie der Wolf ein Heulen oder »Jodeln« von sich. Wenn er Beute verfolgt, verhält er sich völlig still. Basenjis bewegen sich so geräuschlos, dass ihre Besitzer ihnen hölzerne Glöckchen um den Hals hängen, damit sie die Hunde im dichten Unterholz wieder finden. Anders als Hündinnen anderer Rassen, die zweimal im Jahr paarungsbereit sind, ist eine Basenji-Hündin (wie dies auch beim Wolf der Fall ist) nur einmal im Jahr zur Paarung bereit. Der Basenji reinigt sich wie eine Katze mit seinen Pfoten.

Die ersten Basenjis kamen 1895 nach England. Sie wurden auf der Cruft's Dog Show als Kongo Dogs bezeichnet und erregten großes Interesse. Doch dauerte es bis 1937, bis in Großbritannien ein erfolgreiches Zuchtprogramm aufgestellt wurde, denn viele der importierten Hunde starben an Staupe – aus einem Land kommend, in dem diese Krankheit unbekannt war, waren sie besonders empfänglich dafür. Bald darauf, in den 1940er-Jahren, wurde der Basenji erfolgreich in die USA eingeführt.

Der leicht gebaute Hund ist perfekt an das warme Klima seiner Heimat angepasst. Die den Körper locker umgebende Haut, die von kurzen, seidigen Haaren bedeckt wird, macht widerstandsfähig gegen Hitze, während die Fellfärbung für eine Tarnung im Busch sorgt. Der Basenji besitzt eine »gerunzelte« Stirn, die ihm einen spöttischen, hochnäsigen Gesichtsausdruck verleiht. Die Stehohren sind hoch angesetzt und äußerst beweglich. Der Kiefer ist lang, was typisch für die meisten alten Hunderassen ist. Die Schnauze verläuft von den dunklen, mandelförmigen Augen bis zur schwarzen Nasenspitze. Die langen Beine erlauben es dem Basenji, sich frei und anmutig zu bewegen, wobei er an ein trabendes Pferd erinnert.

Podenco Ibicenco

Andere Namen: Balearenhund, Charnique (in Frankreich)
Entstehungszeit: Altertum
Entstehungsort: Balearen
Ursprüngliche Nutzung: Jagdhund
Moderne Nutzung: Jagd- und Gesellschaftshund
Maße: Größe 56–74 cm, Gewicht 19–25 kg
Farben: Weiß, Rehbraun, Rehbraun-Weiß, Rot, Rot-Weiß
FCI-Kategorie: 5

Ursprünglich stammt der kräftig gebaute Podenco Ibicenco aus Ibiza, einer der balearischen Inseln Spaniens. Doch inzwischen ist er auch auf dem spanischen Festland anzutreffen sowie in Frankreich, wo er als Charnique bekannt ist. Es gibt drei Typen: den glatthaarigen, den drahthaarigen und den langhaarigen. Der Podenco Ibicenco ist äußerst beweglich und kann ohne Anlauf in große Höhe springen. Er ist unglaublich vielseitig; bei der Jagd verlässt er sich hauptsächlich auf Ohren und Nase, nutzt aber auch seine Augen und bellt erst, wenn er seine Beute entdeckt hat. Des Weiteren kann er sowohl allein wie auch im Rudel arbeiten. Er gibt einen guten Vorsteh- und einen ausgezeichneten Apportierhund ab.

Der Podenco hat einen langen, schmalen, kegelförmigen Kopf mit einem ausgeprägten Okziput und einem wenig deutlichen Stopp. Der Abstand zwischen Augen und Nasenspitze ist immer ebenso groß wie der Abstand vom Punkt zwischen den Augen zum Okziput. Er hat große Stehohren, die nach vorn, seitwärts oder nach hinten bewegt werden können. Wenn er aufmerksam ist, trägt er sie sehr hoch aufgestellt. Die Augen liegen schräg, sind relativ klein und von einer hübschen Bernsteinfarbe, die gut zur fleischfarbenen Nase passt (diese verfärbt sich heller, wenn der Hund sich unwohl fühlt). Die Hinterbeine sind stark und schlank und eignen sich gut für Sprints. Die Pfoten gleichen eher denen von Hasen und besitzen eine leichte Befederung zwischen den Zehen sowie helle Krallen. Die Rute ist lang und tief angesetzt; wenn der Hund sich bewegt, ist sie sichelartig geformt.

Pharaohund

Andere Namen: Kelb-tal Fenek, Pharaonenhund
Entstehungszeit: Altertum
Entstehungsort: Malta
Ursprüngliche Nutzung: Jagdhund
Moderne Nutzung: Jagd- und Gesellschaftshund
Maße: Größe 53–64 cm, Gewicht 20–25 kg
Farben: Lohfarben mit weißen Abzeichen
FCI-Kategorie: 5

Auf der Insel Malta, seiner Heimat, wird der Pharaohund Kelb-tal Fenek (Kaninchenhund) genannt. Seinen heutigen Namen erhielt er erst, als er in den 1960er-Jahren auf britischen Ausstellungen gezeigt wurde. Mit seinen großen, aufgestellten Ohren hat er eine sehr starke Ähnlichkeit mit den Hunden, die auf ägyptischen Grabmalereien von ca. 4000 v. Chr. zu sehen sind. Auch der ägyptische Gott Anubis wurde mit dem Kopf eines solchen Hundes dargestellt – so erschien der Name Pharaohund passend.

Dieser elegante, geschmeidige Hund, berühmt für seine Schnelligkeit und Beweglichkeit, stammt wahrscheinlich von einem kleinen Wolf ab, der auf der Arabischen Halbinsel heimisch war. Die Rasse, so wird angenommen, wurde von phönizischen Händlern vor ca. 2000 Jahren auf die Mittelmeerinsel Malta und die benachbarte Insel Gozo gebracht. Wegen der isolierten Lage der Inseln blieb die Rasse unverfälscht und »rein«. Sie bewahrte ihre Fähigkeit, alle ihre Sinne bei der Jagd einzusetzen.

Das Fell ist fein, glänzend, kurz und kräftig lohfarben. Füße und Rute zeigen weiße Abzeichen; bei Abzeichen auf der Brust werden Sternformen am meisten geschätzt. Der lange, schlanke, wie gemeißelt wirkende Kopf besitzt mächtige Kiefer, eine fleischfarbene Nase (die zum Fell passt und rot wird, wenn der Hund aufgeregt ist) sowie ovale, nah beieinander liegende bernsteinfarbene Augen, die ein exzellentes beidäugiges Sehen erlauben, was bei der Jagd auf Sicht hilfreich ist. Die hoch angesetzten Ohren sind an der Basis breit, recht lang und werden aufgerichtet getragen, wenn der Hund aufmerksam ist. Die Rute ist recht dick am Ansatz und verjüngt sich zur Spitze hin. Ist der Hund aufgeregt, kann die Rute sichelförmig hochgehalten werden, doch sollte sie niemals den Rücken berühren.

Afghanischer Windhund

Andere Namen: Afghane
Entstehungszeit: Altertum
Entstehungsort: Afghanistan
Ursprüngliche Nutzung: Jagdhund (große Beutetiere)
Moderne Nutzung: Gesellschafts-, Wach- und Jagdhund
Maße: Größe 64–74 cm, Gewicht 23–27 kg
Farben: Alle Farben
FCI-Kategorie: 10

Der Afghane ist ein Mitglied der Greyhound-Familie, die vor mehreren tausend Jahren in der östlichen Mittelmeerregion auftauchte, wobei nicht klar ist, wie die Hunde später vom Nahen Osten nach Afghanistan kamen. Der afghanischen Legende nach wurde der Hund in Noahs Arche ins Land gebracht. Die wahrscheinlichste Erklärung ist jedoch, dass er mit Händlern entlang der damaligen Handelswege reiste und schließlich zum Jagdhund der königlichen Familie Afghanistans erkoren wurde. Heute existieren in Afghanistan drei Typen: der kurzhaarige Afghane (wie der Taigan aus Kirgistan, der zentralasiatischen Republik nördlich von Afghanistan), der befederte Afghane (wie der Saluki, s. S. 99), und der geläufigere langhaarige Hund, den wir im Westen kennen.

Das British Museum in London beherbergt in seiner Sammlung ein auf Stoff gemaltes Bild aus dem alten Athen, *Abreise der Krieger*. Auf dem Bild, das auf das 6. Jahrhundert v. Chr. datiert wird, sind verschiedene Windhunde mit befederter Rute zu sehen, die unzweifelhaft dem Afghanischen Windhund ähneln. Eine weitere alte Quelle ist eine Papyrus-Rolle aus Sinai, datiert auf ca. 3000 v. Chr., die einen »affengesichtigen Hund« beschreibt. Wo auch immer der Afghane herstammt und wie dieses herrliche Tier auch nach Afghanistan kam – als die ersten europäischen Forschungsreisenden im späten 15. Jahrhundert ins Land kamen, war der Afghane schon da.

Durch die Abgelegenheit des Landes und die selektive Zucht entwickelte sich aus dem ursprünglichen Windhund ein Tier, das besser an das Klima und das Terrain Afghanistans angepasst war. Neben dem langen, dicken, warmen und schützenden Fell ist die befederte Rute ein charakteristisches Merkmal. Er wird hoch getragen und endet in einem kleinen Ring – so war es den Jägern möglich, ihre Hunde auch im Dickicht zu erspähen. Die hohen und breiten Hüftknochen erlauben es dem Hund, sich auf felsigen Abhängen umzudrehen und Sprünge zu vollführen wie ein Affe.

Von der afghanischen Aristokratie wurden die Hunde hoch geschätzt, und es war schwer für Ausländer, einen Afghanen zu erwerben. 1894 kam der erste Afghane nach Großbritannien und erregte wegen seines fantastischen Aussehens großes Interesse. Die Hunde, die in den folgenden zehn Jahren importiert wurden, stellten sich als nicht so interessant heraus, womöglich handelte es sich nicht um reinrassige Tiere. Dann importierte Captain John Barff jedoch einen Afghanen namens Zardin, der 1907 auf der Ausstellung des *British Kennel Club* im Crystal Palace gezeigt wurde: Zardin gewann die Ausstellung in sensationeller Weise und war solch ein großes Thema in der Presse, dass Königin Alexandra, Ehefrau von König Edward VII., Zardin zu einer »königlichen Audienz« in den Buckingham-Palast einlud.

Der Kopf ist lang, aber nicht zu schmal, mit einem wenig ausgeprägten Stopp und langen, starken Kiefern. Die fast dreieckig geformten Augen sind meist dunkel, manchmal prächtig goldfarben. Die Ohren sind tief und weit hinten angesetzt und liegen dicht am Kopf an. Der Rücken ist gerade, fällt aber leicht zum Rumpf hin ab, die breiten Hüften stehen vor und die kräftigen Hinterbeine haben eine gute Länge. Dicke Haare bedecken die großen, starken Füße, die ideal für raues Terrain geeignet sind. Die Rute, die leicht befedert ist und in einem charakteristischen Ring endet, wird tief gehalten, wenn der Hund stillsteht, doch wenn er rennt, hebt er sie hoch. Das wunderschöne Fell, das der Rassestandard in jeder Farbe akzeptiert, ist lang und fein – und muss täglich gebürstet werden, um einer Verfilzung vorzubeugen. Einzige Ausnahme hiervon sind der »Sattel«, eine Rückenpartie hinter den Schultern, und das Gesicht.

Barsoi

Andere Namen: Russischer Windhund
Entstehungszeit: 17. Jahrhundert
Entstehungsort: Russland
Ursprüngliche Nutzung: Jagdhund (Hetzagd auf Wölfe)
Moderne Nutzung: Gesellschaftshund
Maße: Größe 69–79 cm, Gewicht 35–48 kg
Farben: Alle Farben
FCI-Kategorie: 10

Im Russischen werden auf Sicht jagende Hunde allgemein Barsoi genannt – Taigan, Tasy, Südrussischer Steppenhund und Chortaj, sie alle sind als Barsoi klassifiziert. Bis vor kurzem war der Barsoi auch als Russischer Wolfhund bekannt, ein Name, der ein wenig irreführend ist, denn er bezieht sich nicht auf sein Aussehen, sondern auf die Tätigkeit; Barsois wurden im Zarenreich paarweise für die Hetzjagd auf Wölfe eingesetzt, einer ritualisierten Form der Jagd, damals ein beliebter Zeitvertreib des Landadels. Von diesen Hunden wurde erwartet, dass sie Wölfe auf offenes Terrain hetzten, wo die menschlichen Jäger sie dann leicht zur Strecke bringen konnten. Die ganze Veranstaltung war ein Spektakel, bei dem Symmetrie und Eleganz des Hundepaares hoch geschätzt wurden, und beide Hunde mussten in Farbe und Fellzeichnung sowie in Größe und Geschwindigkeit zueinander passen – ein Hund allein hätte auch keine Chance gegen einen Wolf gehabt. Die Aufgabe der beiden Barsois war es, den Wolf am Hals zu packen, zu Boden zu ziehen und festzuhalten, bis der berittene Jäger vom Pferd sprang und den unglücklichen Wolf mit dem Dolch in »heroischem Nahkampf« ins Jenseits beförderte.

Die Ursprünge des Barsoi gehen zurück ins 17. Jahrhundert, als einige arabische Greyhounds, dem heutigen Saluki ähnlich (s. S. 99), als Jagdhunde nach Russland gebracht wurden. Zwar waren sie schnell, aber unglücklicherweise war ihr Fell für den strengen russischen Winter nicht dick genug, und so starben sie. Weitere Greyhounds wurden ins Land geholt und mit einheimischen, langbeinigen Hunden vom Collie-Typ gekreuzt, die ein geeigneteres dickes, schweres, gewelltes Fell besaßen. Damit war die Rasse geboren – zumindest in Russland. Während der nächsten 200 Jahre waren die einzigen Barsois, die das Zarenreich verließen, Geschenke an andere königliche Höfe. 1842 erhielt Königin Victoria von England den ersten Barsoi als Geschenk des Zaren, viele andere sollten folgen. Victoria war überaus angetan von der Rasse, und als Trendsetterin machte sie

den Barsoi bald zum begehrtesten Hund der britischen Aristokratie. Zu den frühen Ausstellern der Rasse auf Hundeschauen des 19. Jahrhunderts zählten die Herzogin von Manchester, der Herzog von Hamilton, die Herzogin von Newcastle sowie König Edward VII. und seine Frau, Königin Alexandra. Um 1889 kam der Barsoi nach Amerika; die ersten Hunde stammten aus England, doch 1903 lieferte Zar Nikolaus Romanoff die ersten russischen Barsois in die USA.

Der Barsoi hat einen außergewöhnlich langen und schlanken Kopf, der Abstand von Augen zu Nasenspitze entspricht dem zwischen Augen und Okziput. Die beinahe mandelförmigen dunklen Augen liegen schräg, die Kiefer sind kräftig. Der Körper lässt sich am besten als eine Reihe von anmutigen Kurven beschreiben, er erweckt den Eindruck stromlinienförmiger Kraft: Er ist muskulös, mit gewölbtem Rücken, das kraftvolle Hinterteil ist breiter als die Schultern und hat muskulöse Hinterbeine. Die langen, anmutigen, beinahe hasenähnlichen Füße – Liebhaber vergleichen sie mit den anmutig gewölbten Füßen einer Ballerina – sind mit kurzen, glatten Haaren bedeckt. Das Fell ist lang und seidig, am Hals hübsch gekraust, aber kurz an Kopf, Ohren und Vorderbeinen. Die Hinterbeine und die Rute sind wunderschön befedert, sodass der Barsoi, selbst wenn er still steht, aussieht, als ob er durch den Wind laufe.

Deerhound

Andere Namen: Scottish Deerhound, Highland Greyhound
Entstehungszeit: Mittelalter
Entstehungsort: Schottland
Ursprüngliche Nutzung: Jagdhund (Hirsche)
Moderne Nutzung: Gesellschaftshund
Maße: Größe 71–76 cm, Gewicht 36–45 kg
Farben: Rehbraun, Rot, Rot gestromt, Blaugrau, Grau, Schwarz gestromt
FCI-Kategorie: 10

Der Deerhound war im Mittelalter exklusiver Begleiter des Königs und der adeligen Schotten. Viele Führer der Highland-Clans besaßen ihn, und es gab eine Zeit, in der Männer, die im Rang niedriger standen als ein Graf, keinen Deerhound halten durften.

Der Deerhound ist ein Nachkomme des Greyhounds (s. S. 96). Es ist nicht bekannt, wann genau diese Hunde auf die britischen Inseln kamen, doch es wird vermutet, dass sie von phönizischen Händlern vor ca. 3000 Jahren eingeführt wurden und dann nach Schottland »nordwärts gingen«; dort erwiesen sie sich als äußerst wertvoll und entwickelten wohl auch ihr schweres Fell, um dem rauen schottischen Wetter zu trotzen.

Die Rasse wurde für die Hirschhatz durch die dichten Wälder der schottischen Highlands entwickelt. Im 16. Jahrhundert war die Hirschjagd ein beliebter Sport und ein Freizeitvergnügen der reichen und mächtigen Lairds. Die herausgehobene Stellung des Deerhounds endete im 18. Jahrhundert, nachdem Jagdgewehre weite Verbreitung gefunden hatten, große Teile der Wälder gerodet worden waren und das Clansystem nach der Schlacht von Culloden im Jahr 1745 beinahe zusammenbrochen war. Dank der Bemühungen von Duncan McNeil, später Lord Colonsay, der sich ganz besonders für den Deerhound interessierte, wurde der beinahe ausgestorbenen Rasse durch ein sorgfältiges und systematisches Zuchtprogramm wieder zu neuem Glanz verholfen.

Im 19. Jahrhundert zählten bedeutende Persönlichkeiten wie Königin Victoria und der große schottische Schriftsteller Sir Walter Scott zu den Liebhabern der Rasse. Scott ließ für seinen Deerhound Maida ein Denkmal mit folgender Inschrift errichten: »Beneath this sculptured form which late your wore, Sleep soundly, Maida, at your Master's door« (Unter dieser Skulptur schlafe sanft, Maida, neben dem Haus deines Herrn). Er liebte diesen Hund so sehr, dass er ihn als »die vollkommenste Kreatur des Himmels« beschrieb. Er habe Maida so oft porträtieren lassen, schrieb er, dass das Tier schließlich das Weite suchte, sobald es einen Maler mit Palette und Pinsel erblickte!

Der Deerhound sieht dem Greyhound sehr ähnlich, hat jedoch ein nützliches wetterfestes Fell. Die Haare an Rumpf, Hals und Hinterteil sind hart und drahtig und weisen an den Vorder- und Hinterläufen einen leichten Besatz auf. Der lange, mit recht langen Haaren bedeckte Kopf ist auf Ohrenhöhe breit und wird zur Nase hin schmaler. Die Nase ist hübsch und schwarz – nur bei blaugrauen Hunden ist sie blau. Eine der liebenswertesten Merkmale ist der »Bart« aus silbernen Haaren, der dem Deerhound das Aussehen eines pensionierten Armee-Obersten verleiht – sehr distinguiert, eher förmlich und vielleicht ein wenig einschüchternd. Bei näherer Betrachtung aber wird man entdecken, dass die wunderschönen, schwarz umrandeten Augen äußerst sanftmütig blicken. Die Ohren sind hoch am Kopf angesetzt, und wenn der Hund ruht, trägt er sie ordentlich gefaltet. Wird er jedoch zum Spaziergang aufgefordert und freut sich auf einen ordentlichen Auslauf, sind die Ohren erwartungsvoll aufgerichtet. Die lange Rute ist an der Wurzel dick, wird zur Spitze hin schmaler und sollte lang genug sein, um beinahe den Boden zu berühren. Die Füße sind bemerkenswert kompakt für solch einen starken, beweglichen Hund und haben nur kurze Haare zwischen den Zehen. Wie bei allen Sichtjägern kommen das wahre Wesen und die Schönheit des Deerhounds am besten zur Geltung, wenn er in Bewegung ist.

Greyhound

Andere Namen: English Greyhound
Entstehungszeit: Altertum
Entstehungsort: Ägypten und Naher Osten, heutiges Erscheinungsbild in Großbritannien entwickelt
Ursprüngliche Nutzung: Jagdhund (Wild)
Moderne Nutzung: Renn- und Gesellschaftshund
Maße: Größe 69–76 cm, Gewicht 27–32 kg
Farben: Weiß, Schwarz, Rot, Blau, Rot-Gelb, Sandgelb, Rehbraun gestromt oder eine dieser Farben mit Weiß
FCI-Kategorie: 10

Die frühesten Abbildungen von Greyhounds wurden in den Grabkammern ägyptischer Pharaone entdeckt. Als die Römer vor ca. 2000 Jahren in Ägypten einmarschierten, waren ähnliche Hunde im Mittelmeergebiet verbreitet; um 400 v. Chr. kamen die Hunde nach Britannien, wo sie bis zu ihrem heutigen Erscheinungsbild weiterentwickelt wurden. Über die Bedeutung des Namens Greyhound wird heftig diskutiert. Einige Menschen glauben, der Name komme von *grais* und bedeute griechisch. Andere halten dagegen, dass *grei* das angelsächsische Wort für schön sei, wieder andere, dass *grech* auf Altenglisch Hund bedeute. Manche leiten Greyhound sogar vom falsch ausgesprochenen Wort Gazehound (auf Sicht jagender Hund) ab.

Der Besitz von Greyhounds in Britannien war jahrhundertelang der Oberschicht vorbehalten. 1016 erließ König Canute ein Dekret, das besagte, keine »gewöhnliche Person« dürfe einen Greyhound halten. Unter König John war die Strafe für die Tötung eines Greyhounds dieselbe wie für die Ermordung eines Menschen. Der hohe Status des Greyhounds wird ferner ersichtlich aus der Tatsache, dass der König anstelle von Steuern, die der Adel ihm schuldete, auch Greyhounds akzeptierte.

Die britischen Grundbesitzer hatten das Jagdtalent des Greyhounds immer genutzt, doch im 18. Jahrhundert wurde auch das sportliche Potenzial des Hundes erkannt, und Hetzjagden erfreuten sich wachsender Beliebtheit. Mit einer Höchstgeschwindigkeit von bis zu 60 km/h erstürmte der Greyhound eine neue Arena: die Rennbahn. Das erste Hunderennen fand 1876 in Hendon im Norden Londons statt, fand aber keinen großen Anklang. Der Sport wurde tatsächlich in den USA entwickelt; ab 1890 gab es Greyhound-Rennen in Miami zunächst als zusätzliche Attraktion bei Pferderennen. 1909 entstand in Tucson, Arizona, die erste Greyhound-Rennbahn in ihrer heutigen Form.

Irish Wolfhound

Andere Namen: Keine
Entstehungszeit: Altertum, rekonstruiert im 19. Jahrhundert
Entstehungsort: Irland
Ursprüngliche Nutzung: Jagdhund (Wölfe)
Moderne Nutzung: Gesellschafts- und Wachhund
Maße: Größe 71–90 cm, Gewicht 40–55 kg
Farben: Vielfältig, u. a. Grau, Weizenblond, Schwarz, Weiß, Rehbraun
FCI-Kategorie: 10

Der Irish Wolfhound gehört nicht nur zu den größten Hunderassen der Welt, er ist auch eine der ältesten. Im Jahr 392 n. Chr. bedankte Symmachus aus Rom sich bei seinem Bruder Flavinius, der damals in Britannien war, schriftlich für das Geschenk sieben irischer Hunde und fügte hinzu, dass »ganz Rom über sie staunte«. Kein Wunder in Anbetracht ihrer Größe!

Der Wolfhound taucht in der gesamten irischen Geschichte auf; König Cormac, der im 3. Jahrhundert regierte, besaß zahlreiche Wolfhounds. Der König von Ulster aus dem 12. Jahrhundert war so begierig, einen Wolfhound namens Aibe zu erwerben, dass

er 6000 Kühe für ihn bot und in den Krieg zog, als das Angebot abgelehnt wurde. Im 16. Jahrhundert wurde ein Wolfhound-Paar als Geschenk nach Spanien entsendet, doch im Jahr 1652 verbot Oliver Cromwell den Export der Hunde, weil sie zu selten waren und die Wölfe zu zahlreich. Der letzte Wolf wurde in Irland im Jahr 1780 von Wolfhounds getötet. Damit war ihre Arbeit getan, und nur 50 Jahre später schien es, als seien die Irish Wolfhounds ausgestorben, bis der englische Offizier Captain G. A. Graham sich daran machte, die Rasse wieder zu beleben – wobei es fraglich ist, ob er für seine Zucht noch auf echte Irish Wolfhounds zurückgreifen konnte oder ob er die Rasse vielmehr mithilfe ausländischer Hunde wie Deutschen Doggen (s. S. 216), Deerhounds (s. S. 94) und Mastiffs (s. S. 212) rekonstruierte.

Trotz seiner enormen Größe und Kraft ist der Irish Wolfhound eine der sanftesten Rassen, zärtlich und treu. Seine Größe macht ihn für viele Heime ungeeignet, denn normalerweise fehlt einfach der Raum, solch einem herrlichen Tier ausreichend Bewegung zu verschaffen.

Der Kopf ist lang und nicht zu beit, die Schnauze lang und mäßig zugespitzt. Unter den zottigen »Augenbrauen« liegen dunkle, weiche und gutmütige Augen, umrandet von dunklen Augenlidern. Die muskulösen Läufe sind lang und stark, die Pfoten groß und rund. Das raue Deckhaar ist drahtig an Rumpf, Beinen und Kopf und etwas länger über den Augen und unter dem Kiefer.

Saluki

Andere Namen: Gazellenhund, Arabischer Hund, Persischer Windhund
Entstehungszeit: Altertum
Entstehungsort: Mittlerer Osten
Ursprüngliche Nutzung: Jagdhund (Gazellen)
Moderne Nutzung: Gesellschafts- und Jagdhund (Hasenhatz in Ländern, in denen sie noch legal ist)
Maße: Größe 58–71 cm, Gewicht 14–25 kg
Farben: Weiß, Creme, Rot, Gold, Schwarz-Lohfarben, Rehbraun, Tricolor
FCI-Kategorie: 10

Der Saluki ist ein Mitglied der Windhundfamilie – eine der ältesten Hundefamilien –, und er könnte sogar das älteste Mitglied sein. In der Grabkammer von Rekma-Re in Ägypten aus dem Jahr 1400 v. Chr. gibt es ein Gemälde von Hunden, die bemerkenswerte Ähnlichkeit mit Salukis haben, mit der gleichen Befederung von Ohren, Beinen, Hinterhand und Rute. Doch es existieren noch frühere Abbildungen wie die bei Hierakonapolis, die 3600 v. Chr. entstanden sind und ähnliche Hunde zeigen. Der Legende nach erhielt der Saluki seinen Namen entweder von der inzwischen verschwundenen südarabischen Stadt Saluk, die einst für ihre Rüstungen sowie für ihre großartigen Windhunde berühmt war, oder von der Stadt Seleukia in Syrien. Sein Spitzname Gazellenhund weist auf seine ursprüngliche Nutzung hin. Araber und Perser schätzten diese Hunde ebenso hoch wie ihre Pferde. Es heißt, Salukis wurden auf dem Pferde- oder Kamelrücken zur Jagd befördert, um ihre Pfoten vor dem heißen Wüstensand zu schützen.

Nach islamischer Lehre sind Hunde »unreine Tiere«, doch für Salukis galten Ausnahmeregeln, die ihnen erlaubten, die Wohnstätten mit ihren Herren zu teilen. Die nomadischen Beduinenstämme Nordafrikas geben die Stammbäume ihrer geschätzten Salukis noch immer in mündlicher Überlieferung weiter, und es werden auch immer noch Hetzjagden veranstaltet – obwohl die Hunde dabei wahrscheinlich eher in vierrädrigen Wagen transportiert werden!

Der Saluki trägt seinen Kopf wie ein echter Aristokrat. Die kleinen, tief liegenden Augen scheinen in die Ferne zu blicken – und wirklich können die Hunde Vögel in weiter Entfernung beobachten, ein Erbe ihrer Vergangenheit in der Wüste, als sie gemeinsam mit Falken jagten.

Sloughi

Andere Namen: Slughi, Arabischer Windhund, Östlicher Windhund
Entstehungszeit: Altertum
Entstehungsort: Nordafrika, möglicherweise Marokko
Ursprüngliche Nutzung: Jagd- und Wachhund
Moderne Nutzung: Gesellschaftshund
Maße: Größe 61–72 cm, Gewicht 20–27 kg
Farben: Sandgelb, Rehbraun
FCI-Kategorie: 10

Wie der Saluki (s. S. 99) ist der Sloughi oder Slughi, wie er in der arabischen Umgangssprache genannt wird, ein Mitglied der Windhundfamilie. Die Ursprünge dieser Hunde sind fest im Mittleren Osten verwurzelt, sie könnten in der jemenitischen Stadt Saloug entstanden sein. Mit sich ausbreitenden arabischen Stämmen kamen sie wahrscheinlich vor über 1000 Jahren nach Nordafrika, als Rasse wurden sie in Marokko etabliert. Wie der Saluki wurde auch der Sloughi hoch geschätzt in einer Kultur, deren Religion Hunde als unrein erklärte; anders als »gewöhnliche« Hunde durften Sloughis die Wohnstätten ihrer Besitzer teilen und wurden, so heißt es, nach ihrem Tod wie Familienmitglieder betrauert.

Der Sloughi ist weniger bekannt als der Saluki und wird oft mit ihm verwechselt. Größe und Gestalt gleichen Letzterem, und wie dieser hat der Sloughi ein glattes, kurzes Fell, das übermäßige Wüstenhitze gut vom Körper ableitet. Was ihm im Gegensatz zum Saluki fehlt, ist die Befederung an Ohren, Beinen und Rute. Das Fell des Sloughi ist sandgelb oder rehbraun – eine ideale Tarnung bei der Jagd auf Wüstentiere wie Gazellen, Füchse und Hasen. Sein großer Brustumfang verleiht dem Tier eine große Lungenkapazität; die Beinmuskeln und die langen, schlanken Pfoten sind weniger gut entwickelt und leichter als die eines Greyhounds.

Whippet

Andere Namen: Greyhound des armen Mannes
Entstehungszeit: 19. Jahrhundert
Entstehungsort: Großbritannien
Ursprüngliche Nutzung: Hetz- und Rennhund
Moderne Nutzung: Gesellschafts- und Rennhund
Maße: Größe 43–51 cm, Gewicht 12,5–13,5 kg
Farben: Alle Farben
FCI-Kategorie: 10

Zwar tauchen die Namen Whappet und Wappet bereits in frühen englischen Schriften über Hunde auf, sie beziehen sich jedoch in Wirklichkeit auf alle kleinen – und lauten – Hunde unklarer Herkunft. Der Whippet ist ein »Miniatur-Greyhound«; seine perfekte aerodynamische Gestalt macht ihn zu einem schnellen Läufer, über kurze Strecken erreicht er eine Geschwindigkeit von bis zu 65 km/h. Er wird oft Greyhound des armen Mannes genannt – vielleicht wegen der früheren Gesetze, die es dem einfachen Volk in Großbritannien verboten, »echte« Greyhounds zu halten; doch wahrscheinlich entstand die Bezeichnung, weil diese Hunde sehr populär in der Arbeiterklasse im Norden Englands waren, die ihre Freizeit am Wochenende mit der Kaninchenhatz verbrachten. Terrier, die ursprünglich für diesen »Sport« verwendet wurden, waren nicht schnell genug, um sich bei diesen improvisierten Gelegenheitswettbewerben der Arbeiterklasse hervorzutun, und so wurde mit der sorgfältigen Einkreuzung kleiner Greyhounds begonnen.

Als Tierschutzgesetze die Kaninchenhatz verboten, veranstalteten die Besitzer der Whippets improvisierte Hunderennen; sie hielten am Ende der Rennstrecke einen Stofffetzen in der Hand und trainierten ihre Hunde darauf, auf ihn zuzulaufen und ihn zu packen. Für diese Rennen brauchte man Hunde mit verbesserten athletischen Fähigkeiten und ein Handicap-System: Kleine

Hunde, die Whippets, starteten vorn, größere, die Greyhounds, weiter hinten. Aufgrund speziell konstruierter Rennbahnen und kommerzieller Unterstützung für Windhunderennen war die Zeit des Amateurrennsports im 20. Jahrhundert zunächst vorbei und wurde erst in den 1950er-Jahren mit Miniatur-Startboxen wieder belebt. Wetten sind hierbei jedoch nicht erlaubt.

Anders als der Greyhound, von dem es verschiedene Typen gibt, ist ein Whippet vielseitig. Er kann an einem Tag Sieger im Schauring werden und am nächsten Tag ein Rennen gewinnen. Seine enorme Kraft und große Geschwindigkeit sind noch bemerkenswerter angesichts seiner äußeren Erscheinung, die große Zerbrechlichkeit suggeriert – was noch durch seine Gewohnheit unterstrichen wird, zu zittern und zu beben, wenn er ruhig steht, und einen mit ruhigem Blick anzusehen. In Wahrheit aber ist der Whippet unglaublich robust, er macht sich absolut nichts aus schlechtem Wetter und ist in vieler Hinsicht so furchtlos, dass viele sagen, er habe das Herz eines Löwen!

Basset Hound

Andere Namen: Keine
Entstehungszeit: 16. Jahrhundert
Entstehungsort: Frankreich
Ursprüngliche Nutzung: Jagdhund (Kaninchen, Hasen)
Moderne Nutzung: Gesellschaftshund
Maße: Größe 33–38 cm, Gewicht 18–27 kg
Farben: Tricolor, Zitrone-Weiß
FCI-Kategorie: 6

Der Name dieses Hundes ist vom alten französischen Wort für Zwerg abgeleitet, *basset*. Die Rasse entstand im 16. Jahrhundert in Frankreich. Die kurzbeinigen Jagdhunde zeichneten sich nicht nur durch ihre vorteilhafte Bodennähe aus, sondern auch durch einen bemerkenswerten Geruchssinn. Die herabhängenden Ohren – die mindestens bis zur Schnauzenspitze reichen sollten – waren beim Aufspüren von Gerüchen sicherlich hilfreich: Beim Flattern und Schlagen über den Boden wirbelten sie Luft auf und sorgten so für eine Zirkulation feinster Geruchsspuren rund um die empfindliche Nase.

Heute gelten Bassets als freundliche und liebenswürdige Kreaturen – auch wenn sie oft etwas eigensinnig sind. Sie sind als Markenzeichen für bequeme Comfortschuhe weltberühmt geworden. Es gibt durchaus auch leichtknochigere Bassets mit etwas längeren Beinen, die an sportlichen Wettbewerben teilnehmen und dort die Fähigkeiten unter Beweis stellen, die sie jahrhundertelang zu geschätzten Jagdhunden machten.

Die typischen Familien-Bassets jedoch sind meist schwerknochige Hunde, die auf kurzen, eher krummen Beinen stehen. Mit einem durchschnittlichen Gewicht von 25 kg sind sie üblicherweise unter 38 cm groß. Damit ist ihre Körpergröße zwar gering, doch sie sind alles andere als kleine Hunde. Die faltenreiche Haut, die schweren Lefzen, die herabhängenden Ohren und die weichen, leicht eingesunkenen Augen (die dem Basset einen etwas traurigen Ausdruck verleihen) sind ebenfalls irreführend, denn Bassets sind verspielte Hunde mit mächtigem Appetit und Lust auf Bewegung.

Grand Basset Griffon Vendéen

Andere Namen: Großer Vendéen
Griffon Basset
Entstehungszeit: 19. Jahrhundert
Entstehungsort: Frankreich
Ursprüngliche Nutzung: Jagdhund (Hasenhatz)
Moderne Nutzung: Gesellschafts- und Jagdhund (in Frankreich)
Maße: Größe 38–42 cm, Gewicht 18–20 kg
Farben: Weiß-Grau, Schwarz-Weiß, Weiß-Lohfarben, Tricolor
FCI-Kategorie: 6

Vom Basset Griffon Vendéen (aus der französischen Region Vendée) gibt es zwei Typen: den großen (franz. *grand*) und den kleinen (franz. *petit*; s. S. 105). Im 19. Jahrhundert war aus der Region ein Schweißhund mit kurzen Beinen – die den Bassets den Namen verliehen (franz. *bas* = niedrig) – bekannt; doch der moderne Grand Basset Griffon wurde Mitte der 1940er-Jahre von Paul Desamy durch selektive Zucht und Festlegung der Rassemerkmale etabliert. Er ist etwas höher gewachsen und langbeiniger als die meisten anderen Bassets, und im Vergleich zum Basset Hound (s. S. 103) ist sein Körperbau weniger stilisiert; die Haut ist nicht so runzelig, und er schaut auch nicht so ernst drein. Auch ist das Fell der Basset Griffons viel drahthaariger und zottiger. Wie bei allen Bassets helfen die herabhängenden Ohren – die beim Schnüffeln die Nasenspitze berühren sollten – beim Aufwirbeln von Luft, sodass feinste Geruchsspuren der Beute erschnüffelt werden können. Es sind muskulöse Hunde mit einem schweren Knochenbau, der ihnen die Kraft verleiht, ausdauernde – manche behaupten, auch eigensinnige – Jäger zu sein.

Petit Basset Griffon Vendéen

Andere Namen: Kleiner Vendéen Griffon Basset
Entstehungszeit: 18. Jahrhundert
Entstehungsort: Frankreich
Ursprüngliche Nutzung: Jagdhund (Hasenhatz)
Moderne Nutzung: Gesellschafts- und Jagdhund (in Frankreich)
Maße: Größe 34–38 cm, Gewicht 14–18 kg
Farben: Weiß, Orange-Weiß, Tricolor
FCI-Kategorie: 6

Wie sein »großer Bruder« entstammt der Petit Basset Griffon aus der französischen Region Vendée, wo er im 18. Jahrhundert für die Jagd auf Hasen und Kaninchen verwendet wurde. In den 1940er-Jahren legte Abel Desamy durch selektive Zucht die modernen Rassemerkmale fest, die diesen Hund zu einem der beliebtesten Bassets werden ließen – sowohl in Frankreich wie auch im Ausland. Das Erscheinungsbild des Petit Basset Griffon ist mehr das eines »echten« Bassets: Er hat die typischen festen, kurzen Beine – wobei die Vorderbeine sich nicht wie beim Basset Hound (s. S. 103) an den Knien nach innen biegen. Der Petit Basset hat mit dem Grand Basset den großen Brustumfang gemein. Wenn man die beiden nebeneinander stellt, ist die Beinlänge der einzige erkennbare Unterschied. Beide haben ein struppiges Fell, einen kräftigen Hals und einen gewölbten, in die Länge gezogenen Kopf. Die kurzen Beine in Kombination mit der Länge des Rückens und dem großen Brustumfang machen die Rasse anfällig für Rückenschmerzen.

Beagle

Andere Namen: Englischer Beagle
Entstehungszeit: 11. Jahrhundert
Entstehungsort: Frankreich, danach in Großbritannien weiterentwickelt
Ursprüngliche Nutzung: Jagdhund (Hasen, Kaninchen)
Moderne Nutzung: Gesellschafts-, Jagd- und Turnierhund
Maße: Größe 33–41 cm, Gewicht 8–14 kg
Farben: Alle Farben
FCI-Kategorie: 6

Der Beagle ist der kleinste britische Spürhund. Seine Vorfahren, davon wird ausgegangen, kamen bereits im 11. Jahrhundert mit den Normannen nach Britannien, angeführt von William dem Eroberer. Neben den Hunden führten die Normannen auch Hasen ein, einerseits zur Erweiterung des Speiseplans (eine wohltuende Abwechslung zu den einheimischen Kaninchen), andererseits als Jagdbeute.

Der Name Beagle könnte drei verschiedene Ursprünge haben: das keltische Wort *beag*, das normannisch-französische Wort *beigh* und schließlich den altenglischen Begriff *begle*. Alle drei Wörter meinen dasselbe: klein. Im späten 18. Jahrhundert waren Beagles oft so klein – weniger als 25 cm groß – dass sie Pocket Beagles (Taschen-Beagles) genannt wurden, denn die Jäger transportierten sie in ihren Satteltaschen zur Jagd. Die etwas größeren »modernen« Beagles wurden bis in die 1940er-Jahre in Großbritannien fast ausschließlich als Arbeitshunde genutzt, während sehr große Beagles in tropischen Ländern noch immer für die Rudeljagd auf Jaguar und Leopard eingesetzt werden.

Größe und Erscheinungsbild der Beagles können von Land zu Land variieren. Einige haben glattes Fell, andere sind drahthaarig. Allen gemeinsam ist jedoch ihr Lautgeben – das von Liebhabern als wohlklingende Musik beschrieben wird; sie können Unterschiede im »Gesang« der Hunde heraushören, wenn diese ein Kaninchen – oder einen Fressnapf – erspähen.

Eine der traurigsten – und umstrittensten – Rollen der Rasse in unserer Zeit ist die des Versuchstiers in Laboratorien, sowohl für medizinische wie auch für kommerzielle Forschungszwecke. Wegen ihrer geringen Größe und ihres einheitlichen Gewichtes werden im Genlabor sehr viele Beagles speziell für diesen »Markt« gezüchtet.

Bloodhound

Andere Namen: Saint Hubert Bloodhound
Entstehungszeit: Mittelalter
Entstehungsort: Belgien (Abtei Saint Hubert, Ardennen)
Ursprüngliche Nutzung: Fährtensuchhund (Hirsche)
Moderne Nutzung: Schweiß- und Gesellschaftshund
Maße: Größe 58–69 cm, Gewicht 36–50 kg
Farben: Rot, Leberbraun-Lohfarben, Schwarz-Lohfarben
FCI-Kategorie: 6

Der größte aller Spürhunde hat auch die feinste Nase. Er kann noch die kälteste Fährte verfolgen, und seine Fähigkeit, Menschen aufzuspüren, ist einzigartig. Zwar wird in Kinofilmen oft das Bild einer angsteinflößenden, sabbernden Bestie vermittelt, die dumpf bellend entflohenden Kriminellen hinterherhetzt, bereit, sie zu töten. Doch in Wirklichkeit lebt der Bloodhound nur für das Verfolgen von Fährten, er hat wenig oder gar kein Interesse am »Zielobjekt«. Es ist viel wahrscheinlicher, dass der Bloodhound

seine »Beute« von oben bis unten bespeichelt, als dass er sie beißt. Die Verwendung des Wortes Blood im Namen bezieht sich nicht etwa auf einen Killerinstinkt, sondern auf die Tatsache, dass der Bloodhound als vornehmes, reinblütiges Wesen, als Mitglied einer Aristokratie galt – ähnlich wie bei Pferden das Vollblut.

Die Ursprünge des Bloodhounds reichen zurück auf die 687 in den Ardennen gegründete Abtei Saint Hubert. Dort züchteten die Mönche diese prächtigen Hunde für das Verfolgen von Hirschfährten. Zur selben Zeit wurden in Britannien Hunde gleichen Aussehens gezüchtet. Diese sehr wahrscheinlich vom züchterischen Grundstock der Abtei Saint Hubert abstammenden Tiere waren von Adeligen, die von den Kreuzzügen zurückkehrten, mitgebracht worden. Damals traten die Hunde in einer Vielzahl von Grundfarben auf, darunter auch in Weiß; sie wurden Talbot Hounds genannt. Heute sind die Bloodhounds rot, schwarz-lohfarben oder leberbraun-lohfarben. Im 17. Jahrhundert war die weiße Zuchtlinie als Rasse ausgestorben, doch die Gene wurden weitervererbt und tauchen heute gelegentlich bei weißen Boxern und dreifarbigen Basset Hounds (Tricolor; s. S. 103) auf.

Abgesehen von seiner Größe und seiner tiefen Stimme (Geläut) ist das charakteristischste Merkmal des Bloodhounds sein Kopf mit viel loser Haut, die, wenn der Hund die Nase zum Schnüffeln senkt, in Falten über seiner Stirn und an den Seiten des Gesichts herabhängt (die Unterlippe hängt ca. 5 cm unter dem Kieferknochen). Der kräftige Hals und die starken Schultern sowie der außergewöhnlich kräftige Rücken befähigen den Bloodhound, sehr lange Zeit ohne Pause zu arbeiten.

Dachshund

Andere Namen: Teckel, Dackel, Kaninchenteckel, »Wursthund«
Entstehungszeit: 19. Jahrhundert
Entstehungsort: Deutschland
Ursprüngliche Nutzung: Jagdhund (Dachse)
Moderne Nutzung: Jagd- und Gesellschaftshund
Maße: Größe Standard und Miniatur 13–25 cm, Gewicht Miniatur 4–5 kg, Standard 6,5–11 kg
Farben: Vielfältig, weiße Abzeichen bei Ausstellungshunden unerwünscht
FCI-Kategorie: 4

Der Name Dachshund beschreibt die ursprüngliche Aufgabe des Hundes, Dachse aufzuspüren und aus ihren Bauen herauszutreiben. Der lange, wurstförmige Körper mit den kurzen Beinen und den recht großen Füßen erlaubt es dem Tier, in enge Löcher und Tunnel zu kriechen und sich an die Beute heranzugraben. Alternativ zum Heraustreiben konnte der Hund einen Dachs in seinem Bau in Schach halten, wobei er kontinuierlich bellte – sein großer Brustkorb erlaubt ihm ein Bellen mit ungeheurer Resonanz –, bis der Dachs mit Schaufeln ausgehoben wurde. Technisch gesehen ist der Dachshund in der Tat ein »Erdhund«, also eigentlich ein Terrier; doch als die Rasse in Großbritannien von Prinz Albert, dem deutschen Ehemann von Königin Victoria, eingeführt wurde, übersetzte man das deutsche Wort Hund mit Hound, und so kam es, dass er in England bei den Hounds eingruppiert wurde (also bei den Wind-, Schweiß- und Laufhunden).

Heute gibt es sechs Dachshundrassen: Kurzhaar, Langhaar, Drahthaar sowie die jeweiligen kleineren Varianten. Der Standarddachshund – aller Fellarten – variiert in der Größe. In Deutschland, wo Dachshunde noch immer zur Jagd genutzt werden, werden sie nach Brustumfang eingruppiert. Der Kaninchenteckel (für die Kaninchenjagd) hat einen maximalen Brustumfang von 30 cm; beim Zwergteckel misst der Umfang 31 bis 35 cm, beim Normalschlag (Standard) mehr als 35 cm.

Während der kurzhaarige Standard mit seinem glänzenden Fell die vielleicht älteste Teckelrasse ist, scheint der Langhaarteckel mit seinen seidig-weichen, bezaubernd schönen Haaren durch Kreuzungen aus glatthaarigen Standardteckeln und kurzbeinigen Spaniel-Rassen wie dem Sussex Spaniel (s. S. 50) oder dem Field Spaniel (s. S. 48) zustande gekommen zu sein. Kleinere Ausgaben beider Hunde wurden danach erzüchtet. Der drahthaarige Teckel mit seinem dicken und drahtigen, aber flach anliegenden Deckhaar und seinem feinen Unterhaar war das Ergebnis von Kreuzungen aus kurzhaarigen Teckeln und drahthaarigen Pinschern sowie danach erfolgter Einkreuzungen von Dandie Dinmont Terriern (s. S. 129). Ein Beweis für diese Vorfahren ist die Tatsache, dass Drahthaarteckel nicht die gleichen spitz zulaufenden Schnauzen haben wie die übrigen Teckel. Außerdem unterscheiden sie sich durch den drahtigen »Bart« und die buschigen »Augenbrauen«.

Norwegischer Elchhund

Andere Namen: Elchhund, Norsk Elghund, Grahund, Schwedischer Grauhund
Entstehungszeit: Altertum, Ausstellungsstandards 1879 entwickelt
Entstehungsort: Norwegen
Ursprüngliche Nutzung: Jagdhund (Elche)
Moderne Nutzung: Hüte-, Gesellschafts-, Jagd-, Such- und Rettungshund
Maße: Größe 49–52 cm, Gewicht 20–23 kg
Farben: Verschiedene Grautöne, Deckhaare mit schwarzen Spitzen, heller an Halsunterseite, Brust, Bauch und Schwanzunterseite
FCI-Kategorie: 5

Der Norwegische Elchhund ist der Nationalhund Norwegens. Er gehört zur Gruppe der Spitze, die in den arktischen Regionen der Welt entstanden sind: Skandinavien, Russland, Kanada und Alaska. Der Körperbau der Hunde vom Spitztyp ähnelt dem nordeuropäischer Wölfe. Die scharf geschnittenen Stehohren, die geraden Beine, die hübsche Halskrause und die fest über dem Rücken eingerollte Rute erzählen von den Ursprüngen des Elchhundes, der bestens an das unwirtliche nordische Klima angepasst ist. Hunde vom Spitztyp haben ein gut isolierendes, wasserfestes Unterhaar, das ebenso dicht ist wie das Deckhaar. Die kleinen Ohren reduzieren den Wärmeverlust und minimieren das Risiko von Erfrierungen. Zwischen den Zehen wächst dickes Fell, um die Pfoten vor Eis und Schnee zu schützen.

Steinzeitliche Funde aus Norwegen zeigen, dass die Rasse in Skandinavien schon seit 5000 Jahren existiert und ursprünglich für die Jagd auf Elche gezüchtet wurde. In Großbritannien gehört der Elchhund zur Gruppe der Hounds, also der Wind-, Schweiß- und Laufhunde, weil er die Beute mithilfe seines Geruchssinns aufspürt und erst dann den Jäger durch Bellen alarmiert. Er hält den Elch bis zu einer Stunde lang in Schach, indem er um ihn herumtänzelt, wobei er den gefährlichen Hufen und dem Geweih geschickt ausweicht.

Heute wird der vielseitige Norwegische Elchhund für das Viehhüten, als Jagdhund und wegen seines guten Geruchssinns in zunehmendem Maße auch als Such- und Rettungshund eingesetzt.

Foxhound

Andere Namen: English Foxhound
(in Unterscheidung zum American Foxhound)
Entstehungszeit: 13. Jahrhundert
Entstehungsort: Großbritannien
Ursprüngliche Nutzung: Meutehund
(Fuchsjagd zu Pferd)
Moderne Nutzung: Jagdhund (Füchse;
in Gebieten, wo es noch erlaubt ist)
Maße: Größe 58–69 cm, Gewicht 25–34 kg
Farben: Zweifarbig, Tricolor
FCI-Kategorie: 6

Er war nie ein Haustier – obwohl er ein exzellenter Gefährte wäre – und niemals wirklich ein Ausstellungshund, und doch gehört der Foxhound zu den Rassen, die meist auf Anhieb erkannt werden. Er ist der Hund, der im Zusammenhang mit dem Verbot der Fuchsjagd in Großbritannien im Mittelpunkt der öffentlichen Diskussion stand. Berittene Fuchsjagden wurden in Großbritannien seit dem 13. Jahrhundert ausgerichtet. Bis dahin war das Jagen von Füchsen eher als »Ausrotten von Ungeziefer« betrachtet worden, während die Hirschjagd als eleganter Sport galt. Mit der Einführung des neuen Sports kam der Bedarf nach Hunden auf, die leichter und schneller waren als die da-

mals verfügbaren Hunde vom Saint-Hubert-Typ (s. Bloodhound, S. 107).

Man importierte französische Hunde und kreuzte sie mit einheimischen Tieren, woraus schnellere und schlankere Hunde entstanden. Die einzelnen Regionen entwickelten Hunde, die in Erscheinungsbild und Größe voneinander abwichen; Yorkshire Hounds z. B. galten als die schnellsten, während Staffordshire Hounds größer und etwas langsamer waren, jedoch eine tiefere Stimme besaßen. Die Unterschiede hingen vor allem mit dem Terrain zusammen, in dem die Hunde arbeiteten. Im 18. Jahrhundert ging die Hirschjagd weiter zurück, und ab 1800 konzentrierte man sich auf das Züchten einheitlicher Hundemeuten für die Fuchsjagd. Stammbäume wurden sorgfältig aufgezeichnet und in den Zuchtbüchern der *Master of Foxhounds Association* zusammengeführt. Diese bis heute überlieferten Zuchtbücher enthalten wertvolle Daten. Die Stammbäume vieler Meuten können 200 Jahre zurückverfolgt werden, womit der English Foxhound die Rasse mit den ältesten schriftlich niedergelegten Stammbäumen überhaupt ist. Viele Jahre selektiver Zucht haben einen leistungsfähigen Hund mit einem hervorragenden Geruchssinn, einer guten Stimme, Ausdauer – Jagdstrecken von 30 km sind keine Seltenheit, wobei viele Hunde auf ihren eigenen kräftigen Beinen zum Startplatz laufen – und großer Begeisterungsfähigkeit hervorgebracht.

Finnenspitz

Andere Namen: Suomenpystykorva (Hund mit gespitzten Ohren), Bellender Vogelhund
Entstehungszeit: Altertum
Entstehungsort: Finnland
Ursprüngliche Nutzung: Fährtensuchhund (Bären bis zu Eichhörnchen)
Moderne Nutzung: Jagd-, Wach- und Gesellschaftshund
Maße: Größe 38–51 cm, Gewicht 14–16 kg
Farben: Strahlend Rotbraun oder rötlich Gold, dabei heller an Wangen, unter der Schnauze, an Brust, Beininnenseite, Oberschenkelhinterseite und unter dem Schwanz
FCI-Kategorie: 5

Den zur Gruppe der Spitze gehörenden Finnenspitz – den Nationalhund Finnlands – gibt es schon seit tausenden von Jahren; er lebte jahrzehntelang im östlichen Teil Finnlands sowie in der russischen Region Karelia (nach der Russischen Revolution von 1917 wurden die Hunde, die in dieser Region lebten, als Karelo-Finnische Laikas bekannt). Der Legende nach waren die Vorfahren dieser Hunde in urzeitlichen Wäldern heimisch, wo sie den finnischen Stämmen oder Clans beim Aufspüren von Bären und Elchen halfen. Finnenspitze haben besonders gute Spürnasen – weswegen sie in Großbritannien zur Gruppe der Hounds (Wind-, Lauf- und Schweißhunde) gerechnet wurden –, sind aber auch sehr geschickt darin, den Waldboden nach Tiergeräuschen abzuhorchen und auch Flügelschlagen wahrzunehmen. Sie scheuchen die Tiere aus ihren Verstecken – die dann Zuflucht auf Bäumen suchen –, alarmieren bellend den Jäger und stehen stocksteif da, um die Position des Vogels oder Eichhörnchens anzuzeigen. Diese Fähigkeit, Tiere aufzuspüren, brachte ihnen den Spitznamen Bellender Vogelhund ein.

Im 20. Jahrhundert wurden wiederholt andere skandinavische Spitzrassen eingekreuzt, sodass es nur noch wenige reinrassige Exemplare gab. Dann kehrten weit in den Norden des Landes vorstoßende Expeditionen mit großartigen Tieren zurück, mit denen es dem finnischen Hundeverband möglich war, ein Zuchtregister aufzustellen und detaillierte Stammbäume weiterzuführen.

Diese in ihrem Heimatland sehr beliebten hübschen Hunde erfreuen sich auch im Ausland wachsender Popularität. Charakteristisch sind das buschige, strahlend rötlich goldene oder rotbraune Fell (doppelt dick und deshalb wetterfest), dessen Unterhaar von hellerer cremig rehbrauner Farbe ist, und die eingerollte Rute, die gegen den Oberschenkel gehalten wird.

Grand Bleu de Gascogne

Andere Namen: Großer Blauer Gascogne
Entstehungszeit: Mittelalter
Entstehungsort: Frankreich
Ursprüngliche Nutzung: Jagdhund (Hirsche, Wildschweine, Wölfe)
Moderne Nutzung: Jagdhund
Maße: Größe 62–72 cm, Gewicht 32–35 kg
Farben: Blau-Schwarz mit Loh-Abzeichen
FCI-Kategorie: 6

Es wird angenommen, dass der Grand Bleu de Gascogne von Rennhunden abstammt, die mit phönizischen Händlern nach Frankreich kamen. Zwar kann dies nicht überprüft werden, doch ist der Grand Bleu sicherlich eine der ältesten Hunderassen der Welt. Im Mittelalter entwickelt, um in der trockenen Region der Gascogne großes Wild zu jagen, ist die Rasse inzwischen auch außerhalb Frankreichs populär, besonders in den USA, wo sie seit dem 18. Jahrhundert gezüchtet wird. Auch wenn Wölfe und Wildschweine seltener geworden sind, wird der Grand Bleu nach wie vor als Arbeitshund eingesetzt, der sehr gut Gerüche aufspüren kann.

Sein Fell ist ziemlich dick und recht lang und bietet damit guten Schutz vor wütenden Zähnen, Hauern und Hörnern. Die Vorderbeine sind sehr muskulös und unterstützen außergewöhnlich starke Schultern. Charakteristisch sind auch die herabhängenden Ohren, die sehr tief angesetzt und ein wenig eingerollt sind.

Für die Jagd auf kleinere Beute wurde im Mittelalter auch ein kleinerer Hund dieser Rasse gezüchtet, der Petit Bleu de Gascogne. Dieser besitzt dieselbe bemerkenswerte Spürnase wie sein »großer Bruder«, doch fehlen ihm die eingerollten Ohren, und er hat gewöhnlich lohfarbene Füße.

Hamiltonstövare

Andere Namen: Hamilton Hound
Entstehungszeit: Mittelalter, im 19. Jahrhundert weiterentwickelt
Entstehungsort: Schweden
Ursprüngliche Nutzung: Jagdhund (Hasen, Füchse)
Moderne Nutzung: Jagd- und Gesellschaftshund
Maße: Größe 49–61 cm, Gewicht 23–27 kg
Farben: Tricolor
FCI-Kategorie: 6

Der Hamiltonstövare ist ein schwedischer Hund, der nach dem Züchter der Rasse, Adolf Patrick Hamilton, benannt wurde. Hamilton war auch der Gründer des schwedischen Hundeverbandes im Jahr 1889. Der Hamiltonstövare wurde in den 1860er-Jahren durch die Kreuzung verschiedener deutscher Beagles mit dem English Foxhound (s. S. 112) und schwedischen Hunden entwickelt. Er ist eher ein Einzel- denn ein Rudeljäger und kann Wild sowohl mit seiner Nase aufspüren wie auch aufstöbern, wobei er in der für Stöberhunde typischen Weise Laut gibt, wenn er seine Beute findet.

Das unwirtliche Klima und das schwierige Terrain, in denen der Hund arbeiten muss, erfordern ein sehr widerstandsfähiges Tier mit einem starken, dichten Deckhaar, das ein kurzes, dickes, doch weiches und vor Kälte schützendes Unterkleid bedeckt; im Winter wird das Fell noch beträchtlich dicker.

Während der Hamiltonstövare außerhalb seiner Heimat wenig bekannt ist, rangiert er in Schweden unter den zehn beliebtesten Rassen. Seine attraktive Erscheinung mit den ruhigen braunen Augen, der langen Schnauze und der hübschen großen, schwarzen Nase, die eindrucksvolle Dreifarbigkeit und – am wichtigsten – sein liebevolles Wesen machen das Tier zu einem großartigen Ausstellungshund und einem treuen Begleiter. Zweifellos wird der Hamiltonstövare auch in vielen anderen Ländern zum Favoriten von Hundeliebhabern werden.

Otterhound

Andere Namen: Keine
Entstehungszeit: 12. Jahrhundert
Entstehungsort: Großbritannien
Ursprüngliche Nutzung: Jagdhund (Fischotter; seit 1977 in Europa verboten)
Moderne Nutzung: Gesellschaftshund
Maße: Größe 58–69 cm, Gewicht 30–55 kg
Farben: Alle Farben
FCI-Kategorie: 6

In Großbritannien wurden verschiedene Hunde für die Jagd auf unterschiedliches Wild gezüchtet, z. B. Foxhounds (s. S. 112) für Füchse und Harrier für Hasen. Es ist möglich, dass der Otterhound vom Bloodhound (s. S. 107) abstammt, denn seine Nase ist ebenso gut wie die des Bloodhounds. Des Weiteren gibt es Blutbeimischungen von Foxhounds, Spaniels und großen Terriern mit rauem Fell (wie dem Airedale, s. S. 123).

Der Otterhound wurde zum Schwimmen in kältesten Flüssen gezüchtet. Er besitzt ein doppeltes Fell mit einer dicken, öligen Unterwolle. Das darüber liegende raue, leicht gewellte Deckhaar ist ebenfalls ölig und verhindert ein Aufweichen und Aus-

kühlen des Hundes bei der Arbeit im eiskalten Wasser. Seine Zehen besitzen Schwimmhäute, und seine Beine sind so muskulös, dass er stundenlang schwimmen kann.

Fischotter leben am Flussufer in unterirdischen Höhlen, deren Eingangsloch sich unter Wasser befindet. Die empfindliche Nase des Otterhounds kann einer bis zu zehn Stunden alten Otterspur nachspüren. Otter schwimmen lange Strecken unter Wasser und müssen ab und zu zum Luftholen auftauchen. Wenn sie wieder untertauchen, hinterlassen sie eine kleine Spur von Luftblasen, die ihre Schwimmrichtung anzeigt. Dieser Spur (engl. *wash*) folgen die Otterhounds, wobei sie ihrer Beute manchmal bis zu fünf Stunden nachstellen.

Da Fischotter nicht mehr gejagt werden, wird der Otterhound nicht mehr in seinem ursprünglichen Arbeitsfeld eingesetzt. Glücklicherweise machen ihn sein reizendes Aussehen und sein ausgeglichenes Temperament zu einem attraktiven Begleithund. Er hat als Hausgenosse jedoch seine Schattenseiten: Erstens ist er wie alle Meutehunde ein ausgeprägter Sturkopf, und die Begeisterung für das Verfolgen und Enträtseln von undefinierbaren Gerüchen macht ihn taub für alle Kommandos. Zweitens fühlt er sich unwiderstehlich von Wasser angezogen – egal, wie tief oder schmutzig es ist. Er paddelt und schwimmt glücklich stundenlang darin herum, der Wunsch des Besitzers, er möge herauskommen, wird dabei schlichtweg ignoriert. Drittens kann der Otterhound mit seinem öligen Fell ohne häufiges Baden oder Schwimmen recht stechend riechen.

Rhodesian Ridgeback

Andere Namen: Afrikanischer Löwenhund
Entstehungszeit: 19. Jahrhundert
Entstehungsort: Südafrika
Ursprüngliche Nutzung: Jagdhund (Großwild)
Moderne Nutzung: Wach- und Gesellschaftshund
Maße: Größe 61–69 cm, Gewicht 30–39 kg
Farben: Hell Weizenblond bis Rotbraun
FCI-Kategorie: 6

Es stimmt zwar, dass dieser Laufhund einen Rückenkamm (engl. *ridgeback*) besitzt, doch er entstand nicht in Rhodesien (heute Zimbabwe). Vorfahr dieser Rasse war ein Hundetyp, der von den Hottentotten in Südafrika lange zum Hüten ihrer Herden genutzt wurde. Er war recht klein, hatte eine rotbraune Farbe und besaß einen Rückenkamm, auf dem das Haar nach vorn, also in Richtung des Kopfes wuchs. 1652 kamen europäische Siedler mit ihren Jagdhunden nach Südafrika. Viele dieser Hunde ertrugen die Härten und Krankheiten ihrer neuen Heimat nicht, also wurde der zähe einheimische Hund eingekreuzt, um die verschiedenen importierten Tiere – vor allem niederländische und deutsche Mastiffs – widerstandsfähiger zu machen. Im Laufe dieses Prozesses wurde der kleine Hund mit dem Rückenkamm größer und entwickelte eine gute Spürnase.

Dies war ein glücklicher Zufall, denn zu dieser Zeit wimmelte es in der Kap-Region Südafrikas von Großwild. Später brachten südafrikanische Großwildjäger die Rasse nach Norden ins »Löwenland«, das damalige Rhodesien. Die Ridgebacks wurden nie dazu benutzt, Löwen anzugreifen, sondern agierten wie echte Meutehunde: Sie spürten das Wild auf und umstellten es. Dabei bellten sie, um den Löwen in Schach zu halten und den Jäger zu alarmieren. Beim Umstellen des Löwen konnten sich die Hunde zu ihrer Verteidigung nur auf ihre Größe und Kraft verlassen, wenn sie nach den Flanken des Löwen schnappten, zur Seite sprangen, Scheinangriffe vollführten und den Pranken auswichen.

Die Rasse war noch recht unfertig, als 1922 in Bulawayo, Zimbabwe, ein offizieller Rassestandard aufgestellt wurde, für den die besten Eigenschaften von fünf existierenden Hunden kombiniert wurden. Heute werden nur noch wenige Ridgebacks zur Großwildjagd eingesetzt, stattdessen dienen sie oft als Wachhunde auf abgelegenen Gehöften.

Segugio Italiano

Andere Namen: Segugio, Italienischer Spürhund
Entstehungszeit: Altertum
Entstehungsort: Italien
Ursprüngliche Nutzung: Jagdhund (Wild)
Moderne Nutzung: Jagd- und Gesellschaftshund
Maße: Größe 52–58 cm, Gewicht 18–28 kg
Farben: Rot, Rehbraun, Schwarz-Lohfarben
FCI-Kategorie: 6

Der Segugio Italiano ist Italiens einziger einheimischer Spürhund. Er ähnelt sehr den Laufhunden, die in der altägyptischen Kunst dargestellt sind. Seine Ausdauer wurde später durch die Einkreuzung von Mastiff-Blut (s. S. 212) sehr verbessert. Folglich verbindet der Segugio die langen Beine eines Laufhundes mit der feinen Nase eines Schweißhundes. Während der Renaissance war der Segugio in Italien hoch geschätzt – er ist häufig auf Jagdgemälden aus dieser Zeit zu sehen. Wenn er die Fährte aufgenommen hat, ist er genauso konzentriert bei der Sache wie ein Bloodhound (s. S. 107), doch im Gegensatz zu diesem ist der Segugio sehr wohl auch am Fangen und Töten der Beute interessiert.

Wenn er nicht arbeitet, ist der Segugio ein ruhiger und sanfter Hund, mit einer eleganten Silhouette und einem wunderschönen roten, rehbraunen oder schwarz-lohfarbenen, dichten und glänzenden Fell. Die Rute ist die eines Sichthundes – zierlich und dünn, sogar an der Wurzel. Die herabhängenden Schweißhundohren sind unterhalb der Augenlinie angesetzt und berühren beim Schnüffeln die Nasenspitze. Die Augen sind groß, dunkel und glänzend, die Füße haben eine ovale Form, eher wie die eines Hasen – der von ihm in seiner Heimat Italien noch immer gejagt wird –, und werden von kurzem, dichtem Haar bedeckt. Der Segugio wird normalerweise weniger als Meutehund, sondern einzeln oder paarweise eingesetzt: Er findet und verfolgt das Wild und treibt es auf die wartenden Gewehren zu.

Terrier

Bedlington Terrier

Die Mehrheit der Terrier entstand in Großbritannien aus verschiedenen Lauf- und Schweißhunden. Der Name Terrier stammt vom lateinischen *terra*, Erde. Die römischen Invasoren nannten Hunde *terrarii*, die exzellente Tunnelgraber waren und auf der Jagd nach Dachsen, Ratten, Kaninchen und Füchsen in die Erde krochen. In späteren Jahrhunderten brachte man Terrier zunächst mit Kleinbauern in Verbindung, im industrialisierten Großbritannien dann mit der Arbeiterklasse. Das liegt wahrscheinlich daran, dass Wind- und Laufhunde sowie Spaniels dem Adel vorbehalten waren. Alte Gesetze in Britannien und Irland verboten dem einfachen Volk die Haltung von Jagdhunden. Folglich fanden Terrier kaum Erwähnung – bis 1560, als Dr. John Caius sie als streitsüchtig, bissig und nur für die Haltung in Ställen geeignet befand.

Trotzdem waren Terrier wegen ihrer Effizienz als gefährliche »Killermaschinen« und auch für den Sport wertvolle Hunde, sowohl auf dem Land wie auch in den Städten. Patterdale Terrier und Yorkshire Terrier waren berühmt für ihre Fähigkeiten als Rattenjäger, und das »Rattenbeißen« – bei dem man die Hunde in Gruben mit Ratten setzte und die Zeit maß, in der die Ratten totgebissen wurden – war in England und Irland populär. In anderen Regionen wurden Terrier entwickelt, die gegeneinander oder gegen andere Tiere in Gruben oder auf offenem Feld kämpfen mussten.

Staffordshire Bull Terrier

Dandie Dinmont Terrier

Hunde, die für das Hetzen von Stieren genutzt wurden, waren große Tiere vom Mastiff-Typ mit beigefügtem Terrierblut, das ihnen die nötige Furchtlosigkeit und Aggressivität verlieh; der American Bull Terrier, der Staffordshire Bull Terrier und der English Bull Terrier waren Züchtungen für diesen »Sport«. Der Bedlington Terrier, der einem Lamm ähnelt, ist der einzige Rennterrier. Es heißt, er stamme vom Whippet ab und wurde von Zigeunern im Rothbury-Wald an der Grenze zu Schottland erzüchtet.

Im 19. Jahrhundert begann man konsequent mit der Zucht bestimmter Typen und produzierte viele regionale Varianten. In Schottland entwickelten sich aus kurzbeinigen Hunden die Skye Terrier und Scottish Terrier, die Sealyham Terrier, die Cairn Terrier – weiße Cairns wurden zu West Highland White Terriern – und die äußerst furchtlosen Terrier mit dem wunderbaren Namen Dandie Dinmont Terrier. Ähnliche Entwicklungen gab es in ganz England, Wales und Irland, sodass es heute 29 britische Terrier-Rassen gibt sowie weitere in Europa, Japan, Russland und Australien. Obwohl sie ihre unabhängige, zähe Natur beibehalten haben und, sagen wir es ruhig, von ihrer eigenen Wichtigkeit sehr überzeugt sind, sind Terrier wunderbare Gefährten und Haustiere.

Cairn Terrier

West Highland White Terrier

Airedale

Andere Namen: Watersider Terrier, Warfedale Terrier, Bingley Terrier
Entstehungszeit: 19. Jahrhundert
Entstehungsort: England (Yorkshire)
Ursprüngliche Nutzung: Dachs- und Otterjagd
Moderne Nutzung: Gesellschafts-, Wach- und Polizeihund (besonders in Deutschland)
Maße: Größe 56–61 cm, Gewicht 20–23 kg
Farben: Schwarz-Lohfarben
FCI-Kategorie: 3

Der »König der Terrier«, der Airedale, ist der größte Terrier – zu groß, um in Erdlöcher zu kriechen. Er stammt aus einem Distrikt gleichen Namens in Yorkshire und wird als eine Mixtur von Otterhound (s. S. 117) und dem inzwischen ausgestorbenen Black and Tan bzw. Old English Brokenhaired Terrier angesehen. Während andere Terrier gezielt klein gezüchtet wurden, wurde der Airedale bewusst größer entwickelt, damit er es mit einem ausgewachsenen Dachs oder Otter aufnehmen konnte. Die Otterhounds unter seinen Vorfahren verliehen ihm sowohl die Größe wie auch seine beachtenswerten Fähigkeiten im Wasser, die ihm den Spitznamen Waterside Terrier eintrugen. Der Airedale ist als echter Terrier auch ein herausragender Kaninchen- und Rattenjäger.

1879 wurde die Rasse unter der Schirmherrrschaft der *Airedale Agricultural Society* bei einer Hundeausstellung in Bingley, Yorkshire, offiziell klassifiziert. Von da an wurde der Airedale trotz seiner Größe immer beliebter. Einige Hunde wurden in die USA eingeführt, wo sie sich im Schauring hervortaten, während andere nach Deutschland kamen, wo sie zunächst für das Ziehen von Karren verwendet wurden. Als in Deutschland ihre Fähigkeiten erkannt wurden, wurden sie als Wachhunde genutzt (sie sind geborene Wachhunde, und Besitzer von Airedales berichten, wie ihr Verhalten sich bei Einbruch der Dämmerung verändert) sowie als Grenzschutz- und Polizeihunde.

Zweifellos ist das Fell ihr attraktivstes Merkmal: ein raues, dichtes und drahtiges Fell, mit einem schönen schwarz-lohfarbenen Farbkontrast, das regelmäßig getrimmt werden muss.

Australian Terrier

Andere Namen: Keine
Entstehungszeit: 19. Jahrhundert
Entstehungsort: Australien
Ursprüngliche Nutzung: Ratten- und Schlangenjagd
Moderne Nutzung: Gesellschaftshund
Maße: Größe 24–25 cm, Gewicht 5–6 kg
Farben: Blau-Lohfarben, Sandgelb
FCI-Kategorie: 3

Australien, so könnte man sagen, ist ein Land, das sich auf das Hervorbringen einzigartiger Tiere spezialisiert hat: Kängurus, Wallabys, Koalabären sowie den beliebtesten Haustier-Vogel weltweit, den Wellensittich. Der Australian Terrier mag etwas gewöhnlicher sein, doch ist er als einziger echter Terrier, der weltweit akzeptiert ist und nicht aus Großbritannien stammt, nicht weniger wichtig.

Australian Terrier – als »Hundecocktail« beschrieben – wurden als Arbeitshunde gezüchtet. Als sie 1899 in Australien erstmals ausgestellt wurden, gab es diese zähen und robusten kleinen Hunde schon ca. 20 Jahre lang. Die meisten Züchter glauben heute, dass dieser Hund von zahlreichen britischen Terriern abstammt – vor allem vom Yorkshire Terrier (wegen seiner Größe) sowie von Cairn Terrier, Irish Terrier, Scottish Terrier und möglicherweise auch von Dandie Dinmont, Skye und Norwich Terrier.

All diese Rassen reisten mit ihren Besitzern ans andere Ende der Welt, und das willkommene Ergebnis dieser Mischung war dieser niedrig gebaute, kompakte, aktive und lebhafte Hund, der fähig war, ein Kaninchen oder eine Ratte innerhalb von Sekunden zu töten. Mit seinem wilden Aussehen machte der Australian Terrier sich unentbehrlich als Wachhund auf abgelegenen Farmen. Es ist unwahrscheinlich, dass er vor einer Konfrontation mit anderen Hunden, Dingos, oder selbst Menschen zurückschreckt, und seine guten Augen und schnellen Reflexe machen ihn zum exzellenten Schlangenjäger: Er tötet die Schlange, indem er in die Luft springt, sich in der Luft herumdreht, hinter der Schlange landet und sie dann am Hals packt.

Zwar sind Australian Terrier recht leicht zu erziehen und geben gute Begleithunde ab, doch wie alle Terrier haben sie einen starken Hang zur Unabhängigkeit.

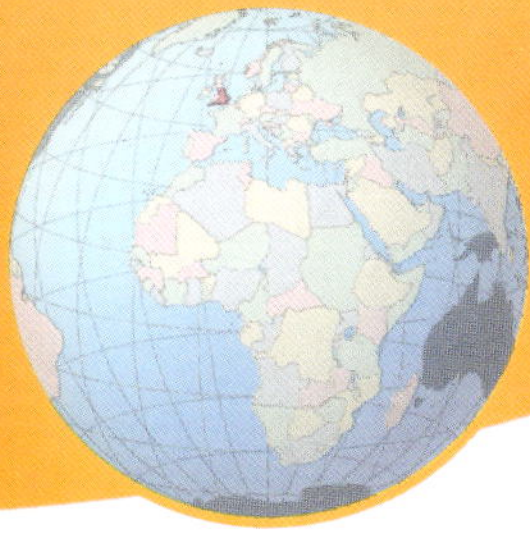

Bedlington Terrier

Andere Namen: Rothbury Terrier
Entstehungszeit: 18. Jahrhundert
Entstehungsort: England (Rothbury, später Bedlington)
Ursprüngliche Nutzung: Ratten- und Dachsjagd
Moderne Nutzung: Gesellschaftshund
Maße: Größe 38–43 cm, Gewicht 8–10 kg
Farben: Blau, Leberbraun, Sandgelb
FCI-Kategorie: 3

Dieser anmutige, muskulöse britische Terrier mit seinem charakteristischen birnenförmigen Kopf existiert schon seit ca. 200 Jahren und unterscheidet sich im Aussehen sehr von den meisten anderen Terriern – am besten lässt er sich als »Terrier im Schafspelz« beschreiben. Der Ursprung der Rasse liegt im Grenzgebiet zu Schottland, in Northumberland, der Gegend um Bedlington, Newcastle, Morpeth. Die ersten Besitzer dieser Hunde schätzten deren Schnelligkeit und Lautlosigkeit bei der Jagd. Das Jagen war offiziell nur den Grundeigentümern und dem Adel vorbehalten, und zu diesen gehörten die Bedlington-Besitzer nicht. Wilddiebe wurden hart bestraft, doch mithilfe dieser schnellen Hunde landete mache Beute im Kochtopf. Anfangs hatten Bedlington Terrier je nach Herkunft verschiedene Rassebezeichnungen: Rothbury, Rodberry, Northern Counties oder Northumberland Fox Terrier. Ab ca. 1820 begann die planmäßige Zucht. 1870 wurde erstmals ein Bedlington auf einer Ausstellung gezeigt, 1877 wurde der erste *Bedlington Terrier Club* gegründet, und schon 1890 gab es die ersten Bedlington Terrier in Amerika. 1932 wurde die Fachschaft für Bedlington Terrier in Deutschland gegründet.

Der Bedlington Terrier ist ein freundlicher, unkomplizierter, intelligenter und anhänglicher Hund. Wenn es nötig ist, zeigt er erstaunliche Schärfe und viel Mut; er ist kein Kläffer. Sein dichtes, flockiges und weiches Haar muss alle acht bis zehn Wochen getrimmt werden. Charakteristisch sind außerdem der natürliche Bogen des Rückens und die tief angesetzte Rute, die sehr anmutig getragen wird.

Border Terrier

Andere Namen: Keine
Entstehungszeit: 18. Jahrhundert
Entstehungsort: Großbritannien
Ursprüngliche Nutzung: Rattenjagd, Stellen von Füchsen in ihrem Bau
Moderne Nutzung: Fuchsjagd, Gesellschaftshund
Maße: Größe 25–28 cm, Gewicht 5–7 kg
Farben: Rot, Weizenblond, Grizzle und Lohfarben, Blau-Lohfarben (nie Schwarz)
FCI-Kategorie: 3

Im Jahr 1800 schrieb James Davidson aus Hyndlee einem Freund, er habe »zwei rote Teufel von Terriern mit drahtigem Fell« gekauft, die »jedem Ding, das sich bewegt, an die Kehle gehen«. Bei diesen »roten Teufeln« handelte es sich um Border Terrier.

Die genauen Ursprünge des Border Terriers liegen im Dunkeln. Er stammt wohl aus den Hügeln von Cheviot im Grenzgebiet zwischen England und Schottland, wo die Rasse in ihrer heutigen Form seit dem frühen 18. Jahrhundert bekannt ist. Er ist klein genug, einen Fuchs in seinem Bau zu stellen, und ausdauernd und leichtfüßig genug, um bei der Fuchsjagd den Pferden zu folgen. Wahrscheinlich ist der Border Terrier derjenige Terrier, dessen Aussehen und Charakter sich am reinsten erhalten haben. Heute wird er nicht mehr für seine ursprüngliche Aufgabe, die Ratten- und Fuchsjagd, verwendet, sondern als Haustier; er ist treu, anhänglich und äußerst kinderlieb.

Das strapazierfähige Fell – das nicht getrimmt werden muss – schützt vor kältestem Wetter. Die an der Wurzel dicke und zur Spitze hin dünner werdende Rute wird niemals kupiert, sie ist hoch angesetzt und wird fröhlich getragen. Ein weiteres unverwechselbares Markenzeichen ist der einem Otter ähnliche, eher flache Schädel mit einem stumpfen Fang und allseits weichen Linien. Die kleinen vorstehenden, V-förmigen Augen liegen nah an den Wangen.

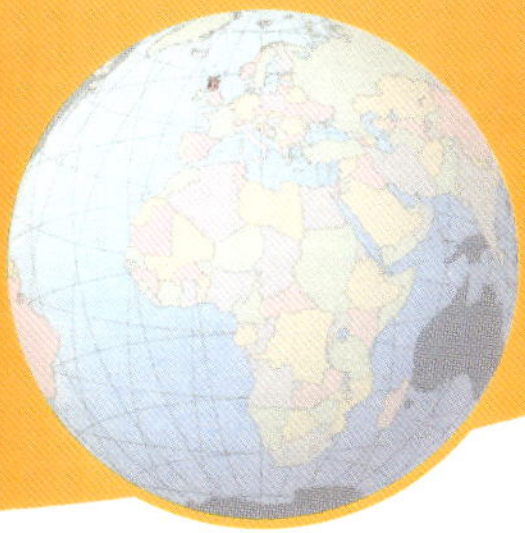

Cairn Terrier

Andere Namen: Keine
Entstehungszeit: Mittelalter
Entstehungsort: Schottland
Ursprüngliche Nutzung: Ratten- und Fuchsjagd
Moderne Nutzung: Gesellschaftshund
Maße: Größe 25–30 cm, Gewicht 6–7 kg
Farben: Creme, Weizenblond, Rot, Grau, schwärzlich Grau
FCI-Kategorie: 3

Der Cairn Terrier, einer der beliebtesten britischen Terrier, könnte auf der schottischen Insel Skye entstanden sein. Schottland ist die Heimat von nicht weniger als fünf kurzbeinigen Terrier-Rassen. Die Cairn Terrier waren Arbeitshunde, die ihr Leben mit dem Jagen von »Ungeziefer« (Ratten) an den Cairns (Steinwällen, die als Grenzzeichen und Orientierungspunkte aufgehäuft wurden) und der Suche nach Füchsen verbrachten. Erst im frühen 20. Jahrhundert wurde der Cairn Terrier auf Hundeausstellungen gezeigt und damit auch außerhalb seines Lebensraumes, der Western Highlands und der Inseln vor der Westküste Schottlands, bekannt. Ein Terrier vom Cairn-Typ ist auf einem der schönsten Gemälde Jan van Eycks zu sehen, der *Hochzeit der Arnolfini*, gemalt 1434 und heute in der National Gallery zu bewundern.

Seine relative Unbekanntheit führte dazu, dass der Cairn nicht für den Schauring »verschönert« wurde, sondern im Wesentlichen seinen kräftigen Körper, sein natürlich zottiges Fell und seine Terrierinstinkte behielt. Der Rassestandard fasst seine Merkmale recht gut zusammen: Cairns sollen furchtlos, fröhlich, ausdauernd, drahthaarig und stark sein.

Mit weniger als 30 cm Körpergröße und einem durchschnittlichen Gewicht von 6,5 kg ist der Cairn glücklich, wenn er hochgenommen und unter dem Arm getragen wird – und noch glücklicher, wenn er über ein Moor laufen kann. Der Hund hat einen bescheidenen Appetit auf Futter, doch eine unbändige Lust auf das Leben. Er liebt Kinder und toleriert sogar die Familienkatze. All diese Eigenschaften und dazu ein echter Terrier – kein Wunder, dass er so beliebt ist.

Cesky Terrier

Andere Namen: Tschechischer Terrier, Bohemian Terrier
Entstehungszeit: 1940er-Jahre
Entstehungsort: Tschechoslowakei
Ursprüngliche Nutzung: Graben unter der Erde bei der Jagd
Moderne Nutzung: Jagd- und Gesellschaftshund
Maße: Größe 28–36 cm, Gewicht 5,4–8 kg
Farben: Blaugrau, Rehbraun
FCI-Kategorie: 3

Dieser furchtlose und etwas eigensinnige kleine Hund wurde in den 1940er-Jahren von dem Genetiker Dr. Frantisek Horak aus Klanovice in der ehemaligen Tschechoslowakei (jetzt Tschechische Republik und Slowakei) entwickelt. Dr. Horak wollte einen Hund züchten, der wie deutsche Jagdterrier arbeitete, jedoch kurze Beine für eine effizientere Arbeit unter der Erde hatte. Er sollte sowohl über wie auch unter der Erde, an Land und zu Wasser eingesetzt werden, Fährten verfolgen und apportieren können. Widerstandsfähige britische Terrier wie der Sealyham, der Scottish und der Dandie Dinmont Terrier wurden bei der Erzüchtung des wunderbaren Cesky verwendet. Der Hund hat alle grundlegenden Eigenschaften eines typischen Terriers, kombiniert mit Ausdauer und Stärke, die ihn befähigen, Tiere zu bezwingen, die viel größer sind als er mit seinen durchschnittlichen 30 cm – und auch Menschen.

Der Cesky ist wie alle anderen Terrier sehr hübsch, mit schönem blaugrauen oder rehbraunen Fell. Das dunklere wellige Haar an den Beinen wird gewöhnlich nicht zurückgeschnitten, dadurch entsteht eine schöne Wellenbewegung, wenn der Hund läuft. Auch am Kopf wird das Haar natürlich belassen, wodurch vorstehende – und sehr charakteristische – »Augenbrauen« und ein »Bart« rund um die gut entwickelte Schnauze stehen bleiben. Die dreieckigen, nach vorn abgewinkelten Ohren (keine Hängeohren) sind hoch angesetzt, die obere Ohrenkante ist höher als der Schädel. Die Rute ist stark, zur Spitze hin dünner und wird, wenn der Hund ruht, nach unten getragen. Obwohl er wie alle Terrier dazu neigt, schnell zuzuschnappen, ist der Cesky Terrier ein neugieriger und freundlicher Hund, und es ist nicht verwunderlich, dass er so populär wurde – besonders in seinen Heimatländern, der Tschechischen Republik und der Slowakei.

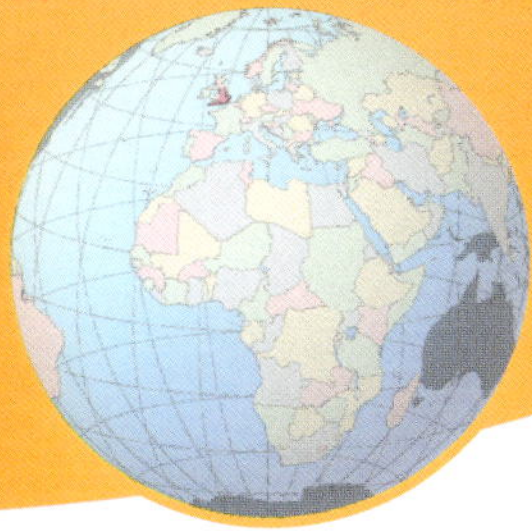

Dandie Dinmont Terrier

Andere Namen: Pepper and Mustard Terrier
Entstehungszeit: 17. Jahrhundert
Entstehungsort: Großbritannien
Ursprüngliche Nutzung: Dachs- und Rattenjagd
Moderne Nutzung: Gesellschaftshund
Maße: Größe 20–28 cm, Gewicht 8–11 kg
Farben: Pfefferfarben, Senffarben
FCI-Kategorie: 3

Es ist nicht sicher, ob der Dandie Dinmont vom Skye Terrier, vom Otterhound, vom Basset Hound oder sogar vom Scottish Terrier alten Schlages abstammt. Wir wissen aber, dass die Rasse auf das 17. Jahrhundert zurückgeht. Gemälde in vielen Landsitzen und Schlössern in Schottland und im Norden Englands zeigen, dass der Hund jahrhundertelang im Besitz des Adels gewesen ist. Seinen Namen verdankt er einer Figur aus dem Roman *Guy Mannering* (1815) von Sir Walter Scott. Darin ist Dandie Dinmont ein Farmer im Grenzgebiet zwischen Schottland und England, der eine

Meute von sechs Terriern namens Auld Pepper (Alter Pfeffer), Auld Mustard (Alter Senf), Young Pepper (Junger Pfeffer),Young Mustard (Junger Senf), Little Pepper (Kleiner Pfeffer) und Little Mustard (Kleiner Senf) hält. Scott schreibt in seinem Roman, dass diese Hunde »nichts fürchteten, was ein Fell besitzt«.

Einer der frühesten Besitzer des Typs, wenn nicht sogar der Rasse selbst, war der Dudelsackspieler Allan von Northumberland – derselbe Mann, dem die Entwicklung des Bedlington Terriers (s.S. 125) zu verdanken ist. Als der Herzog von Northumberland auf seine kurzbeinigen Terrier aufmerksam wurde, wollte er einen bestimmten Hund namens Hitchem kaufen, was Allan jedoch ablehnte; er blieb dabei, selbst als der Herzog ihm im Austausch für den Hund eine Farm anbot. Es heißt, dass Allans Sohn die Zucht mit der Linie fortsetzte, und auch, dass einer der Nachfahren von Hitchem Auld Pepper gewesen sei.

Der Roman Sir Walter Scotts machte alles, was mit Schottland zu tun hatte, populär, auch den Dandie Dinmont Terrier. Im Gegensatz zu anderen Terriern, deren Körperform eher quadratisch ist, sind die Kurven beim Dandie fließend: Er hat einen großen runden Schädel mit einer gewölbten Stirn, aufgrund seiner langen Hinter- und etwas kürzeren Vorderbeine einen sanft gebogenen Rücken (was die Rasse für Rückenschmerzen und Bandscheibenvorfälle anfällig macht) und eine Rute wie ein Krummsäbel, 20 bis 25 cm lang. Selbst die Haarfarbe unterscheidet sich von anderen Terriern; die offiziellen Farben sind Pfeffer und Senf – etwas prosaischer ausgedrückt, handelt es sich bei ersterer um Silbergrau bis Blauschwarz und bei letzterer um Beige bis Rotbraun. Die Beschaffenheit von Fell und Barthaaren ist mit ihrer Mischung aus harten und weichen Haaren ebenfalls einzigartig.

Irish Terrier

Andere Namen: Irish Red Terrier, Dare Devil (Teufelskerl)
Entstehungszeit: 18. Jahrhundert
Entstehungsort: Irland
Ursprüngliche Nutzung: Raubzeugjagd, Wachhund
Moderne Nutzung: Gesellschaftshund
Maße: Größe 46–48 cm, Gewicht 11–12 kg
Farben: Einfarbig Rot, Weizenblond oder rötlich Gelb
FCI-Kategorie: 3

Viele Liebhaber dieser hübschen Rasse behaupten, dass sie eine lange Geschichte habe und sich im Gebiet um Cork, Irland, aus den alten Black and Tan Terriern und Wheaten Terriern entwickelte. Die erste offizielle Erwähnung des Irish Terriers gab es jedoch erst 1875, als eine Ausstellung veranstaltet wurde, um die neue Rasse einzuführen. Zur Überraschung der meisten Besucher wurden auf der Ausstellung ca. 50 Exemplare dieser bis dahin kaum bekannten Rasse gezeigt. Die Regeln – wenn

man sie so bezeichnen kann – waren recht locker, weswegen es kein Wunder war, dass unter den 50 Nennungen Hunde verschiedener Form, Größe und Farbe auftauchten; es gab sogar eine Klasse für Hunde unter 4 kg. Kein Irish Terrier wiegt heute so wenig, wahrscheinlich war dies ein schlecht getarnter Cairn Terrier! Der Sieger der Offenen Klasse brachte stattliche 12,5 kg auf die Waage, und es heißt, ein Exemplar sei rein weiß gewesen. Obwohl eigentlich von jedem Hund ein Stammbaum verlangt wurde, hatte man dem Gewinner, einem Hund namens Boxer, einen handgeschriebenen Zettel angeheftet, auf dem zu lesen war: »Vom Besitzer gezüchtet, aber Stammbaum unbekannt«!

Unvermeidlich kam es zu Diskussionen – zweifellos begleitet von einer Menge guten Stout-Bieres. 1879 wurden ein Rasseverband gegründet und ein Rassestandard herausgegeben, der bis heute nur wenig verändert wurde. Irish Terriers wurden schnell beliebt, nicht nur weil sie sich als Jagdhunde bewährten, brillante Ratten-, Kaninchen-, Fuchs- und Dachsfänger waren (wegen ihrer hervorragenden Wassertauglichkeit waren sie sogar ideale Otterjäger), sondern auch weil sie ausdauernd, mutig, ausgeglichen und gut zu erziehen waren. Addiert man ihre Schönheit und den bezaubernden stolzen Gang hinzu, ist der Irish Terrier vielleicht der eleganteste aller Terrier. Doch ist er eben ein Terrier: neugierig, lebhaft, reizbar und, wie sein Spitzname andeutet, ein Teufelskerl, bereit, es mit jedem Hund aufzunehmen, den er trifft!

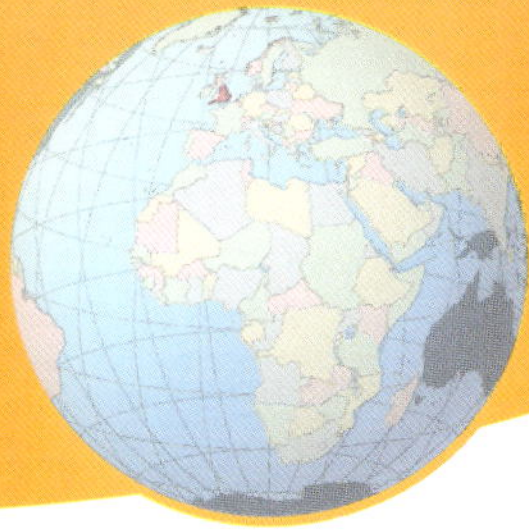

Jack Russell Terrier

Andere Namen: Keine
Entstehungszeit: 19. Jahrhundert
Entstehungsort: Großbritannien
Ursprüngliche Nutzung: Rattenjagd
Moderne Nutzung: Gesellschaftshund
Maße: Größe 25–26 cm, Gewicht 4–7 kg
Farben: Weiß-Braun, Weiß-Schwarz, Tricolor
FCI-Kategorie: 3 (vom KC nicht als Rasse anerkannt, nur als Typ)

Wann ist eine Rasse keine Rasse? Wenn es ein Jack Russell ist! In der Tat besteht der *British Kennel Club* darauf, dass dieser äußerst beliebte Terrier keine Rasse, sondern nur ein Typ sei – denn es muss ein Rassestandard existieren, in dem die körperlichen Merkmale festgelegt sind, um ihn als Rasse anzuerkennen. Es gibt ca. 400 anerkannte Rassen, die einen Rassestandard aufweisen, der Jack Russell gehört nicht dazu.

Der Hauptgund dafür ist, dass ihn zwar jedermann gleich als Jack Russell Terrier erkennt, man aber nicht darin übereinkommt, wie er genau aussehen sollte. Es gibt unterschiedliche Auffassungen über die Beinlänge sowie darüber, ob die Ohren herunterhängen oder aufgerichtet sein sollten, wie das Fell gefärbt und ob es glatt und weich oder drahtig und struppig sein sollte.

Eines jedoch ist sicher: Der Jack Russell Terrier ist nicht zu verwechseln mit dem Parson Jack Russell Terrier, der längere Beine hat und offiziell als Rasse anerkannt ist. Diese Hunde wurden für die Jagd entwickelt; ihre längeren Beine befähigen sie, mit Pferden mitzuhalten. Der Jack Russell Terrier, der das Resultat einer zufälligen Kreuzung mit drahthaarigen Foxterriern sein könnte, ist ebenfalls ein Jäger, doch seine Spezialität waren von jeher Ratten – wo es Pferde gibt, gibt es Getreide, und wo es Getreide gibt, gibt es Ratten. Seine fortwährende Existenz verdankt der Jack

Russell der Tatsache, dass er von unschätzbarem Wert bei der Eindämmung der Rattenpopulationen war, auf dem Land und in den Städten. Noch in den späten 1970er-Jahren erwarb die portugiesische Regierung eine Vielzahl von Jack Russell Terriern aus Yorkshire, die dabei helfen sollten, Lissabon von der Rattenplage zu befreien.

Wie alle Terrier können Jack Russells bissig sein – bei Spaziergängen machen die meisten Leute vernünftigerweise einen weiten Bogen um sie. Doch haben sie auch einen großartigen Sinn für Humor, sind ihren Besitzern treu ergeben und die besten Fußballspieler im Königreich der Hunde – obwohl sie nicht gern den Ball abgeben, sondern ihn meist verteidigen, bis er platzt, und zu Auseinandersetzungen mit dem Schiedsrichter neigen!

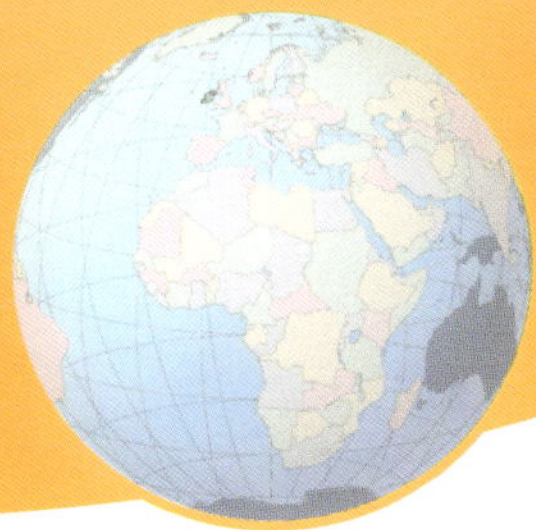

Kerry Blue Terrier

Andere Namen: Irish Blue Terrier
Entstehungszeit: 18. Jahrhundert
Entstehungsort: Irland (Kerry)
Ursprüngliche Nutzung: Dachs-, Ratten- und Fuchsjagd
Moderne Nutzung: Turnier-, Wach-, Hüte- und Gesellschaftshund, Ratten- und Fuchsjagd
Maße: Größe 46–48 cm, Gewicht 15–17 kg
Farben: Alle Blautöne
FCI-Kategorie: 3

Dieser schöne Terrier aus Kerry im Südwesten Irlands ist laut Regierungserlass irischer Nationalhund. Es gibt die Legende, der Kerry Blue sei an Bord von Noahs Arche nach Irland gekommen. Andere Geschichten berichten, dass nach einem Schiffbruch einst ein Hund an Land schwamm und solch ein Kämpfer war, dass er jeden anderen Rüden, den er traf, tötete und sich seine Gene auf diese Weise durchsetzten. Die Grafschaft Kerry erhob niemals den Anspruch, dass der Kerry Blue zu ihr gehöre; die Beziehung mit der Grafschaft geht auf Mrs. Casey-Hewitt aus Tralee in Kerry zurück, die als erste einen Kerry Blue Terrier auf einer Ausstellung zeigte (Cruft's Dog Show, 1922). Im gleichen Jahr erkannte der *British Kennel Club* die Rasse offiziell an.

Kerry Blue Terrier sind echte Iren – genau wie der Soft-Coated Wheaten Terrier (s. S. 145) und der Irish Terrier (s. S. 131). Dem einfachen Volk war es verboten, Jagdhunde, wie z. B. den Irish Wolfhound (s. S. 97), zu besitzen, doch Terrier für die Bekämpfung von »Ungeziefer« (Dachse und Ratten) waren erlaubt. Es ist wahrscheinlich, dass es entweder zufällig oder auch geplant zu Paarungen zwischen den Irish Wolfhounds der Gutsherren mit Terriern der Farmer kam. Kerry Blue Terrier waren – und sind es noch – exzellente Hunde, Wachhunde sowie hart arbeitende Farmhunde, die Schafe und Rinder hüten. Sie lieben das Wasser und apportieren auch Wasserbeute. Außerdem sind sie als Haushunde hervorragende Gefährten.

Die blauschwarze Fellfarbe, möglicherweise ursprünglich ein gräuliches Schwarz, wurde durch jahrelange selektive Zucht noch intensiviert.

Lakeland Terrier

Andere Namen: Vielfältig je nach Region, u. a. Cumberland, Patterdale, Fell Terrier
Entstehungszeit: 18. Jahrhundert
Entstehungsort: England (Cumberland)
Ursprüngliche Nutzung: Jagd kleiner Säugetiere inkl. Füchse
Moderne Nutzung: Gesellschaftshund
Maße: Größe 33–38 cm, Gewicht 7–8 kg
Farben: Schwarz, Blau, Schwarz-Lohfarben, Blau-Lohfarben, Rot, Weizenblond
FCI-Kategorie: 3

Der Lakeland Terrier wurde im Lake District in der alten englischen Grafschaft Cumberland an der Grenze zu Schottland gezüchtet. In dieser Region mit Seen, Bergen und Tälern lebten viele Füchse, und der lebhafte Terrier erwies sich als Experte im Verfolgen und Töten dieser Tiere. Die Fuchsjagd war hier nicht der »gut angezogene Sport« der südlicheren Grafschaften und wurde meist auch nicht zu Pferd betrieben, denn die Landschaft war größtenteils ungeeignet für diese Form der Jagd. Stattdessen war der Gebrauch von Terriern üblich, weil diese ihrer Beute unnachgiebig über und unter der Erde nachsetzten. Die Rasse stammt wahrscheinlich vom heute ausgestorbenen Black and Tan Terrier ab, dem auch der Welsh Terrier seine Entstehung verdankt.

Der Name Lakeland Terrier entstand 1921, um Hunde zu beschreiben, die bis dahin unter einer Vielzahl von Namen bekannt gewesen waren. In jedem Gebiet dieser weiten und schönen Landschaft wurden »Killer-Terrier« mit kräftigen Kiefern gezüchtet, deren Aufgabe das Töten von Füchsen war, die Schafen nachstellten. Einige dieser Terrier wurden Cumberland Terrier genannt, andere Fell Terrier, wieder andere Patterdale Terrier. Letzterer, auch als Black Fell Terrier bekannt, ist noch heute verbreitet, obwohl er vom *British Kennel Club* nicht offiziell als Rasse anerkannt ist.

1928 tauchten Lakeland Terrier erstmals auf einer Ausstellung des *Kennel Club* auf; einige Besucher bezweifelten, dass diese Hunde im Schauring jemals erfolgreich sein würden, aber sie irrten sich. 1967 wurde der Lakeland Terrier Stingray of Derryabah bei der Cruft's Dog Show höchster Champion, im folgenden Jahr errang er den Titel »Best in Show« bei der Westminster-Hundeschau in New York.

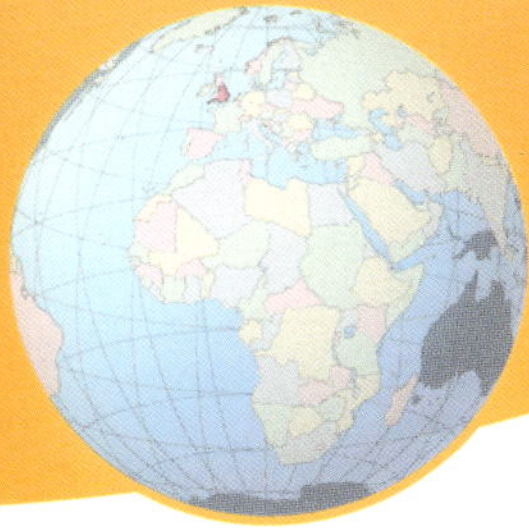

Manchester Terrier

Andere Namen: English Gentleman's Terrier, Black and Tan
Entstehungszeit: 16. Jahrhundert
Entstehungsort: England (Manchester)
Ursprüngliche Nutzung: Kaninchen- und Rattenjagd
Moderne Nutzung: Gesellschaftshund
Maße: Größe 38–41 cm, Gewicht 5–10 kg
Farben: Schwarz mit Loh-Abzeichen
FCI-Kategorie: 3

Gegen Ende des 18. Jahrhunderts wurden Terrier grob nach Größe (lang- oder kurzbeinig), Fell (glatt- oder drahthaarig) und Farbe (Weiß oder Schwarz mit lohfarbenen Abzeichen) unterschieden. Der Manchester Terrier war ein langbeiniger, glatthaariger, schwarzer Terrier mit Loh-Abzeichen (wobei es eine drahthaarige Variante gab, die später ausstarb, aber deutliche Spuren in anderen Rassen wie dem Airedale (s. S. 123) hinterließ).

Der Manchester Terrier ist eine der wenigen glatthaarigen Terrier-Rassen. Es heißt, er stamme aus der englischen Stadt Manchester (obwohl er seinen Namen erst seit den 1920er-Jahren trägt), und er gilt als Resultat der Paarung zwischen einem English Terrier, einer viel früheren Rasse, und einem Whippet (s. S. 101). Im 19. Jahrhundert setzte sich John Hulme aus Crumpsall, Manchester, für die Züchtung der Rasse ein.

Manchester Terrier waren sowohl Experten für das Fangen von Ratten auf offenem Feld wie auch für das »Rattenbeißen«, das Töten von Ratten in Gruben. Als dieser »Sport« verboten wurde, wurde die Zahl der Manchester Terrier geringer. Als auch das Kupieren der Ohren untersagt wurde, nahmen die Bestände noch weiter ab (um die Ohren der Terrier vor Angriffen der Nagetiere zu schützen, waren sie stets kupiert worden). Die Züchter waren schockiert, als sie zum ersten Mal seit Jahrzehnten die »überdimensionalen« Ohren ihrer Hunde sahen. Jedoch gelang es ihnen durch selektive Zucht recht schnell, Hunde mit Ohren zu entwickeln, die genauso hübsch und attraktiv waren wie die aller anderen Terrier.

Norfolk Terrier

Andere Namen: Bis 1964 in Großbritannien und bis heute in den USA Norwich Terrier genannt
Entstehungszeit: 19. Jahrhundert
Entstehungsort: England (East Anglia)
Ursprüngliche Nutzung: Rattenjagd
Moderne Nutzung: Gesellschaftshund
Maße: Größe 24,5–25,5 cm, Gewicht 5–5,5 kg
Farben: Grizzle, Schwarz-Lohfarben, Rot, Weizenblond
FCI-Kategorie: 3

Von ca. 1880 bis 1964 war der Norfolk Terrier in Europa als Norwich Terrier (s. S. 139) bekannt. Der Grund dafür war, dass Norwich Terrier sowohl Welpen mit Stehohren wie auch mit Hängeohren warfen. Die beiden Varianten existierten Seite an Seite, wurden untereinander gepaart und traten bei Ausstellungen in denselben Klassen gegeneinander an. Keine Variante setzte sich durch, und sie vermischten sich auch nicht zu einer Rasse, sondern entwickelten sich vielmehr in einigen wichtigen Merkmalen auseinander, was unvermeidlich zum Streit zwischen den Züchtern führte. Im Januar 1965 entschied der *British Kennel Club* schließlich, dass Hunde mit Stehohren ihren ursprünglichen Namen, Norwich Terrier – benannt nach der Stadt Norwich –, behalten sollten, während die Hunde mit Hängeohren Norfolk Terrier (nach der Grafschaft Norfolk) heißen sollten. (In den USA werden beide Varianten noch immer als Norwich Terrier bezeichnet.)

So gab es 1965 zwar die »Geburt« einer neuen Rasse, doch in Wirklichkeit existierte der Norfolk Terrier schon seit fast 100 Jahren. Der kleine, niedrige Hund ist heute ein guter Gefährte des Menschen, doch er wurde für die Arbeit gezüchtet – und ist immer noch fähig, sie zu verrichten – und zeigt das echten Terriern eigene Verlangen, alle Nagetiere und anderen kleinen Tiere, die sich zu zeigen wagen, anzugreifen.

Sein Fell ist hart, drahtig und nicht gewellt. Es wird selten elegant geschnitten oder getrimmt – die meisten Besitzer mögen ihre Norfolk Terrier lieber ganz natürlich, was sich für die Wetterfestigkeit des Fells als günstig herausgestellt hat.

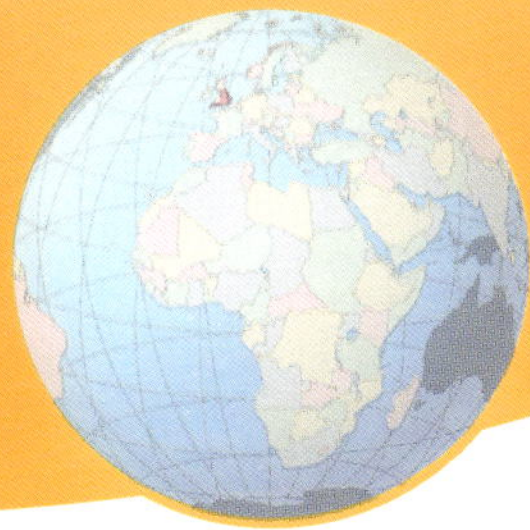

Norwich Terrier

Andere Namen: Trumpington Terrier, Jones Terrier, Cantab Terrier
Entstehungszeit: 19. Jahrhundert
Entstehungsort: England (East Anglia)
Ursprüngliche Nutzung: Rattenjagd
Moderne Nutzung: Gesellschaftshund
Maße: Größe 25–26 cm, Gewicht 5–5,5 kg
Farben: Grau meliert, Schwarz-Lohfarben, Rot, Weizenblond
FCI-Kategorie: 3

Der Norwich Terrier gehört zu den kleinsten Terriern und ist, zusammen mit dem Norfolk Terrier, der einzige kurzbeinige Terrier Englands. Der Norwich Terrier existierte in den östlichen Grafschaften Englands schon vor mehr als 100 Jahren; Rudel von kleinen Terriern, die sich aus den Irish Terriern (s. S. 131) entwickelt hatten, gab es bereits im 19. Jahrhundert. 1870 lebte ein Gentleman, der im Umkreis als Doggy Lawrence bekannt war, recht gut vom Verkauf »kleiner roter Terrier« an die Erstsemester-Studenten der Universität von Cambridge, die diese Hunde als Maskottchen hielten.

Auch Fred Law aus Norfolk erwarb einige Hunde von Doggy Lawrence. Er sandte sie an Jack Cooke, einen bekannten Master of Hounds (Hundemeutenführer), in dessen Anstellung sich wiederum ein Mann namens Rough-rider Jones befand. Als dieser die Anstellung seines Herrn verließ, nahm er einige der roten Terrier mit – wobei es Gerüchte gibt, dass er sie zu diesem Zeitpunkt bereits mit Bedlington Terriern und Staffordshire Bull Terriern gekreuzt hatte. Die roten

Hunde hatten zu dieser Zeit noch keinen offiziellen Namen, waren aber in der Umgebung als Trumpington Terrier bekannt. In einigen Teilen Englands und der USA werden die Tiere nach ihrem Züchter Jones Terrier genannt, während die frühe Verbindung mit der Universität von Cambridge zum Namen Cantab Terrier (Cantab ist der umgangssprachliche Ausdruck für einen Einwohner von Cambridge) führte.

In erster Linie waren diese Terrier Arbeitshunde, hervorragend für die Rattenjagd in der ländlichen Region von East Anglia geeignet. Ihre kompakte Statur macht sie aber auch zu idealen Haustieren. 1932 wurden sie offiziell als Norwich Terrier anerkannt, durften jedoch sowohl Stehohren wie auch Hängeohren besitzen. 1965 erfolgte die Aufspaltung: Die Variante mit Stehohren behielt ihren Namen Norwich Terrier, während die Hunde mit Hängeohren zu Norfolk Terriern wurden. Die unterschiedlichen Ohren werden als Grund für die Spaltung oft überbewertet – in Wirklichkeit hatten die beiden Varianten sich längst zu sichtlich verschiedenen Linien entwickelt. Der Norwich ist etwas niedriger als der Norfolk Terrier.

Scottish Terrier

Andere Namen: Aberdeen Terrier, Scottie
Entstehungszeit: 18. Jahrhundert
Entstehungsort: Schottland
Ursprüngliche Nutzung: Fuchs-, Dachs- und Rattenjagd
Moderne Nutzung: Gesellschaftshund
Maße: Größe 25–28 cm, Gewicht 8,5–10,5 kg
Farben: Schwarz, Weizenblond, Schwarz gestromt, Rot gestromt
FCI-Kategorie: 3

Der Scottish Terrier oder Scottie ist einer der beliebtesten Terrier – und einer der Schwergewichte unter ihnen. Im 18. Jahrhundert waren die schottischen Highlands abgelegene und recht unzugängliche Orte; die Terrier waren in jedem Landstrich unterschiedlich, weil die Züchter Tiere produzieren wollten, die an das Land, in dem sie zur Arbeit eingesetzt wurden, ideal angepasst waren. Die Arbeit des Scottie war die Vernichtung von Füchsen, Dachsen und anderem kleinen Raubzeug, das in der rauen Landschaft lebte. Folglich war ein mutiger, zäher, vorzugsweise wetterunempfindlicher Hund mit einem Instinkt zum Graben gefragt.

Als der Scottie im 19. Jahrhundert erstmals auf Hundeausstellungen vorgestellt wurde, gehörte er zusammen mit dem Dandie Dinmont und dem Skye Terrier in die Klasse der Scottish Terrier, doch 1882 gründete sich ein Rasseverband, und die Rasse erhielt als Scottish Terrier ein eigenes Zuchtbuch. Viele von uns halten alle Scotties für schwarz – was vielleicht an der Werbung für einen berühmten Whisky liegt, in der ein Scottie zusammen mit einem West Highland White Terrier die Hauptrolle spielt. Der erste Rassestandard besagte jedoch, dass die wünschenswerteste Farbe Rot gestromt mit schwarzer Schnauze und schwarzen Ohrspitzen sei. Schwarze Scotties wurden damals nicht einmal erwähnt und scheinen bis 1890 nicht existiert zu haben, und es dauerte ca. 40 weitere Jahre, bis Schwarz die beliebteste Farbe wurde.

Obwohl der Scottie nicht mehr für seine ursprüngliche Arbeit gebraucht wird, hat sich dieser schöne Terrier all die attraktiven Merkmale der Rasse erhalten: Er ist etwas reserviert, zurückhaltend und unabhängig und besitzt nicht das »aufgeregte Wesen« des West Highland White Terriers. Seinen Besitzern ist er treu ergeben.

Skye Terrier

Andere Namen: Keine
Entstehungszeit: 17. Jahrhundert
Entstehungsort: Schottland (Insel Skye vor der Westküste)
Ursprüngliche Nutzung: Jagd kleiner Säugetiere
Moderne Nutzung: Gesellschaftshund
Maße: Größe 23–25 cm, Gewicht 8,5–10,5 kg
Farben: Schwarz, Grau, Rehbraun, Creme
FCI-Kategorie: 3

Dieser Terrier mit seinem außergewöhnlich langen Haar stammt von der Hebrideninsel Skye vor der schottischen Westküste. Der Legende nach schwammen die langhaarigen Hunde von Schiffen der Spanischen Armada, die bei Sturm vor der Küste Skyes untergingen, an Land. Der einzige Schwachpunkt dieser Geschichte ist die Tatsache, dass das lange Haar der Skye Terrier eine junge »Erfindung« ist. Einer der berühmtesten Skye Terrier, Rona, im Besitz von Königin Victoria, besaß noch kein langes Fell.

In Schottland war die Aufgabe des Hundes, »Ungeziefer« zu fangen und zu töten: Füchse, Dachse, sogar wilde Katzen. Die Hunde mussten also graben und in eng umgrenztem Raum kämpfen – wobei eine lange Haartracht sicherlich hinderlich gewesen wäre.

Ihre kräftigen Kiefer sind heutzutage unter einem großartigen »Bart« versteckt. Doch der Skye ist noch immer ein mutiger, wenn nicht tollkühner Hund – der versucht, durch den langen Haarschopf zu blicken! Während Skye Terrier sich ihren Besitzern gegenüber sanft und gutmütig verhalten, sind sie gegenüber Fremden sehr intolerant und können mehr als nur zuschnappen. Skye-Besitzer lieben das Aussehen und den Charakter dieser entzückenden Terrier und stehen zum Motto des Rasseverbandes von Schottland: »Wha dour meddle wi' me?« – was eine doppelte Bedeutung hat, nämlich »Willst du mit mir spielen?« und »Willst du es mit mir aufnehmen?«.

Eine Beschreibung der Skye Terrier wäre nicht vollständig ohne die Geschichte von Greyfriars Bobby, der nach dem Tod seines Besitzers 14 Jahre auf dessen Grab Wache hielt, sich nie fortlocken ließ und von mildtätigen Menschen gefüttert wurde. Nach seinem Tod erhielt er in Edinburgh ein eigenes Denkmal, das heute eine Touristenattraktion ist.

Glatthaar-Foxterrier

Andere Namen: Foxterrier
Entstehungszeit: 19. Jahrhundert
Entstehungsort: Großbritannien
Ursprüngliche Nutzung: Fuchs- und Rattenjagd
Moderne Nutzung: Gesellschaftshund
Maße: Größe 38,5–39,5 cm, Gewicht 7–8 kg
Farben: Weiß, Schwarz-Weiß, Weiß-Lohfarben, Schwarz-Lohfarben
FCI-Kategorie: 3

Einst wurden alle Hunde, die Füchse in ihren Höhlen jagten, Foxterrier genannt, und jede englische Grafschaft hatte ihre eigene Variante. Erst um 1850 wurde die Zucht geregelt, und das Resultat war die heutige Rasse. Der Glatthaar-Foxterrier war nie ein Modehund, doch er wurde stets wegen seiner Arbeitswilligkeit geschätzt. Er hat keine »Flausen im Kopf« und ist immer bereit, seine Aufgabe zu erfüllen. Die Rasse wurde anfangs in Ställen gehalten, wo sie sich als Experte für das Töten von »Ungeziefer«, speziell Ratten, erwies – noch besser waren die Hunde, wenn sie die Beute zuerst mit ihren starken Pfoten ausgraben mussten. Bald nutzten Jäger diese Hartnäckigkeit für das Fuchssprengen, sie setzten die Tiere auf Füchse an, die in ihre Löcher entkommen waren. So kam der Terrier vermutlich an seinen Namen – der natürlich netter klingt als »Ratten-Terrier«; die Beifügung Glatthaar unterscheidet ihn von seinem Verwandten, dem Drahthaar-Foxterrier.

In den frühen Tagen der Rasse wurden beide Varianten, die glatthaarige und die drahthaarige, gemeinsam gezüchtet. Ein Glatthaar-Foxterrier, Jock, wurde in der Tat zum Stammvater aller großartigen Drahthaar-Foxterrier, als er mit der Hündin Trap Nachkommen zeugte. Traps Herkunft ist unbekannt, doch war sie offensichtlich drahthaarig.

Das dichte und füllige Fell des Glatthaar-Foxterriers ist flach anliegend, glatt und hart.

1876, drei Jahre nach der Gründung des *British Kennel Club*, erhielt der Glatthaar-Foxterrier ein eigenes Rasseregister. Heute hat er seine Vergangenheit als Arbeitshund hinter sich gelassen. Foxterrier sind immer noch hauptsächlich weiß mit schwarzen oder lohrfarbenen Abzeichen, obwohl auch schwarz-lohfarbene Hunde vorkommen. Früher bevorzugten viele Jäger weiße Hunde, weil sie im Kampf besser von der Beute zu unterscheiden waren.

Drahthaar-Foxterrier

Andere Namen: Foxterrier
Entstehungszeit: 19. Jahrhundert
Entstehungsort: Großbritannien
Ursprüngliche Nutzung: Fuchs- und Rattenjagd
Moderne Nutzung: Gesellschaftshund
Maße: Größe 38,5–39,5 cm, Gewicht 7–8 kg
Farben: Weiß, Schwarz-Weiß, Weiß-Lohfarben
FCI-Kategorie: 3

Wie die meisten anderen Terrier war der Drahthaar-Foxterrier »Made in Britain«. Der Zuchtzweck war das Fuchssprengen. Die Körperform des Hundes war nicht entscheidend, solange das Tier kräftig genug war, um mit galoppierenden Pferden mitzuhalten. Der Stammbaum war noch weniger wichtig, denn Jäger, die Terrier nutzten, entwickelten üblicherweise örtliche Varianten, die an das Jagdterrain angepasst waren, wobei durchaus fremdes Blut beigemischt wurde, wenn es vorteilhaft schien. Im 18. Jahrhundert – und früher – kümmerte sich niemand darum, Details aufzuschreiben, es sei denn, es handelte sich um einen besonders hervorragenden Hund.

Es ist wahrscheinlich, dass Old English Rough Terrier für die Zucht benutzt wurden; auf ihre eigene Art waren diese schon frühe Formen von Dachshund und Beagle. Blut vom Typ des Staffordshire Bull Terriers wurde wahrscheinlich ebenfalls beigemischt und führte zu den zwei verschiedenen Fellarten. Ab 1876 wurden separate Rasseregister für Drahthaar- und Glatthaar-Foxterrier aufgestellt, doch war die Kreuzung beider Varianten noch erlaubt.

Zu dieser Zeit gründete sich in England der *Fox Terrier Club* und legte den Rassestandard fest: gerade Beine, starker Kiefer, kompakte Füße, kurzer Rücken, gut gewinkelte Kniegelenke und schräge Schulterblätter. Es heißt, dass der Foxterrier »so sehr Pferd ist, wie ein Hund es nur sein kann«. Und ebenso wie ein Pferd läuft der Foxterrier, hüpft und tänzelt – auf seinen Zehenspitzen. Doch er besitzt auch die Merkmale eines echten Terriers: Diese Hunde lieben das Buddeln – fast so sehr wie den Kampf mit einem anderen Hund!

Während der Glatthaar-Foxterrier ein hartes, dicht anliegendes Fell besitzt, ist das des Drahthaar-Foxterriers dicht und drahtig. Im Gesicht hat er einen schönen dichten »Bart«.

Irish Soft-Coated Wheaten Terrier

Andere Namen: Wheaten Terrier
Entstehungszeit: 18. Jahrhundert
Entstehungsort: Irland (Munster)
Ursprüngliche Nutzung: Hütehund, Raubzeugjagd
Moderne Nutzung: Gesellschaftshund
Maße: Größe 46–48 cm, Gewicht 16–20 kg
Farben: Weizenblond
FCI-Kategorie: 3

Zwar hat dieser Terrier eine lange Geschichte, doch wurde er erst 1937 vom irischen Hundeverband anerkannt, vom englischen sogar erst 1943. Der weichhaarige, weizenblonde Einwohner der Region Munster im Südwesten Irlands war ein Arbeitshund für alle Fälle; er trieb die Kühe heim, bewachte Haus und Hof und dämmte die Ausbreitung von Ratten ein. Vielseitige Hunde wie dieser wurden nicht zuletzt entwickelt, um die alten Gesetze zu umgehen, die dem einfachen Volk den Besitz von Jagdhunden verboten. Terrier waren dafür genau richtig.

Der Wheaten Terrier könnte vom inzwischen ausgestorbenen Black and Tan Terrier abstammen. Er ist ein Verwandter des Irish Terriers (s. S. 131) und des Kerry Blue Terriers (s. S. 135) – einige meinen, dessen Vorfahr –, obwohl dieser etwas kleiner und stämmiger ist.

Charakteristisch für die Rasse ist das herrliche, füllige, mäßig lange, weiche, seidige und leicht gewellte Fell, das die Farbe »eines reifen Weizenfeldes in der Morgensonne« hat, wie die poetischen Iren sagen. Seit seiner offiziellen Anerkennung wurde dieser attraktive und bemerkenswert gelassene, ausgeglichene Terrier zu Recht auf beiden Seiten des Atlantiks ein beliebter Hausgenosse.

Staffordshire Bull Terrier

Andere Namen: Staffie
Entstehungszeit: 19. Jahrhundert
Entstehungsort: England (Staffordshire)
Ursprüngliche Nutzung: Kampfhund, Rattenjagd
Moderne Nutzung: Gesellschaftshund
Maße: Größe 36–41 cm, Gewicht 11–17 kg
Farben: Gestromt, Weiß, Rot, Rehbraun, Schwarz, Blau oder eine dieser Farben mit Weiß
FCI-Kategorie: 3

Der muskulöse Staffie stammt aus Staffordshire in England. Im frühen 19. Jahrhundert waren die beiden populärsten »Sportarten« für das einfache Volk Bullenbeißen – hier mussten Hunde mit Bullen kämpfen – und Hundekämpfe, bei denen zwei Hunde, die in Größe und Gewicht zueinander passten, in einer holzverkleideten Grube aufeinander gehetzt wurden. Die zum Kampf mit Bullen verwendeten Tiere waren frühe Exemplare heutiger Bulldoggen (s. S. 180), mit kurzen Beinen, tiefem Brustkorb und kurzen, mächtigen Kiefern. Das Aussehen der Kampfhunde war nicht entscheidend. Wichtig war die Kombination von Stärke und Hartnäckigkeit der Bulldogge mit der Schnelligkeit und Wendigkeit des Terriers. Wahrscheinlich ist der Staffie das Resultat einer Kreuzung zwischen Bulldoggen und Old English Terriern.

Im 19. Jahrhundert gab es noch eine große Bandbreite unterschiedlicher Typen dieser Kampfhunde – jede Region beanspruchte die perfekte Kombination für sich. 1835 wurde das Bullenbeißen in England verboten, was zu einem vermehrten Interesse für den Kampfhundesport führte. Man benutzte hierfür Hunde, die als Pit Dogs (Grubenhunde), Pit Bull Terriers (Gruben-Bulldoggen) und Half and Halfs (Halb-und-Halb) bezeichnet wurden. Als auch Hundekämpfe verboten wurden, fuhr man vielerorts bis ins 20. Jahrhundert hinein illegal damit fort; einige Menschen sagen, dass die Rasse nur wegen dieser illegalen Kämpfe am Leben erhalten worden sei. 1935 schüttelte der Staffie jedoch seine blutige Vergangenheit ab und betrat den Schauring. Ein Club gründete sich, ein Rassestandard wurde aufgestellt, und die Rasse erhielt 1939 durch die offizielle Anerkennung vom *British Kennel Club* und die Eröffnung eines eigenen Rasseregisters Seriösität.

Staffies sind vielen Menschen wegen ihrer Kampfhundevergangenheit ein Dorn im Auge. Doch wenn sie nicht zum Kämpfen und Angreifen ermuntert werden, sind sie gelehrige, fügsame Tiere. Wie alle Hunde, gleich welcher Rasse, blühen sie durch Zuneigung auf und geben sie zehnfach zurück.

West Highland White Terrier

Andere Namen: Westie
Entstehungszeit: 19. Jahrhundert
Entstehungsort: Schottland
Ursprüngliche Nutzung: Rattenjagd
Moderne Nutzung: Gesellschaftshund
Maße: Größe 25–28 cm, Gewicht 7–10 kg
Farben: Weiß
FCI-Kategorie: 3

Der West Highland White Terrier oder Westie, wie er auf der ganzen Welt liebevoll genannt wird, geht auf dieselbe gemischte Ahnenreihe zurück wie der Cairn Terrier (s. S. 127). Er hat die gleichen kurzen Beine, den Kopf mit dem Fuchsgesicht, das grobe Fell und die recht fröhlich getragene Rute; der einzige Unterschied ist die Farbe. Bei allen Hunderassen werden ab und zu weiße Welpen geboren. Es heißt, König James I. von England (VI. von Schottland) habe im

17. Jahrhundert »sechs weiße Erdhunde« aus Argyllshire geordert, um sie dem König von Frankreich zu schenken.

Gegen Ende des 19. Jahrhunderts lehnten die meisten Cairn-Terrier-Züchter die auftretenden weißen Welpen ab. Die Familie Malcolm aus Poltalloch förderte dagegen die Entstehung des Westies. Die Malcolms glaubten zu Recht, dass für einen guten Cairn Terrier die weiße Fellfarbe sogar vorteilhaft war – weil er leichter zu sehen war! Während die meisten Cairn-Terrier-Züchter verzweifelt versuchten, die weiße Farbe wegzuzüchten, arbeiteten die Malcolms nun daran, die farbigen Hunde aus ihrer Zucht zu eliminieren. 1900 brachte Colonel Malcolm seine West Highland White Terrier erstmals auf eine Ausstellung, und 1907 erkannte der *British Kennel Club* den Westie als Rasse an – zwei Jahre, bevor der Cairn offiziell anerkannt wurde.

Der Westie, ein beliebter Hund in allen Ausstellungen, erlangte mit der Werbung für einen Scotch-Whisky weltweite Berühmtheit – gemeinsam mit einem Scottish Terrier. Er ist ein äußerst beliebter Hausgenosse; er hat die Courage eines Terriers, doch ist er nicht streitlustig. Er genießt Spaziergänge, liegt aber genauso glücklich und zufrieden auf Vorstadt-Sofas. Der Westie mag mäßige Bewegung, gefolgt von einem Schläfchen, und er ist ein sehr eleganter Hund, dessen Pflege nicht viel Umstände macht: Das harte weiße Fell stößt Schmutz genauso leicht ab wie Wasser – wenn auch meist über genannten Sofas.

Kleinhunde

Die Gruppe der Kleinhunde heißt im Englischen Toy Dogs, also Spielzeughunde. Sie wurden im Allgemeinen als Haustiere und Gesellschaftshunde gezüchtet, obwohl einige, z. B. der Affenpinscher (s. S. 151), sich auch als »Schädlingsbekämpfer« nützlich machten und trotz ihrer geringen Größe furchtlose Wachhunde sind. Kleinhunde sind keine neue Entwicklung; einige Rassen existieren schon seit mindestens 2000 Jahren, sowohl in Europa, wo sie auch als Schoßhunde bekannt waren, wie auch in Asien, wo einige von ihnen als Ärmelhunde bezeichnet wurden, weil sie so klein waren, dass sie in den seidenen Ärmeln von Kimonos und ähnlichen Kleidungsstücken getragen werden konnten. Die meisten Kleinhunde sind mit größeren Rassen verwandt und haben trotz ihrer geringen Größe die charakteristischen Merkmale der größeren Verwandten behalten. Spielzeug sind sie allenfalls dem Namen nach, denn sie sind ganz definitiv Hunde, und einige von ihnen können genauso Furcht einflößend sein wie ihre großen Brüder!

Affenpinscher

Pekinese

Malteser

Als älteste Kleinhundrasse gilt der Löwenhund von Peking, heute besser als Pekinese (s. S. 171) bekannt, der gezüchtet wurde, um den »löwengleichen Geist Buddhas« widerzuspiegeln. Dieser kleine Hund wurde später ein Lieblingshund am chinesischen Kaiserhof und diente oft als diplomatisches Geschenk für Würdenträger aus anderen Ländern. Der Schoßhunde-Kult in China erreichte zwischen 1820 und 1850 unter der Herrschaft der Kaiserinwitwe Tzu Hsi seinen Höhepunkt; diese beschäftigte 4000 Eunuchen, die in 48 Palästen wohnten und allein für die Zucht von Pekinesen zuständig waren.

Im Westen kommt den Römern die Ehre zu, die älteste europäische Kleinhundrasse entwickelt zu haben: den kleinen weißen Malteser (s. S. 155). Während der gesamten europäischen Geschichte waren Kleinhunde Zeichen von Luxus und Wohlstand – die reichen und begüterten Klassen erfreuten sich an ihnen und hätschelten sie. Viele Kleinhunde wurden zu Lieblingen an den Höfen der Könige und des Adels und sind auf einigen der berühmtesten Gemälden der westlichen Kunst zu sehen. Veronese, Rubens und Rembrandt malten Papillons (s. S. 170), ebenso der in Amerika geborene Künstler Benjamin West. Viele der von Thomas Gainsborough gemalten eleganten Persönlichkeiten posierten mit ihrem Zwergspitz (s. S. 172).

Zwergspitz

Papillon

Affenpinscher

Andere Namen: Keine
Entstehungszeit: 17. Jahrhundert
Entstehungsort: Deutschland
Ursprüngliche Nutzung: Gesellschaftshund, Rattenjagd
Moderne Nutzung: Gesellschaftshund
Maße: Größe 25–30 cm, Gewicht 3–3,5 kg
Farben: Schwarz
FCI-Kategorie: 2

Fast alle Menschen, die den entzückenden kleinen Affenpinscher zum ersten Mal sehen, geben einen Kommentar über seine Ähnlichkeit mit einem Äffchen ab. Trotz seines lustigen Aussehens ist der Affenpinscher mit seinen kleinen, festen Kiefern ein hervorragender Ratten- und Mäusefänger, wenn er die Möglichkeit dazu bekommt.

Die Ursprünge der Rasse sind unklar; es wird angenommen, dass sie durch Kreuzungen zwischen mopsähnlichen Hunden aus Asien und kleinen deutschen Pinschern zustande kam. Der Affenpinscher gilt auch als wahrscheinlicher Vorfahre des Brüsseler Griffons und als Verwandter des Zwergschnauzers.

Heute ist die Rasse in Deutschland recht selten anzutreffen, prosperiert jedoch in Nordamerika. Trotz der Tatsache, dass es ein unglaublich sturer kleiner Hund ist – eine Gehorsamserziehung ist recht schwierig – und wie alle Terrier zum Zuschnappen neigt, hat das Tier eine Nische als lebhafter kleiner Gefährte gefunden.

Australian Silky Terrier

Andere Namen: Silky, Silky Terrier, Sydney Silky
Entstehungszeit: 20. Jahrhundert
Entstehungsort: Australien
Ursprüngliche Nutzung: Gesellschaftshund
Moderne Nutzung: Gesellschaftshund
Maße: Größe 22,5–23,5 cm, Gewicht 4–5 kg
Farben: Blau-Lohfarben
FCI-Kategorie: 3

Diese Rasse wurde ursprünglich Sydney Silky genannt, denn sie wurde im frühen 20. Jahrhundert in Sydney, New South Wales, entwickelt. Der Silky ist – kurz gesagt – eine Kreuzung zwischen dem Australian Terrier (s. S. 124) und dem Yorkshire Terrier (s. S. 176) – vielleicht ergänzt mit einem »Hauch« Norwich Terrier (s. S. 139). Das herrliche seidige Fell – fein und mit einem spiegelgleichen Glanz – erhielt er von einem verborgenen Ahnen, dem Skye Terrier (s. S. 142), der bei der Entwicklung des Australian Terriers beteiligt war. Die Farbe wird von den Züchtern als Blau bezeichnet; es gibt Silberblau, Pinguinblau, Schieferblau mit jeweils prächtigen lohfarbenen Haaren, die bis zu den Pfoten reichen. Die Rasse wurde von Liebhabern entwickelt, die der Ansicht waren, es gäbe ein Bedürfnis nach kleinen Terriern, die zum modernen australischen Leben in Stadtappartements passten.

Der Silky wurde erstmals 1907 in Australien ausgestellt, damals erlaubte der Rassestandard sowohl Stehohren wie auch gefaltete Ohren (heute sind es nur noch Stehohren); 1928 erreichte er England. Trotz seines offensichtlich attraktiven Aussehens erhielt der Silky erst in den 1940er-Jahren eine breite Anerkennung. Vom US-amerikanischen Militär- und Zivilpersonal, das während des Zweiten Weltkriegs nach Australien kam, schlossen ihn viele ins Herz und nahmen ihn mit in ihre Heimat, wo der kleine Hund heute einen festen Liebhaberkreis gefunden hat.

Bichon Frisé

Andere Namen: Teneriffahund
Entstehungszeit: Mittelalter
Entstehungsort: Mittelmeerraum
Ursprüngliche Nutzung: Gesellschaftshund
Moderne Nutzung: Gesellschaftshund
Maße: Größe 23–30 cm, Gewicht 3–6 kg
Farben: Weiß
FCI-Kategorie: 9

Die Bezeichnung Bichon wird häufig für eine Familie kleiner, normalerweise weißer Hunde benutzt, zu der u. a. der Bichon Frisé und der Malteser (s. S. 155) gehören und deren Ursprünge ca. 500 v. Chr. im Mittelmeerraum liegen. Der französische Name Bichon bedeutet Schoßhund; die Tiere wurden immer schon als Gesellschaftshunde und Haustiere gezüchtet.

Frisé (franz. für gelockt) bezieht sich auf das Fell aus weichen Korkenzieherlocken, die den für den Schauring sorgfältig getrimmten Hund so aufgebauscht aussehen lassen wie ein Plüschkissen. Der Bichon Frisé ist attraktiv, fröhlich, lebhaft – kurz gesagt, absolut reizend. Doch er ist auch ein echter Hütehund; norwegische Bauern haben festgestellt, dass diese Kleinhundrasse ausgezeichnet Schafe hütet. Vielleicht halten die Schafe die wolligen kleinen Hunde irrtümlich für äußerst schlaue Lämmer!

Im 14. Jahrhundert brachten spanische Seeleute den Hund nach Teneriffa. Italienische Seeleute entdeckten ihn dort wieder und nahmen ihn mit nach Hause, wo er in den Palästen der Adligen zum Lieblingshund wurde; schließlich breitete er sich über ganz Europa aus. Obwohl er einen langen Stammbaum hat, ist der Bichon Frisé eine relativ neue Rasse in der offiziellen Hundewelt. 1934 wurde er erstmals im Zuchtbuch des französischen Hundeverbandes aufgeführt, in den 1970er-Jahren wurde die Rasse in Großbritannien und den USA anerkannt. Nichtsdestotrotz hat der Bichon Frisé eine feste, treue und wachsende Gefolgschaft von Bewunderern.

Bologneser

Andere Namen: Bolognese, Bichon Bolognese
Entstehungszeit: Mittelalter
Entstehungsort: Italien
Ursprüngliche Nutzung: Gesellschaftshund
Moderne Nutzung: Gesellschaftshund
Maße: Größe 25–31 cm, Gewicht 3–4 kg
Farben: Weiß
FCI-Kategorie: 9

Zwar wurde dieser weiße Hund nach der norditalienischen Stadt Bologna benannt, doch ist es wahrscheinlich, dass er von der Bichon-Familie aus dem Mittelmeerraum abstammt. Der Bologneser hat wie alle Bichons eine sehr lange Geschichte; seit dem 12. Jahrhundert gibt es zahlreiche Beschreibungen der Rasse. Wie andere Kleinhunde war auch der Bologneser ein Gesellschaftshund und an den Renaissance-Höfen sehr beliebt, u. a. am Hof der Medici in Florenz, bei der Familie d'Este in Ferrara und der Familie Gonzaga in Mantua. Ein dem Bologneser sehr ähnlicher Hund ist auf einem Fresco im Palazzo Ducale in Mantua zu sehen, gemalt zwischen 1465 und 1474 von Andrea Mantegna.

Der Bolgoneser ist heute recht selten in Italien. Von Natur aus ist er reservierter und schüchterner als der Bichon Frisé (s. S. 153) und wird oft zugunsten dieses »knuddeligeren« Cousins übersehen. Doch in Zukunft wird diese knopfnasige Rasse mit dem baumwollartigen Fell – ideal geeignet für wärmeres Klima – mit Sicherheit sehr beliebt werden.

Malteser

Andere Namen: Bichon Maltais
Entstehungszeit: Altertum
Entstehungsort: Mittelmeerraum
Ursprüngliche Nutzung: Gesellschaftshund
Moderne Nutzung: Gesellschaftshund
Maße: Größe 20–25 cm, Gewicht 2–3 kg
Farben: Weiß
FCI-Kategorie: 9

Diese gutmütigen und glücklichen kleinen Hunde mit ihrem seidigen, rein weißen Fell wurden einst Malteser Terrier genannt, doch weder im Aussehen noch im Temperament ist dieses Tier ein Terrier. Es gibt widerstreitende Meinungen zum Ursprung des Namens Malteser. Dr. John Caius schreibt, dass die Hunde Meliti – »von der Insel Malta« – genannt wurden und dass sie sehr klein und beliebte Schoßhunde der Damen waren, die sie sogar in ihrem Bett schlafen ließen. Bereits ca. 1500 Jahre zuvor, im Jahr 25 n. Chr., erwähnte Strabo eine Stadt in Sizilien namens Melita, die wunderschöne Hunde, genannt *Canis melitensis*, exportierte. Zu dieser Zeit gab es eine bekannte Malteser-Hündin auf Malta; sie wurde Issa genannt und gehörte Publius, dem römischen Statthalter von Malta, von dem berichtet wird, dass er von Issa so hingerissen war, dass er sie porträtieren ließ.

Der Name Meliti könnte vielleicht auch vom lateinischen Wort *mel* für Honig abgeleitet sein – was perfekt zu dieser »süßen« Rasse passen würde. Archäologische Zeugnisse zeigen, dass der Malteser in Wirklichkeit eine noch längere Geschiche hat, als die Schrift von Strabo nahe legt, denn Abbildungen ähnlich aussehender Hunde wurden bereits in altägyptischen Gräbern gefunden.

Es scheint das glückliche Schicksal des Maltesers zu sein, immer wieder auf der Leinwand abgebildet zu werden; das 1763 entstandene Porträt von Nellie O'Brien, gemalt von Sir Joshua Reynold zeigt unverkennbar auch einen Malteser, und später prophezeite Sir Edwin Landseer in seinem 1840 entstandenen Bild *The Last of the Race* fälschlicherweise den Untergang der Rasse. Mit so vielen Bewunderern auf der ganzen Welt wird der Malteser sicherlich eine der beliebtesten Kleinhundrassen bleiben.

Havaneser

Andere Namen: Bichon Havanais, Havana-Seidenhund
Entstehungszeit: 18.–19. Jahrhundert
Entstehungsort: Mittelmeerraum und Kuba
Ursprüngliche Nutzung: Gesellschaftshund
Moderne Nutzung: Gesellschaftshund
Maße: Größe 20–28 cm, Gewicht 3–6 kg
Farben: Silber, Creme, Gold, Blau, Schwarz
FCI-Kategorie: 9

Der zurückhaltende, sanfte Havaneser, der seinen Besitzern ein hingebungsvoller Gefährte ist, könnte von Kreuzungen zwischen Bolognesern (s. S. 154) und kleinen Pudeln (s. S. 194) oder von Maltesern (s. S. 155) abstammen; viele Bologneser kamen im 18. und 19. Jahrhundert als Haustiere wohlhabender Italiener zunächst nach Argentinien und erreichten schließlich Kuba, während im Besitz von Spaniern befindliche Malteser wahrscheinlich bereits auf der Insel waren. Im kommunistischen Kuba ging es dem kleinen Havaneser nicht sehr gut, denn unmittelbar nach Revolutionen werden meist die politischen und kulturellen Zeichen und Symbole des ehemaligen herrschenden Systems ausgelöscht – entweder vorsätzlich oder durch Missachtung. Folglich ist der Havaneser heute in Kuba selten, doch ist er enorm beliebt in den USA, besonders unter Exilkubanern. Obwohl er den anderen Bichon-Rassen sehr ähnlich sieht, gibt es ihn im Gegensatz zu diesen in vielen herrlichen Farben: in Creme, Silber, Gold, Blau und Schwarz – nicht jedoch in Weiß. Mit seinen großen dunklen Augen, dem fülligen, weichen Haarkleid, der Rute mit langem, seidigem Haar sowie mit seinem entzückenden Wesen wird der Havaneser noch viele Herzen erobern.

Chihuahua

Andere Namen: Keine
Entstehungszeit: 16. oder 19. Jahrhundert (umstritten)
Entstehungsort: Mexiko
Ursprüngliche Nutzung: Gesellschaftshund
Moderne Nutzung: Gesellschaftshund
Maße: Größe 15–23 cm, Gewicht 1–3 kg
Farben: Alle Farben
FCI-Kategorie: 9

Die Ursprünge des Chihuahuas – nach dem mexikanischen Bundesstaat benannt, aus dem er erstmals exportiert wurde – liegen im Dunkel von Mythen und Legenden. Der Chihuahua ist die kleinste Hunderasse der Welt, er wiegt durchschnittlich nur 2 kg. Bemerkenswert ist außerdem, dass der Hund manchmal ein Loch in seiner Schädeldecke aufweist: Es handelt sich um die Fontanelle, eine Stelle mit einer Membran zwischen den Schädelknochen, die Föten und Welpen – sowie auch menschliche Babys – besitzen und die sich bei einigen Chihuahuas nicht schließt.

Einige Menschen sind der Ansicht, dass der Chihuahua von den Azteken aus Hunden entwickelt wurde, die von den spanischen Eroberern eingeführt wurden. Andere meinen, der Vorfahr des Chihuahuas sei schon in Mexiko gewesen, als die Spanier ankamen; der aztekische Name Xoloitzcuintli wird oft dem Chihuahua zugeschrieben, doch in Wirklichkeit war dies ein viel größeres Tier. Es gibt zudem wenig stichhaltige Legenden, dass Chihuahuas mit rotem Fell als Opfertiere bei Leichenverbrennungen benutzt wurden.

Es mag sein, dass der Vorfahr der Rasse nach der Zerstörung der aztekischen Zivilisation durch die europäischen Invasoren tatsächlich von den Spaniern

gerettet und der Chihuahua entwickelt wurde. Es gibt keine Erwähnung eines solch kleinen Hundes zwischen der Eroberung von Cortes im Jahr 1519 und dem späten 19. Jahrhundert: Es war bekannt, dass der Pelon oder Mexikanische Nackthund in den 1840er-Jahren in den Grenzstädten von Mexiko und Amerika lebte, und in den 1850er-Jahren wurden die ersten Chihuahuas in die USA exportiert. Der erste Chihuahua, der 1904 im US-amerikanischen Rasseregister auftauchte, hieß passenderweise Midget (Winzling).

Viele Züchter glauben, dass der langhaarige Chihuahua das Original war, doch es war die kurzhaarige Version, die die Aufmerksamkeit der Öffentlichkeit auf sich zog. Auch wenn die Ursprünge des Chihuahuas umstritten sind, es gibt keinen Zweifel an der enormen Beliebtheit dieses Hundes, der sich auf dem Schoß seines Besitzers am wohlsten fühlt. Er mag ein Zwerg sein, doch hat er die Persönlichkeit eines »Riesen«: Furchtlos und sehr wendig, könnte er auch als »mexikanischer Hitzkopf« bezeichnet werden.

Chinesischer Schopfhund

Andere Namen: Chinese Crested Hairless Dog
Entstehungszeit: Altertum
Entstehungsort: China oder Afrika (unklar)
Ursprüngliche Nutzung: Gesellschaftshund
Moderne Nutzung: Gesellschaftshund
Maße: Größe 23–33 cm, Gewicht 2–5,5 kg
Farben: Alle Farben
FCI-Kategorie: 9

Der Chinesische Schopfhund gehört zur kleinen Gruppe haarloser Hunde – obwohl mit dem Powder Puff (Puderquaste) auch eine Variante mit üppigem Fell existiert. Haarlose Hunde traten in vielen Teilen der Welt auf und wurden im Allgemeinen nach ihrem Entstehungsort benannt, wie der Afrikanische Sandhund, der Mexikanische Nackthund und der Abessinische Nackthund. Es gibt jedoch keinen Beweis dafür, dass der Chinesische Nackthund wirklich in China entstanden ist. Vieles deutet darauf hin, dass haarlose Hunde in Wirklichkeit aus Afrika stammen, von wo aus sie nach Asien und Amerika gelangten. Die Haarlosigkeit wird entweder einem Gendefekt zugeschrieben, einer Unzulänglichkeit des Blutfaktors oder einer die Pigmentierung betreffenden Hautkrankheit. Welche Ursa-

che es auch war, mit der Haarlosigkeit werden ebenso fehlende oder fehlerhafte Zähne und Zehennägel vererbt, und haarlose Hunde pflanzen sich nicht sehr erfolgreich fort. Doch Paarungen zwischen zwei haarlosen Hunden können auch zur Geburt von Welpen mit Fell führen, der erwähnten Powder Puffs. Diese sind genetisch gesünder und der Schlüssel für die Erhaltung dieser interessanten und empfindlichen Hunderasse.

Die Haut des Chinesischen Schopfhundes ist weich und glatt und kann jede Farbe aufweisen, auch gefleckt und gesprenkelt in Bronze, Blau oder Grau; die Farben verändern sich durch die Sonneneinstrahlung je nach Jahreszeit. Man muss ein wachsames Auge darauf haben, dass der Hund keinen Sonnenbrand bekommt und nicht friert. Wegen seiner Haarlosigkeit verströmt das Tier keinen hundetypischen Geruch und hinterlässt kaum Haare auf den Möbeln. Die einzigen Haare sind der sehr feine, seidige Schopf auf dem Kopf, die Befederung der Füße und die Quaste an der Rutenspitze. Die großen Stehohren können ebenfalls mit Haaren befranst sein. Die Powder Puffs haben ein sehr feines Haarkleid, das kurz oder lang sein kann – Züchter nennen es poetisch Schleier. Zunächst sind die meisten Menschen beim Anblick eines haarlosen Hundes leicht verblüfft oder schockiert, doch nach wenigen Minuten gewinnen diese kleinen Hunde durch ihr ausdrucksvolles Gesicht, ihre Lebhaftigkeit und ihre liebevolle Art stets viele Herzen.

English Toy Terrier

Andere Namen: Black and Tan Toy Terrier, Toy Manchester Terrier
Entstehungszeit: 19. Jahrhundert
Entstehungsort: Großbritannien
Ursprüngliche Nutzung: Ratten- und Kaninchenjagd
Moderne Nutzung: Gesellschaftshund
Maße: Größe 25–30 cm, Gewicht 3–4 kg
Farben: Schwarz-Lohfarben
FCI-Kategorie: 3

Diese Terrier sind relativ rar, selbst in Großbritannien, wo sie ihren Ursprung haben. Sie stammen von kleinen Manchester Terriern (s. S. 137) ab und hießen zunächst Black and Tan Toy Terrier, dann Toy Manchester Terrier, bevor sie 1962 ihren heutigen Namen erhielten (in den USA werden sie noch immer Toy Manchester Terrier genannt). Klein, doch temperamentvoll, sind sie Terrier durch und durch.

Erstmals erwähnt werden sie in dem Werk *Of English Dogges* von John Caius aus dem Jahr 1570, wenn der Autor auch keine Unterscheidung zwischen dem normal großen Manchester Terrier und der Zwergversion machte. Es scheint, dass kleine Nachkommen oft von normal großen Eltern abstammten. Mitte des 19. Jahrhunderts waren die Miniatur-Hunde recht alltäglich. Besonders im Norden Englands waren sie beliebte Hunde für den »sportlichen Einsatz« in Rattengruben. Zur gleichen Zeit gab es Gerüchte von Kreuzungen mit anderen Rassen, speziell mit dem Dachshund (s. S. 109), dem Whippet (s. S. 101) und dem Italienischen Windspiel (s. S. 163), die die Größe des English Toy Terriers und den leicht gewölbten Rücken erklären würden. Zu verschiedenen Zeiten seiner Entwicklung haben Züchter verschiedene Schwerpunkte gesetzt: Einmal war die Größe das Wichtigste, ein andernmal waren es die »Kerzenflammen«-Ohren. Ein Merkmal, auf das immer Wert gelegt wurde, war die gut voneinander abgesetzte tiefschwarz-lohfarbene Fellzeichnung.

Brüsseler Griffon

Andere Namen: Belgischer Griffon, Petit Brabancon
Entstehungszeit: 19. Jahrhundert
Entstehungsort: Belgien
Ursprüngliche Nutzung: Rattenjagd
Moderne Nutzung: Gesellschaftshund
Maße: Größe 18–20 cm, Gewicht 2,5–5,5 kg
Farben: Rot, Schwarz, Schwarz-Lohfarben
FCI-Kategorie: 9

Es wäre nett, an den entzückenden Brüsseler Griffon als perfektes Symbol europäischer Einigkeit und Gemeinsamkeit zu denken: Diese Rasse ist das Resultat der Vermischung von Blutlinien aus verschiedenen Regionen, ein freundlicher, lebhafter, attraktiver Begleiter. Zu seinen vielen Vorfahren gehören u. a. der Griffon d'Écurie (Stall-Griffon), der im 19. Jahrhundert mit dem King Charles Spaniel (s. S. 166) gekreuzt wurde. Hinzu kamen der deutsche Affenpinscher (s. S. 151), der English Toy Terrier (s. S. 161), der Yorkshire Terrier (s. S. 176), der niederländische Smoushond, der französische Barbet und der Mops (s. S. 175). Doch es gibt eine Meinungsverschiedenheit, sie betrifft den Namen der Rasse. In einigen Ländern (vor allem Belgien) werden drei Hunde, der Brüsseler Griffon, der Belgische Griffon und der Petit Brabancon gemeinsam als Belgische Griffons geführt, während in anderen Ländern jeder dieser Hunde als eigenständige Rasse anerkannt ist. Ursprünglich wurde der Brüsseler Griffon in den Ställen von Brüssel zur Bekämpfung von Ratten eingesetzt – besonders in Ställen, in denen Droschkenpferde untergebracht waren. Diese Hunde waren offenbar mit ihren Besitzern – möglicherweise auch mit den Pferden – so verbunden, dass sie auf dem Kutschbock mitfuhren und auf ihren Wegen kreuz und quer durch die Stadt zu selbsternannten Verkehrshütern wurden. Heute befinden sich ihnen zu Ehren an den Windschutzscheiben vieler Brüsseler Taxen kleine Griffon-Aufkleber. Der französische Name Griffon bedeutet drahthaarig. Gleichwohl können Welpen der glatthaarigen Variante Griffon Brabancon bzw. Petit Brabancon von drahthaarigen Eltern abstammen.

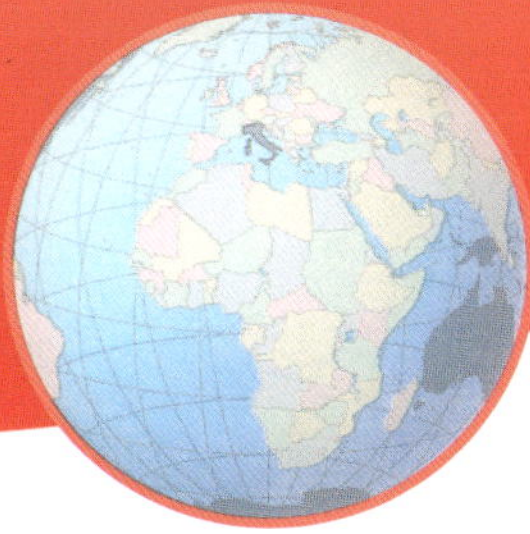

Italienisches Windspiel

Andere Namen: Piccolo Levriero Italiano
Entstehungszeit: Altertum
Entstehungsort: Italien
Ursprüngliche Nutzung: Gesellschaftshund
Moderne Nutzung: Gesellschaftshund
Maße: Größe 33–38 cm, Gewicht 3–3,5 kg
Farben: Schwarz, Blau, Rehbraun, Creme
FCI-Kategorie: 10

Dieser winzige italienische Windhund gehört zur selben Familie wie der Irish Wolfhound (s. S. 97) – der größten Hunderasse weltweit. Der kleine Italiener mit der hohen Beinaktion ist eine perfekte Miniatur-Ausgabe der großen Windhunde. Die Hunde haben ihre Ursprünge in der Zeit der alten Griechen und Ägypter; es gibt viele Abbildungen von ihnen auf alten Kunstwerken, die sie als Begleiter von Pharaonen und griechischen Helden zeigen. Die elegante und anmutige Rasse wurde immer zum Vergnügen und nicht für die Arbeit gehalten. Es überrascht nicht, dass das Italienische Windspiel seit der Renaissance die Gunst der reichen und adeligen Familien in Europa genoss. Friedrich II., König von Preußen (1712–1786), besaß mehr als 50 dieser kleinen Hunde und kümmerte sich höchstpersönlich darum, dass nur »geeignete Personen« für deren Pflege eingestellt wurden. Charles I. von England

(1600–1649), der für seine Liebe zu Hunden bekannt war und von seinen Kritikern deswegen verurteilt wurde, war ebenfalls mit der Rasse vertraut: Seine Mutter, Anne von Dänemark, wurde mit fünf dieser Gesellschaftshunde porträtiert. Erstaunlicher ist noch die Geschichte von Ndebele-König Lobengula, der derart fasziniert vom hochtrabenden Gang des Windspiels war, dass er für einen Hund 200 Schafe bezahlte. Besitzer und Liebhaber der Rasse würden natürlich einwenden, dass dies ein sehr kleiner Preis für solch einen idealen Gefährten ist.

Mit ihrem schlanken, verfeinerten Körperbau und den grazilen, bleistiftdünnen Beinen benötigen Italienische Windspiele besondere Pflege. Sie verletzen sich leicht – hauptsächlich, weil sie ihre geringe Größe vergessen und vor Energie strotzen – und sind Kälte und Feuchtigkeit gegenüber empfindlich. Doch tragen sie ihre speziellen Hundemäntelchen mit sehr viel Stil – schließlich sind sie Italienier!

Japan-Chin

Andere Namen: Chin, Japanischer Spaniel
Entstehungszeit: Mittelalter
Entstehungsort: Japan
Ursprüngliche Nutzung: Gesellschaftshund
Moderne Nutzung: Gesellschaftshund
Maße: Größe 23–25 cm, Gewicht 2–5 kg
Farben: Schwarz-Weiß, Rot-Weiß
FCI-Kategorie: 9

Niedlich ist das Wort, mit dem der Japan-Chin – auch als Japanischer Spaniel bekannt – oft beschrieben wird. Zwar ähnelt er dem Pekinesen (s. S. 171), doch stammt er wahrscheinlich eher vom Tibetischen Spaniel (s. S. 199) ab, der von buddhistischen Mönchen schon ca. 520 v. Chr. nach Japan eingeführt worden sein könnte. Die Chins wurden zu hoch geschätzten und sehr teuren Haustieren in den Königspalästen. Selbst als im 16. Jahrhundert portugiesische Händler nach Japan kamen, führten sie nur einige wenige Exemplare aus, die Prinzessin Katharina von Braganza geschenkt wurden. Der amerikanische Flottenkommandant, Kapitän zur See Perry, nahm auf seiner Rückreise 1853 einige Chins mit. Nur zwei überlebten die lange Seereise nach New York und wurden August Belmont geschenkt. Es heißt, diese zwei gingen ebenfalls bald ohne ersichtlichen Grund ein, doch hatten sie im Westen ein großes Interesse für die Rasse geweckt. Jetzt wurden in größerem Umfang Japan-Chins importiert, und viele Mythen rankten sich um die Rasse. Eine davon besagt, dass der Chin durch die Gabe von Sake (japanischer Reiswein) verkleinert worden sein soll.

1880 erreichte die Rasse Großbritannien, wo sie mit einheimischen Zwergspaniels gekreuzt wurde – was die heutige Ähnlichkeit zwischen Japan-Chin und King Charles Spaniel (s. S. 166) erklärt. Wie alle stupsnasigen Hunde ist der Chin anfällig für Atemwegs- und damit verbundene Herzprobleme. Immer populär in Japan, wurde der Chin im Westen mit dem Aufkommen des Pekinesen in den Hintergrund gedrängt. Doch seit den 1960er-Jahren lebt das Interesse an diesen stilvollen kleinen Hunden mit den großen, dunklen Augen und dem langen, glatten Fell wieder auf.

King Charles Spaniel

Andere Namen: English Toy Spaniel, Charlie
Entstehungszeit: 17. Jahrhundert
Entstehungsort: Großbritannien
Ursprüngliche Nutzung: Gesellschaftshund
Moderne Nutzung: Gesellschaftshund
Maße: Größe 25–27 cm, Gewicht 4–6 kg
Farben: Tricolor, Schwarz-Lohfarben, Blenheim, Rot
FCI-Kategorie: 9

Der King Charles Spaniel ist ein kompakter kleiner Hund, dessen Kopf größer und dessen Maul weniger spitz zulaufend ist als bei seinem nahen Verwandten, dem Cavalier King Charles. Kleine Spaniels waren in Britannien (und im übrigen Europa) seit dem Mittelalter bekannt, denn kleinere Exemplare traten oft in einzelnen Würfen auf. Im 16. Jahrhundert führte selektive Zucht mit den kleinsten Individuen zum English Toy Spaniel; Maria Stuart besaß ein Rudel davon. Als sie zu ihrer Hinrichtung geführt wurde, so heißt es, habe sich ein besonders hingebungsvoller Hund unter ihren Röcken versteckt und den Henker angegriffen.

Es war König Charles II., einer der größten Liebhaber der Rasse, der ihr ihren Namen verleihen sollte. Samuel Pepys, der über die große Pestepidemie (1665) und

das Feuer von London (1666) Tagebuch führte, notierte, dass die Spaniels zu allen Teilen des Palastes Zugang hatten, selbst bei feierlichen Anlässen. Der König wurde auch kritisiert, weil er mehr Zeit mit seinen Hunden als mit seinen Staatsgeschäften zubrachte. Die Hunde von König Charles waren etwas größer und besaßen nicht solch ausgeprägte Stupsnasen wie die heutigen King Charles Spaniels. Einzüchtungen von Pekinesen (s. S. 171), Möpsen (s. S. 175) und besonders Japan-Chins (s. S. 165) sind für das heutige Aussehen verantwortlich. Die weiße Blesse auf der Stirn des King Charles Spaniels ist eine Spur seines Japan-Chin-Erbes – es heißt, dass Buddha beim Segnen des Tieres dort seinen Daumenabdruck hinterlassen habe.

Löwchen

Andere Namen: Kleiner Löwenhund
Entstehungszeit: 17. Jahrhundert
Entstehungsort: Frankreich
Ursprüngliche Nutzung: Gesellschaftshund
Moderne Nutzung: Gesellschaftshund
Maße: Größe 25–33 cm, Gewicht 4–8 kg
Farben: Alle Farben
FCI-Kategorie: 9

Viele Hunde wurden aufgrund ihres Aussehens Löwenhunde genannt, doch wenige sehen löwenhafter aus als das kleine Löwchen, besonders wenn sein Fell entsprechend geschoren wird. Diese alte Rasse ist möglicherweise mit dem kleinen Barbet (Französischer Wasserhund) und mit den Bichons aus dem Mittelmeerraum verwandt.

Das Löwchen wurde bereits vielfach auf Gemälden europäischer Meister verewigt, darunter auf Werken von Lucas Cranach dem Älteren und Francisco Goya.

Obwohl das heutige Löwchen bis zu 33 cm groß ist, wird es in Großbritannien seit seiner erstmaligen Registrierung 1971 zu den Kleinhundrassen gerechnet. Der Hund ist kräftig gebaut, mit einer muskulösen Hinterhand. Im Schauring entspricht seine Schur der klassischen Schur des Pudels (s. S. 194): Die Hinterhand wird nackt präsentiert, an der Vorderhand wird eine lange Mähne belassen. Haarbüschel zieren das Rutenende – das über dem Rücken getragen wird, wenn der Hund sich bewegt – sowie die Fußknöchel. Die geschorene Partie kontrastiert in ihrer dunkleren Färbung oft zum langen Fell.

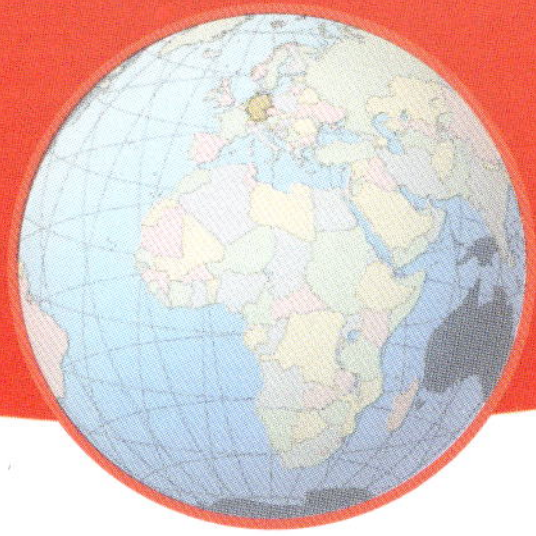

Zwergpinscher

Andere Namen: Rehpinscher
Entstehungszeit: 18. Jahrhundert
Entstehungsort: Deutschland
Ursprüngliche Nutzung: Rattenjagd
Moderne Nutzung: Gesellschaftshund
Maße: Größe 25–30 cm, Gewicht 4–5 kg
Farben: Rehbraun, Schwarz, Schokoladenbraun oder Blau mit Loh-Abzeichen
FCI-Kategorie: 2

Diese Miniatur-Ausgabe des Pinschers gehört zur Gruppe der Pinscher und Schnauzer, die in Deutschland erzüchtet wurde. Er ist keinesfalls eine moderne Entwicklung; kleine Pinscher gibt es spätestens seit dem 16. Jahrhundert, obwohl es unwahrscheinlich ist, dass sie damals schon so klein waren wie heute. Der heutige Zwergpinscher hat von seinen Vorfahren die Liebe zur Jagd geerbt. Er wurde auf deutschen Bauernhöfen und in Futterspeichern wirksam zur Bekämpfung von Kleinnagern eingesetzt. Zwar weisen heutige Zwergpinscher eine auffallende Ähnlichkeit mit dem English Toy Terrier (s. S. 161) auf, doch entwickelten sich beide Rassen in unterschiedlichen Zuchtlinien. Der Zwergpinscher sieht wie ein verkleinerter Dobermann (s. S. 248) aus, doch in Wirklichkeit ist der kleine Pinscher ca. 200 Jahre älter als dieser.

Es wurde behauptet, dass im 19. Jahrhundert zur Verbesserung der Qualität und zur weiteren Verkleinerung Dachshund (s. S. 109) und Italienisches Windspiel (s. S. 163) einkreuzt wurden. Die rehbraune Farbe, die zum Spitznamen Rehpinscher führte, könnte gut vom Dachshund stammen. Schwarze, blaue und schokoladenbraune Hunde mit klar definierten lohfarbenen Abzeichen werden im Schauring ebenfalls anerkannt. Vom Italienischen Windspiel könnte der Rehpinscher seinen charakteristischen hochtrabenden Gang geerbt haben: Wie ein Hackney-Pferd hebt er jeden Fuß beim Laufen in die Höhe. Der Zwergpinscher ist ein echter Terrier. Er erhielt sich die Fähigkeit, Ratten zu jagen, und wird genau wie viele andere Terrier jeden herausfordern, auch jeden Hund, wobei er schnell zuschnappen kann.

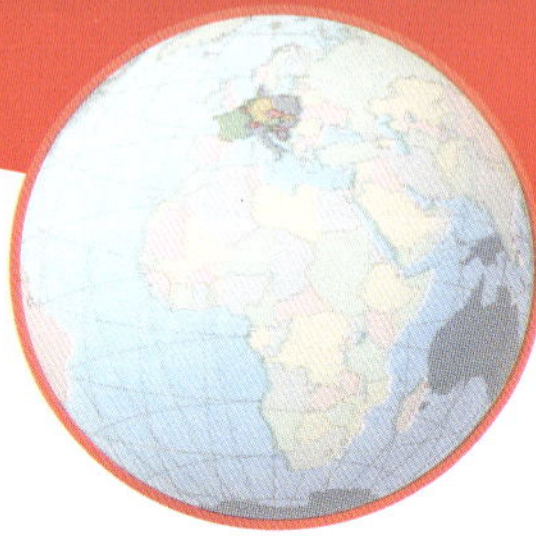

Papillon

Andere Namen: Kontinentaler Zwergspaniel
Entstehungszeit: 17. Jahrhundert
Entstehungsort: Kontinentaleuropa
Ursprüngliche Nutzung: Gesellschaftshund
Moderne Nutzung: Gesellschaftshund
Maße: Größe 20–28 cm, Gewicht 4–4,5 kg
Farben: Weiß mit Flecken jeder Farbe außer Leberbraun
FCI-Kategorie: 9

Papillon ist das französische Wort für Schmetterling. Den Namen erhielten die kleinen Hunde vom Spitztyp aus einem offensichtlichen Grund: Die sehr großen, seitlich vom Kopf abstehenden Ohren erinnern an die ausgebreiteten Flügel eines Schmetterlings. Dieser Eindruck wird noch verstärkt, wenn die erwünschte weiße Blesse vorhanden ist, die das Gesicht symmetrisch in zwei Hälften teilt. Hängende Ohren sind ebenfalls zugelassen, doch heißen die Hunde dann nicht Papillon, sondern Phalène – französisch für Nachtfalter, dessen Flügel wie die Ohren des Phalène nach unten zeigen. Der entzückende Papillon ist der vielleicht am häufigsten gemalte Hund in der europäischen Kunstgeschichte. Er erscheint auf Gemälden von Rubens, van Dyck, Rembrandt und Fragonard. Zu den berühmtesten Besitzern in der Vergangenheit gehören Madame de Pompadour und Königin Marie Antoinette.

Die Ursprünge des Papillons sind unbekannt. Einige Leute behaupten, er stamme vom Spanischen Zwergspaniel aus dem 16. Jahrhundert ab. Doch wo die Wurzel des Papillons auch liegen, zu dieser Zeit war er bereits überall in Kontinentaleuropa wohl bekannt. Vielleicht war er wegen seiner geringen Größe so verbreitet, denn er ließ sich leicht transportieren. Anscheinend wanderten auch einige Papillons mit ihren spanischen oder italienischen Besitzern nach Zentral- und Südamerika aus.

Das herrliche Fell ist mittellang, fein und sehr seidig. Es hängt flach am Körper herunter, bildet jedoch eine schöne Krause am Brustkorb. Die Rute ist großartig gefiedert und wird in der Bewegung stolz über dem Rücken getragen – bei großer Geschwindigkeit flattern die Haare wie ein Banner hinter dem Hund her.

Pekinese

Andere Namen: Peking-Palasthund
Entstehungszeit: Altertum
Entstehungsort: China
Ursprüngliche Nutzung: Gesellschaftshund
Moderne Nutzung: Gesellschaftshund
Maße: Größe 15–23 cm, Gewicht 3–6 kg
Farben: Alle Farben
FCI-Kategorie: 9

Heute einer der beliebtesten Kleinhunde im Westen, ist der Pekinese in seiner Heimat China nach der Kulturrevolution, als die Hundehaltung auf dem Festland verboten wurde, fast ausgestorben. Die Chinesen begannen vor ca. 1500 Jahren, Miniatur-Hunde zu züchten; im Jahr 565 nannte der Kaiser einen dieser Hunde, der sogar mit auf seinem Pferd reiten durfte, Ch'ih Hu (Roter Tiger).

Die Zucht und Haltung von Pekinesen war einst allein der kaiserlichen Familie in den Palästen der Verbotenen Stadt vorbehalten. Der Schoßhunde-Kult erreichte im 19. Jahrhundert in der Regierungszeit der Kaiserinwitwe Tzu Hsi seinen Höhepunkt. Sie förderte die Entwicklung von »Löwenhunden«, die sie mit den magischen Wächterlöwen Buddhas in Verbindung brachte, und beschäftigte 4000 Eunuchen für deren Pflege und Zucht. Sie stellte auch Regeln bezüglich des Aussehens der Pekinesen auf: Sie sollten einen »bauschigen Umhang von Würde« rund um den Hals tragen und gekrümmte Beine besitzen, damit sie sich nicht weit vom Palast – und von ihr – entfernen konnten; das Fell sollte eine löwengleiche Farbe haben. Die Kaiserinwitwe erdachte für ihre Hunde eine Kost, die aus Haifischflossen, Leber von Brachhühnern und Wachtelbrüstchen bestand. Eine solch verhätschelnde Aufzucht mag zum ausgeprägt »snobistischen Wesen« des Pekinesen beigetragen haben und zu seiner eigensinnigen Veranlagung: Er weigert sich standhaft, irgendetwas zu tun, was er nicht will – er rührt sich dann noch nicht einmal vom Fleck. Chinesische Legenden drücken es poetischer aus; in ihnen heißt es, der Pekinese sei das Ergebnis der Vereinigung von Löwe und Affe. Er besitzt zweifellos die Noblesse des Ersteren, während vom Affen wohl der Eigensinn stammt!

Es gibt auch eine Legende darüber, wie der Pekinese in den Westen kam. Bei der Plünderung Pekings im Jahr 1860 erbeuteten britische Truppen vier Pekinesen und brachten sie nach Europa. Einer davon wurde Königin Victoria als Geschenk überreicht.

Zwergspitz

Andere Namen: Pomeranian, Pom
Entstehungszeit: Mittelalter, weiterentwickelt im 19. Jahrhundert
Entstehungsort: Deutschland (Pommern)
Ursprüngliche Nutzung: Gesellschaftshund
Moderne Nutzung: Gesellschaftshund
Maße: Größe 22–28 cm, Gewicht 2–3 kg
Farben: Vielfältig, u. a. Orange, Creme, Creme-Sable, Orange-Sable, Schwarz-Lohfarben, Schecken mit weißer Grundfarbe
FCI-Kategorie: 5

Das klassische Aussehen eines Spitzes, das flaumige Fell und die eingerollte Rute veranschaulichen die frühen Wurzeln der Rasse, nämlich die größeren Hunde vom Spitztyp aus der arktischen Region. Als die Rasse im Mittelalter erstmals erwähnt wurde, war sie nur in Norddeutschland – in Pommern – zu finden. Im 19. Jahrhundert wurde sie nach England exportiert, wo man sie nach ihrer Heimat Pomeranian nannte. Doch die Hunde erregten kein besonderes Interesse, da England über eigene Hütehundrassen verfügte und es nicht üblich war, Hunde als Zugtiere zu verwenden; da der Zwergspitz auch keine sportlichen Eigenschaften aufwies, geriet er in Vergessenheit.

Doch dann besuchte Königin Victoria 1888 Italien und bekam einen Spitz als Geschenk überreicht. Bald darauf gründete sie eine Rassezucht und begann, die Tiere regelmäßig auszustellen, wobei sie die kleineren Hunde zwischen 6 und 9 kg favorisierte. Ihrem Beispiel folgten andere Züchter und entwickelten Hunde von nur 3 kg Gewicht – gegen die selbst die kleinsten Poms der Königin riesenhaft wirkten.

Die klassische Farbe dieser Rasse ist ein gleichmäßiges Orange. Den Züchtern gelang es jedoch, die Farbpalette mit Pastelltönen, die in kei-

ner anderen Rasse zu finden sind, weiterzuentwickeln. Ihr attraktives Aussehen brachte den Tieren viel Erfolg im Schauring ein, was sie wiederum zu einer der teuersten Rassen machte – insbesondere, wenn das Geld in Verhältnis zu ihrem Körpergewicht gesetzt wird!

Trotz seiner geringen Größe – der Verein für Deutsche Spitze zeigt ihn auf seiner Internet-Seite neben einer Barbie-Puppe sitzend – denkt und handelt der Zwergspitz, genau wie alle Kleinhunde, wie ein großer Hund. Sein angenehmes Bellen macht ihn zu einem fantastischen Wachhund, und er besitzt das »Herz eines Löwen« – er ist ein furchtloser und treu ergebener Gefährte.

Toypudel

Andere Namen: Keine
Entstehungszeit: 16. Jahrhundert
Entstehungsort: Frankreich
Ursprüngliche Nutzung: Gesellschaftshund
Moderne Nutzung: Gesellschaftshund
Maße: Größe 25–28 cm, Gewicht 6,5–7,5 kg
Farben: Alle Grundfarben
FCI-Kategorie: 9

In Europa wird der Toypudel zusammen mit seinen größeren Brüdern, dem bis zu 35 cm großen Zwergpudel, dem bis zu 45 cm großen Kleinpudel und dem bis zu 60 cm großen Großpudel (s. Pudel, S. 194), zur Gruppe der Gesellschaftshunde gezählt, während er in den USA der Kategorie Kleinhunde (Toy Dogs) angehört.

Der ursprüngliche Pudel – nach heutigen Maßstäben hatte er Kleinpudel-Größe – entstand im Mittelalter in Deutschland als Wasser-Apportierhund; der alte deutsche Ausdruck Pfudel entspricht dem Wort Pfütze. Höchstwahrscheinlich kam der Pudel im 16. Jahrhundert nach Frankreich, wo zunächst der Zwergpudel und dann der Toy-Typ erzüchtet wurde.

Dieser Hund mag zwar an Größe eingebüßt haben, nicht aber an Charakter. Er behielt die lebhafte Persönlichkeit und das ausgeprägte Selbstbewusstsein seiner größeren Verwandten bei. Was ihm an körperlicher Größe fehlt, macht der entzückende Toypudel mit seiner Intelligenz, seiner Anhänglichkeit, seiner Treue und seinem mutigen Wesen mehr als wett. Er ist ein sehr kinderfreundlicher Hund und unermüdlich, wenn es um Spiel und Spaß geht. Sein starkes Einfühlungsvermögen macht ihn auch zum idealen Partner für allein stehende Menschen. Sein wolliges Fell muss zwar alle acht Wochen geschoren und regelmäßig gebürstet werden, doch dafür hinterlassen Pudel keine Haare in der Wohnung.

Mops

Andere Namen: Keine
Entstehungszeit: Altertum
Entstehungsort: China
Ursprüngliche Nutzung: Gesellschaftshund
Moderne Nutzung: Gesellschaftshund
Maße: Größe 25–32 cm, Gewicht 6–8 kg
Farben: Beige, Gelb, Schwarz, Silber
FCI-Kategorie: 9

Es gibt viele Meinungen zum Ursprung der Rasse. Einmal heißt es, der Mops sei ein klein gezüchteter Metzgerhund, ein andermal, dass niederländische Seeleute – oder sogar die Horden Dschingis Khans – ihn nach Europa gebracht hätten. Inzwischen gilt jedoch als relativ sicher, dass er von verkleinerten Mastiffs abstammt, die vor ca. 2000 Jahren in China gezüchtet wurden.

In Europa gibt es den Mops seit mehreren Jahrhunderten, zunächst war er Schoßhund an Fürstenhöfen. Im 18. Jahrhundert war er so beliebt, dass deutsche und französische Porzellan-Manufakturen Mops-Ornamente herstellten, die heute als äußerst teure Sammlerstücke gehandelt werden. Im 19. Jahrhundert erreichte die Mops-Mode auch die vornehmen Bürgerhäuser.

Der Mops ist ein stämmiger kleiner Hund vom Molossertyp – also verwandt mit den großen Doggen. Kennzeichnend für ihn sind der große, runde Kopf mit ausgeprägter Faltenbildung, der stumpfe, breite Fang, die tiefschwarze Maske und die je nach Gemütslage mal melancholischen, mal feurigen großen Augen. Typisch ist auch der über dem Rücken getragene Ringelschwanz. Einst wurden die Ohren in dem Glauben, dass durch den Schmerz die Gesichtsfalten noch ausgeprägter würden, nah am Kopf kupiert. Zum Glück wurde diese Praxis aufgegeben.

Der Mops hat nie irgendwelche Aufgaben erfüllen müssen, er war immer »nur« Gesellschaftshund. Das bedeutet, dass er sich hervorragend für das Zusammenleben mit Menschen eignet: Er ist ein einfühlsamer und intelligenter kleiner Hausgenosse. Zwar neigt er wie alle stupsnasigen Rassen zu Atemproblemen, besonders in den Sommermonaten, doch ist er ein fröhliches, geduldiges und gutmütiges Lebewesen – diese Eigenschaften teilt er übrigens mit seinen Besitzern, die sein äußerst lautes Schnarchen ertragen müssen.

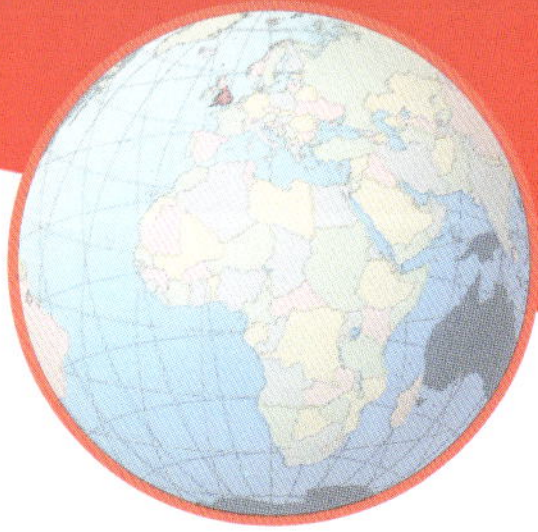

Yorkshire Terrier

Andere Namen: Yorkie
Entstehungszeit: 19. Jahrhundert
Entstehungsort: England (Yorkshire)
Ursprüngliche Nutzung: Rattenjagd
Moderne Nutzung: Gesellschaftshund
Maße: Größe 22,5–23,5 cm, Gewicht 2,5–3,5 kg
Farben: Stahlblau und leuchtend Lohfarben
FCI-Kategorie: 3

Er gehört zu den Rassen, die gleich erkannt werden, und zu den beliebtesten Hunden weltweit. Der entzückende Yorkie entstand im frühen 19. Jahrhundert im Westen Yorkshires. Bergleute züchteten Hunde, die gut Ratten jagen konnten und klein genug waren, um in Taschen getragen zu werden. Höchstwahrscheinlich ist der Yorkie das Resultat aus Kreuzungen zwischen frühen Black and Tan Terriern, Paisley und Clydesdale Terriern. Ursprünglich waren Yorkies etwas größer als heute; doch kluge Bergleute merkten bald, dass sie einige Schilling mehr verdienen konnten, wenn sie an ihre Bosse die kleineren, niedlicheren Tiere verkauften. Durch selektive Zucht wurden Größe und Qualität schnell weiter verfeinert.

Als Ausstellungshund ist dem Yorkie heute nichts mehr von seinen rauen Ursprüngen anzumerken: Sein langes, seidiges Fell wischt über den Boden wie ein prächtiger Vorhang. Das Haarkleid wird mit den allerweichsten Bürsten bearbeitet und durch Waschen und Ölen in Form gebracht. Die Haare werden anschließend in kleinen Bündeln sauber zusammengebunden, damit der Yorkie spielen kann, ohne seine »Frisur« zu ruinieren. Selbst die reinen Haustiere, die nicht auf Ausstellungen gehen, werden unweigerlich gehätschelt und verwöhnt – und tragen mindestens eine kleine Haarspange! Doch im tiefsten Herzen sind Yorkies echte Terrier; sie sind zäh, eigensinnig und unglaubliche Energiebündel, und sie besitzen die schnellsten kleinen Beine, die ein Hund haben kann. Und wenn es eine Medaille für das Kläffen gäbe – einige Yorkies wären Weltmeister darin.

Gebrauchshunde

Bernhardiner

Die Rasseneinteilung ist größtenteils willkürlich, denn einige Hunde passen in mehrere Katagorien. Es ist in der Tat möglich, Rassen in jede erdenkliche Art von Kategorie zu sortieren, z.B. können alle Hunde vom Spitztyp in einer Gruppe zusammengefasst werden (so die Klassifizierung des kynologischen Weltverbandes *FCI*). Es wäre auch denkbar, die sehr großen Rassen wie den Neufundländer und den Bernhardiner in eine Gruppe zu bringen; genauso viel Sinn würde es machen, Hunde mit lockigem Fell, Drahthaarige, Kurzhaarige oder Langhaarige, oder auch einfach kleine, lange oder große Hunde zusammenzufassen.

Das britische Klassifizierungssystem, an dem sich die Commonwealth-Länder – und auch dieses Buch – orientieren, ist im Wesentlichen auch das System der nord-, zentral- und südamerikanischen Länder. Der einzige wirkliche Unterschied besteht in der Benennung der Gruppen und im britischen Vorgehen, die Miniatur-Ausgaben der jeweiligen Hunde den Standardgrößen zuzuordnen.

In Großbritannien und in den USA gibt es die Einteilung in Kleinhunde (Toy Dogs), Terrier, Wind-, Lauf- und Schweißhunde (Hounds) und Arbeitshunde (Working Dogs). Die Kategorie Jagdhunde (Gun Dogs) wird in den USA Sporting Group genannt, während die Gruppe der Gebrauchshunde (Utility

Neufundländer

Deutscher Spitz

Pudel

Dogs) dort als Nonsporting Group bezeichnet wird. Innerhalb dieser Gruppen sind die Rassen im Wesentlichen dieselben, mit folgenden erwähnenswerten Ausnahmen: In Großbritannien gehören alle drei Varianten des Schnauzers zu den Gebrauchshunden, in den USA teilen sie sich auf in Terrier und Arbeitshunde. Toypudel werden in Großbritannien zusammen mit den anderen Pudeln ebenfalls der Gebrauchshundeklasse zugerechnet (in diesem Buch wurden sie jedoch wie in den USA üblich den Kleinhunden zugruppiert). Shih Tzus und Lhasa Apsos werden in Großbritannien (und auch in diesem Buch) der Gruppe der Gebrauchshunde zugerechnet, statt wie in den USA – doch nicht in Kanada – den Kleinhunden.

Die Kategorie der Gebrauchshunde ist ein »Auffangbecken« für alle Rassen, die nicht recht in die anderen Gruppen passen. Manchmal wird für diese Gruppe auch die Bezeichnung Besondere Hunde verwendet, und sicherlich sind einige der hier eingeteilten Tiere ungewöhnliche und wenig bekannte Rassen. Viele davon jedoch sind alte Rassen, die für einen bestimmten Zweck oder Einsatz gezüchtet wurden, den sie inzwischen hinter sich gelassen haben. Zwei schöne Beispiele hierfür sind der Dalmatiner und der Pudel. Ersterer war ein Equipagenhund, dessen Aufgabe es war, neben Kutschen herzulaufen, einfach um den Wohlstand und gehobenen Status der Besitzer zu demonstrieren. Der Pudel stammt von deutschen Jagdhunden ab und wurde einst als Wasser-Apportierhund sowie als Hütehund eingesetzt. Heute – obwohl immer noch lebhaft und sehr mutig – ist der Pudel fast ausschließlich Gesellschaftshund.

Dalmatiner

Boston Terrier

Andere Namen: Boston Bull
Entstehungszeit: 19. Jahrhundert
Entstehungsort: USA (Boston)
Ursprüngliche Nutzung: Kampfhund, Rattenjagd
Moderne Nutzung: Gesellschaftshund
Maße: Größe 38–43 cm, Gewicht 4,5–11,5 kg
Farben: Schwarz gestromt, rot gestromt, Schwarz mit weißen Abzeichen
FCI-Kategorie: 9

Der Boston Terrier gehört zu den vielen Rassen und Rassevarianten, die in den USA entwickelt wurden. Er ist einer der beliebtesten Hunde des Landes (für viele ist er der Nationalhund der USA). Es ist kaum zu glauben, dass der gesittete, umsichtige, muntere und unterhaltsame Boston Terrier, der heutzutage ein wunderbarer Begleiter ist, einst in der Gegend von Boston beim »Hundesport« in Kampfgruben angefeuert wurde. Bulldoggen (s. S. 180) und Staffordshire Bull Terrier (s. S. 146) wurden mit Boxern (s. S. 217) und dem inzwischen ausgestorbenen Weißen Terrier gekreuzt, um noch bessere Kämpferqualitäten zu erzüchten.

Es war geläufige Praxis, die Hunde nach ihren Besitzern zu benennen, sodass sich bei einem Besitzerwechsel auch der Name des Hundes änderte; wenn ein Hund z. B. als O'Toole's Bob bekannt wäre, würde er nach einem Besitzerwechsel zur Familie Smith fortan Smith's Bob heißen. Die überlieferte Geschichte des Boston Terriers beginnt 1870 mit einem Hund aus England ohne Stammbaum. Das Tier ging durch verschiedene Hände, bis es 1875 zu Robert C. Hooper kam und danach als Hooper's Judge bekannt wurde.

Frühe Exemplare der Rasse, wie Hooper's Judge, wogen mehr als 20 kg und waren damit näher an Bulldoggen als an Terriern. Spätere Züchter verkleinerten den Boston (sowohl den Körper wie auch den Kopf), wobei es aber gelang, das einzigartige Aussehen der Hunde zu erhalten – auch die netten Fledermausohren. Viele Boston Terrier haben einen verhältnismäßig großen Kopf, und oft müssen Welpen per Kaiserschnitt entbunden werden, weil ihr Kopf zu groß für eine natürliche Geburt ist. Im Heimatland des Boston Terriers gibt es drei Größenklassen: unter 6,8 kg, 6,8 bis 9,0 kg sowie über 9,0 kg.

Bulldogge

Andere Namen: Englische Bulldogge, Britische Bulldogge
Entstehungszeit: 19. Jahrhundert
Entstehungsort: Großbritannien
Ursprüngliche Nutzung: Bullenbeißen
Moderne Nutzung: Gesellschaftshund
Maße: Größe 31–36 cm, Gewicht 23–25 kg
Farben: Vielfältig, u. a. Rot, rot gestromt, gescheckt
FCI-Kategorie: 2

Weit und breit als Symbol für Mut und Zähigkeit angesehen – ein Erbe ihrer blutrünstigen Vergangenheit als Kampfhund in Bullengruben –, ist die untersetzte, schwerknochige und »niedrig aufgehängte« Bulldogge heute weit entfernt von ihren frühen Ahnen, sowohl ihr Aussehen wie auch ihr Temperament betreffend. Die erste Erwähnung dieses Hundes als eigenständige Rasse findet sich im Jahr 1631 in einem Brief von Prestwick Eaton an George Wellington, in dem er um »einen Mastiff und zwei gute Bulldoggen« bat. Zu dieser Zeit sahen die Bulldoggen, die für den »Kampfsport« mit Bullen genutzt wurden, mehr wie Staffordshire Bull Terrier aus.

Als das Bullenbeißen im Jahr 1835 verboten wurde, drohte die Rasse auszusterben, doch ein Züchter, Bill George, arbeitete daran, die Bulldoggen zur heutigen Form umzubilden, wobei er die Wildheit aus der Rasse herauszüchtete. Die Bulldogge ist eine nicht zu verwechselnde Erscheinung, mit ihrer übertrieben breiten, kraftvollen Form, den stämmigen, starken, weit auseinander und fest auf dem Boden stehenden Vorderbeinen und dem charakteristischen faltigen Kopf. Mit ihrem Aussehen gehört sie zu den Rassen, die entweder geliebt oder gehasst werden. An ihrem Temperament ist jedoch kaum etwas auszusetzen: Sie zählt zu den freundlichsten, verlässlichsten und gutmütigsten Hunden.

Die Bulldogge ist durch und durch britisch; sie beeinflusste eine Reihe anderer Rassen wie den Boxer (s. S. 217), den Boston Terrier (s. S. 179), die Französische Bulldogge (s. S. 181), den Bull Terrier und den Bull Mastiff.

Französische Bulldogge

Andere Namen: Keine
Entstehungszeit: 19. Jahrhundert
Entstehungsort: Frankreich
Ursprüngliche Nutzung: Rattenjagd
Moderne Nutzung: Gesellschaftshund
Maße: Größe 30,5–31,5 cm, Gewicht 10–13 kg
Farben: Gescheckt, schwarz gestromt, rot gestromt, Rehbraun
FCI-Kategorie: 9

Zum Entsetzen vieler britischer Bulldoggenzüchter wurde 1898 in England eine französische Version der Bulldogge ausgestellt – dreisterweise ebenfalls mit der Bezeichnung Bulldogge! Die Bulldogge galt als urbritischer Hund, und obwohl ihr Einfluss auch bei anderen Rassen, z. B. dem Boston Terrier (s. S. 179), deutlich sichtbar ist, wagten es einzig und allein die Franzosen, das Wort Bulldogge für eine eigene Züchtung zu gebrauchen. Aufgebrachte Kommentatoren im 19. Jahrhundert gingen sogar so weit, die Verwandtschaft beider Rassen anzuzweifeln, und bemühten sich darzulegen, dass der – wie sie ihn nannten – Frenchie in Wirklichkeit ein Nachfahre des Dogue de Burgos, eines spanischen Bullenbeißers, sei. Doch die Wahrheit ist, dass die kleine Französische Bulldogge tatsächlich von verkleinerten Bulldoggen abstammt, die im 19. Jahrhundert in England gezüchtet wurden. Viele dieser Hunde kamen nach Frankreich, wo sie mit französischen Terriern gepaart wurden. Die Nachkommen dieser Kreuzungen hatten ursprünglich die Aufgabe, Ratten zu töten, wurden jedoch bald zu Gesellschaftshunden und einer Art modischem Zubehör der Pariser Arbeiterklasse.

In Europa war jedoch wenig mehr erreicht worden als eine Verkleinerung, und so blieb es Züchtern in den USA überlassen, für eine Verbesserung und Vereinheitlichung der Rasse zu sorgen, besonders was das charakteristischste Merkmal angeht: die reizenden Federmausohren, die angeboren und nicht etwa zurechtkupiert sind. Es war auch in den USA, wo die Französische Bulldogge erstmals als eigenständige Rasse anerkannt wurde.

Das brutale, ungeschlachte Aussehen täuscht wie so oft. Hinter dem häufig mürrisch aussehenden Gesicht verbirgt sich ein Hund, der charmant und verspielt ist, klein genug, um sich an das städtische Leben anzupassen, friedlich, doch wachsam gegenüber Fremden und mit einem kurzen, weichen, glänzenden Fell, das wenig Pflege beansprucht.

Chow-Chow

Andere Namen: Keine
Entstehungszeit: Altertum
Entstehungsort: China
Ursprüngliche Nutzung: Fleischlieferant, Zugtier, Wachhund
Moderne Nutzung: Gesellschaftshund
Maße: Größe 46–56 cm, Gewicht 20–32 kg
Farben: Rot, Schwarz, Blau, Rehbraun, Creme
FCI-Kategorie: 5

Der Chow-Chow hat eine eher dunkle Geschichte hinter sich; in der Mandschurei und der Mongolei wurde er als Fleischlieferant gezüchtet, während sein Fell zur Herstellung von Pelzen und Kleidung diente. Obwohl sein Fleisch als große Delikatesse galt, stammt der Name Chow-Chow nicht etwa vom kantonesischen Wort für Nahrungsaufnahme, noch ist er vom dafür benutzten Begriff amerikanischer Cowboys abgeleitet. Vielmehr nannten im 18. Jahrhundert britische Seeleute diesen Hund Chow-Chow – dies waren die Worte, die sie für bunt gemischte Schiffsladungen verwendeten. Ein entsprechendes deutsches Wort wäre vielleicht Ballast.

Die genauen Ursprünge des Chow-Chow liegen im Dunkeln, doch ist er offensichtlich ein Hund vom Spitztyp; er kommt also aus den arktischen Regionen und gehört der gleichen Familie an wie der Samojede (s. S. 209), der Norwegische Elchhund (s. S. 111), der Husky und auch wie der kleinste dieser Hunde, der Zwergspitz (s. S. 172). Wahrscheinlich ist der Chow-Chow ein Resultat der Vereinigung einiger dieser Rassen, vielleicht wurden auch asiatische Mastiffs eingekreuzt. Wie viele andere Hunde vom Spitztyp diente auch der Chow-Chow als Zugtier für Karren und Schlitten.

Es heißt, die ersten Chow-Chows seien 1780 nach England gekommen, wo ihre außergewöhnliche bläulich schwarze Zunge Aufsehen erregte (nur ein anderer Hund zeigt solch ein Merkmal: der chinesische Shar Pei). Weitere Besonderheiten sind die eher kleinen, katzengleichen Pfoten und der selbstbewusste, unabhängige Charakter.

Dalmatiner

Andere Namen: Keine offiziellen, doch viele Spitznamen wie Pünktchenhund, Feuerwehrhund, Dally
Entstehungszeit: Altertum
Entstehungsort: Indien und Balkan (Dalmatien)
Ursprüngliche Nutzung: Equipagen- und Jagdhund
Moderne Nutzung: Gesellschaftshund
Maße: Größc 54–61 cm, Gewicht 24–32 kg
Farben: Grundfarbe Weiß mit Tupfen in Schwarz, Leberbraun
FCI-Kategorie: 6

Obwohl die Rasse nach dem Gebiet Dalmatien an der Ostküste der Adria benannt ist, gibt es Hinweise, dass diese Hunde aus Nordindien stammen und von dort zunächst nach Griechenland kamen. Altgriechische, ca. 4000 Jahre alte Friese zeigen Jagdhunde, die dem Dalmatiner sehr ähnlich sehen. Es wird allgemein angenommen, dass die Tiere dann von Zigeunern nach Dalmatien gebracht wurden, wo sie als Wachhunde dienten, die vor einfallenden Truppen des Osmanischen Reiches warnten.

Im 17. Jahrhundert war der Dalmatiner überall in Europa zu sehen. Es scheint, dass die Begüterten die auffälligen Hunde bei ihren Reisen durch Europa als Urlaubsandenken mitnahmen; niederländische Gemälde zeigen Dalmatiner sowohl als Haus- wie auch als Jagdhunde, während sie in England als Equipagenhunde arbeiteten. Dalmatiner, die neben der Equipage herliefen, dienten den englischen Herrschaften der Zurschaustellung ihres Reichtums. Einige Hunde liefen an den Seiten der Kutschen, andere wurden speziell dafür ausgebildet, vor dem führenden Pferd zu laufen, den Weg zu bahnen und die Ankunft einer sehr wichtigen Persönlichkeit anzukündigen. Doch den besten Schaueffekt erzielte der Hund, der unter der Deichsel zwischen zwei Pferden lief.

Da er mit Pferden arbeitete, wurde der Dalmatiner oft in Ställen gehalten, wo er sich als sehr fähiger Ratten- und Mäusejäger erwies. Sein beinahe unstillbares Verlangen nach körperlicher Bewegung und seine Vertrautheit mit Pferden waren wahrscheinlich der Grund dafür, dass er (von Pferden gezogene) Feuerwehrwagen begleitete. Mit dem Aufkommen motorisierter Fahrzeuge endete zwar diese Karriere, doch der Dalmatiner blieb das Maskottchen vieler Feuerwehrstationen.

Deutsche Spitze

Andere Namen: *Wolfsspitz:* Keeshond
Entstehungszeit: 15. Jahrhundert
Entstehungsort: Deutschland
Ursprüngliche Nutzung:
Groß- und Kleinspitz: Gesellschaftshund;
Mittelspitz: Bauernhofhund
Moderne Nutzung: Gesellschaftshund
Maße: Wolfsspitz: 43–55 cm, 18–28 kg;
Großspitz: 42–50 cm, 17,5–18,5 kg;
Mittelspitz: 30–38 cm, 10,5–11,5 kg;
Kleinspitz: 23–29 cm, 8–10 kg
Farben: Wolfsspitz: Grau gewolkt;
Großspitz: Weiß, Braun, Schwarz;
Mittel- und Kleinspitz: Vielfältig, u. a.
Schwarz, Weiß, Orange
FCI-Kategorie: 5

Den Deutschen Spitz gibt es in fünf Varietäten: Wolfsspitz (bzw. Keeshond), Großspitz, Mittelspitz, Kleinspitz und Zwergspitz (s. S. 172). Die Groß-, Klein- und Zwergspitze waren immer Gesellschaftshunde, der Mittelspitz war ein sehr effizienter Hütehund auf Bauernhöfen. Die Rasse stammt höchstwahrscheinlich von Hunden vom Spitztyp aus den arktischen Regionen ab, die mit den Wikingern nach Europa gelangten. Der Großspitz war in Deutschland bereits um 1450 bekannt, und es heißt, dass die weißen Hunde aus Pommern stammen und die schwarzen aus Württemberg. Als der Deutsche Spitzclub 1899 gegründet wurde, war der Großspitz im Durchschnitt 43 cm, der kleinste Kleinspitz nur 28 cm groß.

Alle deutschen Spitze haben den gleichen quadratischen Körperbau und ein fuchsähnliches Gesicht. Die kleinen, spitzen Ohren sind hoch angesetzt und stehen eng beieinander, die Augen erscheinen im Vehältnis zum Kopf groß. Die kleinen Pfoten weisen ein wärmendes Fell zwischen den Zehen auf, die buschige, behaarte Rute wird kühn über dem Rücken getragen. Die reichliche Unterwolle und das lange, gerade, abstehende Deckhaar geben dem Spitz sein unverwechselbares Aussehen.

Die Varietäten unterscheiden sich nur in Größe und Farbe; Großspitze gibt es in Weiß, Schwarz und Braun, Wolfspitze sind grau gewolkt, während die kleineren Spitze in einer Vielzahl von Farben erscheinen. Das herrliche Fell braucht viel Aufmerksamkeit und Pflege – doch viele Hunde mögen die Fellpflege gar nicht. Zudem gehören Spitze nicht zu den einfachsten Rassen, was die Erziehung angeht. Und doch sind sie großartige Hunde und verdienen eine viel größere Beliebtheit, als sie zur Zeit genießen.

Pinscher

Andere Namen: Standardpinscher
Entstehungszeit: 18. Jahrhundert
Entstehungsort: Deutschland
Ursprüngliche Nutzung: Ratten- und Kaninchenjagd
Moderne Nutzung: Wach- und Gesellschaftshund
Maße: Größe 41–48 cm, Gewicht 11–16 kg
Farben: Dunkelbraun, Schwarz-Lohfarben, Rehbraun
FCI-Kategorie: 2

Pinscher bedeutet Beißer oder Terrier. Der Pinscher ist heute eine recht selten anzutreffende Rasse; in der Beliebtheit wurde er vom Zwergpinscher (s. S. 169), der eine ebenso alte Rasse ist (und in diesem Buch bei den Kleinhunden aufgeführt wird), sowie vom relativ modernen Dobermann (hier in der Gruppe der Arbeitshunde zu finden; s. S. 248) in den Schatten gestellt. Der Pinscher spielte eine Schlüsselrolle bei der Entwicklung sowohl des Zwergpinschers wie auch des Dobermanns. Er ist eine Art großer Terrier und das Urbild eines »Multifunktions-Bauernhofhundes«: Er jagt und tötet Kaninchen, Ratten und andere

»Schädlinge«, er hütet und treibt Vieh, und er ist ein idealer Wachhund auf abgelegenen Höfen. Zwar wird der Pinscher in ländlichen Gebieten noch immer als Wachhund gehalten, doch spricht er recht gut auf Gehorsamserziehung an und kann in den Händen eines erfahrenen und verantwortungsvollen Besitzers ein treuer Begleithund sein.

Der deutsche Pinscher ist ein mittelgroßer Hund mit einem muskulösen Körper und einem kurzen, glatten und glänzenden Fell. Die lange Schnauze endet in einem stumpfen Keil mit einer schwarzen Nase. In Ländern, in denen das Kupieren der Ohren verboten ist, haben diese Pinscher V-förmige Klappohren. Dies und ihre dunklen, ovalen Augen verleihen ihnen ein sehr attraktives Aussehen. Wenn die Ohren kupiert werden, wirkt der Pinscher auf den ersten Blick viel furchteinflößender.

Schnauzer (Riesen-, Standard- und Zwerg-)

Andere Namen: Riesen: Münchener Hund; Standard: Mittelschnauzer
Entstehungszeit: Riesen und Standard: Mittelalter; Zwerg: 19. Jahrhundert
Entstehungsort: Süddeutschland
Ursprüngliche Nutzung: Riesen: Treib-, Hüte- und Wachhund; Standard: Rattenjagd, Hütehund; Zwerg: Rattenjagd
Moderne Nutzung: Alle: Gesellschaftshund; Riesen: Diensthund
Maße: Riesen: 59–70 cm, 32–35 kg; Standard: 45–50 cm, 14,5–15,5 kg; Zwerg: 30–36 cm, 6–7 kg
Farben: Riesen und Standard: Pfeffer-Salz, Schwarz; Zwerg: Schwarz-Silber, Pfeffer-Salz, Schwarz
FCI-Kategorie: 2

Der Name Schnauzer kommt von Schnauzbart – ihr »Schnauzbart« verleiht dieser deutschen Rasse das Aussehen eines distinguierten älteren Herrn.

Der kräftigste aller Schnauzer, der Riesenschnauzer, stammt aus Südbayern, wo er zum Treiben und Hüten von Rindern eingesetzt wurde. Als der Bedarf der Bauern für diese Art von Hunden im 19. Jahrhundert nachließ, wurde er zum Brauerei- und Metzgereihund. Zweifellos erhielt er dort mehr Futter als zuvor auf den Bauernhöfen. Für diese Besitzer übernahm der Riesenschnauzer eine neue Rolle als Wachhund. Sein Talent dazu ließ ihn später zum Diensthund bei der Polizei und beim Militär werden.

Der Riesenschnauzer weist eine starke Ähnlichkeit mit einem anderen Hütehund auf, dem Bouvier des Flandres; Beweise für eine wirkliche Verwandtschaft gibt es aller-

dings nicht. Der Riesenschnauzer wurde wahrscheinlich durch eine Vergrößerung des Standardschnauzers entwickelt.

Der Riesenschnauzer wurde im Jahr 1909 erstmals auf einer Hundeausstellung in München gezeigt, und zwar als »Schnauzer mit russischem Bart«. Die Hunde sorgten für ein solches Aufsehen, dass sich fast augenblicklich der Münchener Schnauzer-Club bildete.

Die Ursprünge des Standardschnauzers sind ebenfalls nicht ganz klar, doch es scheint die älteste der drei Rassen zu sein. In Stuttgart gibt es die Statue eines Nachtwächters mit einem Hund, der die Charakteristika eines Schnauzers aufweist. Des Weiteren besaß der Maler Albrecht Dürer (1471–1528) einen ähnlichen Hund, er malte ihn zwischen 1490 und 1504 mehrmals. Eine Theorie besagt, dass der Standardschnauzer im Mittelalter aus der Kreuzung von zwei inzwischen lange ausgestorbenen Rassen hervorging. Einer anderen These zufolge entstand er aus Kreuzungen zwischen dem (ausgestorbenen) Schäferpudel und dem drahthaarigen deutschen Pinscher – was dazu führte, dass er eine Zeit lang Schnauzer-Pinscher genannt wurde.

Es ist wahrscheinlicher, dass der Standardschnauzer wie der Riesenschnauzer in den Gegenden Süddeutschlands, in denen Rinder- und Schafhaltung verbreitet waren – also besonders in Bayern und Württemberg –, entstanden ist, wo er Rattenfänger und Hütehund war.

Die Rasse wurde erstmals im Jahr 1879 in Hannover ausgestellt. Im darauf folgenden Jahr wurde ein Rassestandard festgelegt. Heute ist der Standardschnauzer meist Begleithund und eine der beliebtesten Rassen sowohl in Großbritannien wie auch in Nordamerika, wo er nach dem Ersten Weltkrieg sehr bekannt wurde.

Der Zwergschnauzer ist eine fast perfekte Replik der anderen Schnauzer. Er tauchte um 1900 auf, und obwohl er so aussieht, ist er nicht einfach nur ein verkleinerter Standardschnauzer, sondern das Ergebnis aus Kreuzungen zwischen Schnauzern und Affenpinschern (s. S. 151). In seinen frühen Tagen war der Zwergschnauzer ein berühmter Rattenfänger. Heute ist er einer der beliebtesten Gesellschaftshunde – leicht zu erziehen, gutmütig gegenüber Kindern und anderen Hunden, ein guter Beller und verlässlicher Wächter.

Shiba Inu

Andere Namen: Japanischer Shiba Inu
Entstehungszeit: Altertum
Entstehungsort: Japan
Ursprüngliche Nutzung: Kleinwildjagd
Moderne Nutzung: Gesellschaftshund
Maße: Größe 35–41 cm, Gewicht 8–10 kg
Farben: Rot, Schwarz-Lohfarben, Sesam, Schwarz-Sesam, Rot-Sesam
FCI-Kategorie: 5

Der Shiba Inu gehört zu den Hunden vom Spitztyp und ist der beliebteste Hund Japans – mit einem wachsenden Liebhaberkreis in Australien, Europa und Nordamerika.

Die Hunde vom Spitztyp, die sich in den arktischen Regionen entwickelten, wanderten vor ca. 4000 Jahren von Nordostasien nach China und Korea. Sie bildeten den züchterischen Grundstock des heutigen Chow-Chow aus China und des Jindo aus Korea. Vor ca. 2500 Jahren kamen Hunde vom Spitztyp nach Japan, möglicherweise von Korea aus. Sie gelten als Basis für die Zucht der japanischen Spitztypen wie Hokkaido, Akita (s. S. 191), Ainu-Hund, Kai-Hund, Shikoku und Shiba Inu.

Den Shiba Inu gibt es in der japanischen Region Sanin schon tausende von Jahren; bei archäologischen Ausgrabungen wurden ca. 2500 Jahre alte Knochenfunde entdeckt.

Er ist die kleinste aller japanischen Rassen (Shiba bedeutet klein) und bellt genauso wenig wie der primitive Basenji (s. S. 86). Stattdessen gibt er einen außergewöhnlichen schrillen Schrei von sich. Er ist ein schöner Hund mit gut entwickelten Beinen, tiefem Brustkorb, Stehohren, spitz zulaufender Schnauze, schwarzem Nasenschwamm und einer dicken, eingerollt oder sichelförmig getragenen Rute. Alle Farben der Tiere müssen »Urajiro« aufweisen: weißliches Haar seitlich am Fang und an den Backen, an der Unterseite von Kiefer, Hals, Brust, Körper und Rute sowie an der Beininnenseite.

Akita

Andere Namen: Akita Inu, Japanischer Akita
Entstehungszeit: 17. Jahrhundert
Entstehungsort: Japan
Ursprüngliche Nutzung: Wildjagd, Kampfhund
Moderne Nutzung: Wach-, Dienst- und Gesellschaftshund
Maße: Größe 60–71 cm, Gewicht 34–50 kg
Farben: Rot-Falb, Sesam, Weiß, gestromt
FCI-Kategorie: 5

Japanische Rassen werden entsprechend ihrer Größe klassifiziert und benannt: Akita (groß), Shika (mittelgroß) und Shiba (klein). Es gibt jedoch nur eine Akita-Rasse, und das ist der Akita Inu, was im Grunde einfach nur großer Hund heißt. Dieser Hund vom Spitztyp wurde einst als Kampfhund gezüchtet; als dieser »Sport« aufgegeben wurde, fand der Hund in der Jagd auf Wildschweine, Hirsche und japanische Schwarzbären ein neues Einsatzgebiet. Seine Haltung war der höchsten Gesellschaftsschicht Japans vorbehalten.

In den 1930er-Jahren war der Bestand so stark zurückgegangen, dass die Akitas beinahe ausgestorben wären. Erschwerend kam hinzu, dass die Rasse außerhalb Japans völlig unbekannt war. Bei der amerikanischen Besetzung Japans in den 1940er-Jahren beeindruckte die kraftvolle Ausstrahlung des Hundes die US-Truppen derart, dass daraus ein Interesse am Erhalt der Rasse erwuchs. Eine Gesellschaft zur Erhaltung japanischer Hunderassen wurde gegründet; sie setzte sich zum Ziel, die Bestände des Akita und anderer einheimischer Rassen zu vergrößern.

Alle Farben der Hunde müssen »Urajiro« aufweisen: weißliches Haar seitlich am Fang und an den Backen, an der Unterseite von Kiefer, Hals, Brust, Körper und Rute sowie an der Beininnenseite. Von Natur aus ist der Akita reserviert – er scheint schwieriger einschätzbar zu sein als andere Rassen. Deshalb ist er kein Hund für Anfänger. Doch genau wie viele andere Hunde vom Spitztyp hat er sich als sehr anpassungsfähig erwiesen. Heute wird er oft als Wach- und Diensthund bei Polizei und Militär eingesetzt.

Japanspitz

Andere Namen: Keine
Entstehungszeit: 20. Jahrhundert
Entstehungsort: Japan
Ursprüngliche Nutzung: Gesellschaftshund
Moderne Nutzung: Gesellschafts- und Wachhund
Maße: Größe 30–36 cm, Gewicht 5–6 kg
Farben: Weiß
FCI-Kategorie: 5

Der Japanspitz gehört zu den kleinen, weißen, flauschigen Rassen. Dieser Spitz ist das klassische Beispiel einer Miniaturisierung: Er ist nur halb so groß wie sein Vorfahre, der Samojede (s. S. 209), der mit dem Nomadenstamm der Samojeden aus den nördlichsten Regionen Zentralasiens nach Japan kam. Es ist möglich, dass eine andere Spitzrasse – der Finnenspitz oder der Norwegische Buhund – ebenfalls zu seiner Entwicklung beigetragen haben.

Der Japanspitz ist ca. 30 cm groß, besitzt ein langes, rein weißes Fell und eine herrliche bauschige Rute. Der Hund weist auch andere typische Merkmale eines Spitzes auf: Er ist zäh, lebhaft, flink und unerschrocken. In den 1950er-Jahren war der Japanspitz in seiner Heimat außerordentlich beliebt. Doch seitdem ist der Bestand in Japan zurückgegangen. Dafür erfreut sich dieser flauschige »Schneeball« von Hund in den USA und Europa enormer Beliebtheit, wo er sowohl Gefährte des Menschen wie auch wirksamer Wächter im Haus ist. Einige dieser kleinen – doch zähen – Tiere führen ein erfolgreiches Leben als professionelle Wachhunde.

Lhasa Apso

Andere Namen: Apso Seng Kyi, Tibetischer Apso
Entstehungszeit: Altertum
Entstehungsort: Tibet
Ursprüngliche Nutzung: Gesellschafts- und Wachhund von Mönchen
Moderne Nutzung: Gesellschaftshund
Maße: Größe 25–28 cm, Gewicht 6–7 kg
Farben: Schwarz-Weiß, Schwarz, Braun, Weiß, Gold, Sandgelb, Dunkelgrau
FCI-Kategorie: 9

Der Lhasa Apso ist eine von vier Tibetischen Rassen. Er gehörte ursprünglich zu den alten tibetischen Klöstern, wo er als Gesellschaftshund für die Mönche und als bellender Wächter gezüchtet wurde. Das Bellen, so heißt es, habe der Rasse in Tibet ihren Namen gegeben: Apso Seng Kyi heißt übersetzt Bellender Wächter-Löwenhund. Einer anderen Theorie zufolge ist Apso eine Verkürzung des Wortes *rapso*, der tibetischen Bezeichnung für Ziege; der Hund wurde so genannt, weil sein Fell dem einheimischer Ziegen ähnelte.

Die Hunde wurden für Glücksbringer gehalten. Wegen ihrer Verbindung zu den Klöstern wurde ihnen religiöse Bedeutung beigemessen. Folglich behandelte man sie mit größtem Respekt, und es war eine Ehre, ein Exemplar geschenkt zu bekommen. Der Lhasa Apso war in den wohlhabenden Häusern Tibets – den königlichen Palästen und dem Palast des Dalai Lama – weit verbreitet.

Der erste Lhasa Apso wurde 1921 im Westen ausgestellt, doch wurde er zuerst in eine Kategorie mit dem Shih Tzu (s. S. 198) eingetragen; der Irrtum entstand möglicherweise dadurch, dass beide Rassen aus Tibet stammten. Es ist bekannt, dass der Dalai Lama im Palast aufgezogene Apsos Würdenträgern, insbesondere ausländischen, als Geschenk überreichte. Auf diese Weise gelangten Apsos nach China, und vom Kaiserhof in Peking kamen Shih Tzsus – die wahrscheinlich durch Kreuzungen aus tibetischen Apsos und chinesischen Pekinesen entstanden waren – zurück. So fand der Shi Tsu seinen Weg nach Tibet. 1934 wurden der Lhasa Apso und der Shi Tsu als eigenständige Rassen anerkannt.

Pudel

Andere Namen: Keine
Entstehungszeit: Klein- und Großpudel: Mittelalter;
Zwergpudel: 16. Jahrhundert
Entstehungsort: Klein- und Großpudel: Deutschland;
Zwergpudel: Frankreich
Ursprüngliche Nutzung:
Klein- und Großpudel: Wasser-Apportierhund;
Zwergpudel: Gesellschaftshund
Moderne Nutzung: Gesellschaftshund
Maße: Großpudel: 45–60 cm, bis 32 kg;
Kleinpudel: 35–45 cm, 12–14 kg;
Zwergpudel: 28–35 cm, 7,5–12 kg
Farben: Schwarz, Weiß, Braun, Apricot, Silber
FCI-Kategorie: 9

Der Pudel ist heute einer der beliebtesten Gesellschaftshunde. Ursprünglich, im Mittelalter, wurden Pudel in Deutschland als Wasser-Apportierhunde gezüchtet. Der französische Name für den Pudel, Caniche, bedeutet Entenhund, und das deutsche Wort Pudel entwickelte sich aus dem altdeutschen Begriff Pfudel für Pfütze, Teich. Der traditionelle Schnitt mit rasierten Hinterbeinen, in Europa als Löwenschur und in den USA als kontinentaler Schnitt bekannt, diente ursprünglich dazu, den Hunden das Schwimmen und Apportieren im Wasser zu erleichtern. Später wurden die kleinen Bommeln an den Fesseln belassen, um die Tiere vor Verletzungen und Rheumatismus zu schützen. Die Haare auf dem Kopf wurden zurückgebunden – zunächst mit Schnüren, dann mit Bän-

dern in leuchtenden Farben –, damit die Besitzer ihre eigenen Hunde im Wasser besser von denen der anderen unterscheiden konnten.

Der Kleinpudel kam wahrscheinlich im 16. Jahrhundert von Deutschland nach Frankreich, und es scheint, dass er zu dieser Zeit bereits auf die Größe eines Zwergpudels verkleinert worden war und dann in Frankreich zum noch kleineren Toypudel (s. S. 174) weiterentwickelt wurde. Sowohl der Zwerg- wie auch der Toypudel waren in den 1950er-Jahren die beliebtesten Hunde der Welt und ein höchst modisches Accessoire.

Zwerg- und Toypudel erbten nicht nur das Aussehen ihrer großen Brüder, sondern auch ihren Charakter. Zwar bringt die Miniaturisierung oft eine welpenhafte Abhängigkeit vom Menschen mit sich, doch die meisten Pudel sind nach wie vor sprühend unabhängige Persönlichkeiten.

So verbinden sich alle Vorzüge, einen großen Hund zu besitzen, mit den Vorteilen eines kleinen. Zwerg- und Toypudel werden in der gleichen charakteristischen Weise getrimmt und auf Ausstellungen vorgeführt wie die größeren Pudel – der einzige Unterschied ist, dass das Trimmen der kleineren Pudel wahrscheinlich weniger zeitaufwändig ist. Neben der Löwenschur sind die so genannte Moderne Schur und die Englische Schur bei Ausstellungshunden zulässig. Der Toypudel ist in diesem Buch in der Gruppe der Kleinhunde aufgeführt.

Schipperke

Andere Namen: Kleiner Skipper, Kleiner Bootsmann, Kleiner Kapitän
Entstehungszeit: 16. Jahrhundert
Entstehungsort: Belgien
Ursprüngliche Nutzung: Kleinwildjagd, Wachhund auf Kanalbooten
Moderne Nutzung: Gesellschaftshund
Maße: Größe 22–33 cm, Gewicht 3–8 kg
Farben: Schwarz
FCI-Kategorie: 1

Ein weiterer Hund vom Spitztyp ist der tiefschwarze, schwanzlose Schipperke. Der kleine Hund mit dem fuchsähnlichen Kopf, der schwarzen Nase und den dunklen Augen stammt aus Belgien – sein Name bedeutet Kleiner Bootsmann. Der Hund wurde so genannt, weil er auf den Kanalbooten in Flandern und Brabant Ratten und Mäuse fern hielt und vor Eindringlingen warnte. Liebhaber der Rasse behaupten, dass es zwei schwarze, schwanzlose Hunde waren, die einst den niederländischen Prinzen Wilhelm von Oranien vor einem Mordanschlag retteten. Wenn das stimmt, dann gab es die Rasse schon zu Lebzeiten des Prinzen (1533–1584). Einer Theorie zufolge ist der Schipperke ein kleiner Nachfahre einer heute ausgestorbenen belgischen Hirtenhundrasse oder einer anderen ausgestorbenen kleinen Rasse, des Leuvenaar.

Vor 1700 stellten die Kunsthandwerker in der Gegend St. Gery in Belgien ihre schwarzen, schwanzlosen Hunde jeden zweiten Sonntag zur Schau, wobei die Hunde mit großen, kunstvoll ausgearbeiteten Halsbändern aus Messing geschmückt waren. Diese Kunsthandwerker nannten ihre Hunde nicht Schipperke, sondern einfach Spitz. Dies könnte belegen, dass die Rasse tatsächlich zur Gruppe der nördlichen Hunde gehört, die in den arktischen Regionen entstand. Anatomisch gesehen ist der Schipperke ganz klar ein Hund vom Spitztyp und verwandt mit den Deutschen Spitzen (s. S. 172 und S. 184).

Shar Pei

Andere Namen: Chinesischer Kampfhund
Entstehungszeit: Altertum oder 16. Jahrhundert (unklar)
Entstehungsort: China (Guangdong)
Ursprüngliche Nutzung: Kampf-, Hüte- und Jagdhund
Moderne Nutzung: Gesellschaftshund
Maße: Größe 46–51 cm, Gewicht 16–20 kg
Farben: Schwarz, Rot, Rehbraun, Creme
FCI-Kategorie: 2

Der Shar Pei kommt aus Chinas südlicher Provinz Guangdong. Er stammt von Mastiffs und Hunden vom Spitztyp ab und diente einst als Kampf-, Jagd- und Hütehund. Der Shar Pei ist ein sehr ungewöhnlicher Hund; das kurze, raue und borstige Fell hängt lose und bildet am Körper Falten, die Haare stehen vom Körper ab. Die Lockerheit der Haut und die Fellstruktur galten als guter Schutz während eines Kampfes. Die Zähne sind wie Krummsäbel gebogen und machen es sehr schwer, die Kiefer wieder zu lockern, wenn sie sich erst einmal festgebissen haben. Der Hund weist die bläulich schwarze Zunge einer anderen Rasse auf, die des Chow-Chow (s. S. 182) – was nahe legt, dass es eine Verbindung zwischen den beiden Rassen gibt. Eine sehr poetische chinesische Beschreibung wird der Erscheinung des Shar Pei gerecht: »Ohren wie Muschelschalen, die Nase eines Schmetterlings, der Kopf eines Löwen, das Gesicht einer Großmutter, der Hals eines Wasserbüffels, das Hinterteils eines Pferdes und die Beine eines Drachen.«

Im 20. Jahrhundert wurden die Tiere durch das Verbot der Hundehaltung auf dem chinesischen Festland beinahe ausgerottet. Einige Exemplare gab es in Hongkong; auf diese gestützt, konnte die Rasse vom Züchter Matgo Law erfolgreich wieder aufgebaut werden, und die Bemühungen wurden in den USA fortgesetzt. Als der Shar Pei in den Westen kam, litt er oft unter ernsthaften Augenproblemen und musste medizinisch behandelt werden. Erfolgreiche selektive Zucht konnte dieses Problem inzwischen reduzieren. Mit Hautproblemen hat die Rasse nach wie vor häufig zu kämpfen; das borstige Fell muss oft mit einem medizinischen Shampoo gewaschen werden, wobei den Hautfalten besonders viel Aufmerksamkeit zu schenken ist. Der Shar Pei leidet auch unter seiner Kampfhundevergangenheit: Er kann gelegentlich aggressiv werden und ist kein Hund für Anfänger, doch in den richtigen Händen ein ruhiger und freundlicher Gefährte.

Shih Tzu

Andere Namen: Chrysantemenhund, Löwenhund
Entstehungszeit: 17. Jahrhundert
Entstehungsort: China
Ursprüngliche Nutzung: Kaiserpalasthund
Moderne Nutzung: Gesellschaftshund
Maße: Größe 25–27 cm, Gewicht 5–7 kg
Farben: Alle Farben
FCI-Kategorie: 9

Der Shih Tzu – chinesisch für Löwenhund – wurde in den Palästen der chinesischen Kaiser gehalten und gilt als Kreuzung zwischen dem tibetischen Lhasa Apso (s. S. 193) und den Vorfahren der heutigen Pekinesen (s. S. 171). Die Löwenhunde waren in Hofkreisen überaus geschätzt; Löwen spielen in der buddhistischen Mythologie eine wichtige Rolle, und man glaubte, dass Buddha selbst einen Löwen als Haustier gehalten habe. Der vom vorrevolutionären Pekinger Hundeverband herausgegebene Rassestandard ist die wahrscheinlich poetischste Beschreibung, die es je für einen Hund gab: »Der Kopf eines Löwen, der Körper eines Bären, die Füße eines Kamels, der Schwanz eines Feder-Staubwedels, Ohren wie Palmenblätter, Zähne wie Reis, eine perlenartige Blütenblatt-Zunge und Bewegungen wie ein Goldfisch.«

Der Shih Tzu ist auch als Chrysantemenhund bekannt; dieser Name stammt von dem aufwärts wachsenden »Backenbart« und den Haaren auf der Nase, die dem Kopf sein typisch blumenhaftes Aussehen verleihen – wenn nicht gar das einer Chrysantheme.

Das erste Shih-Tzu-Paar wurde von General Sir Gordon Brownrigg erst in jüngerer Zeit, 1930, nach Großbritannien gebracht. Weitere Tiere wurden importiert, doch waren es bis 1934 zu wenige Hunde, um ein Rasseregister zu eröffnen. Bis dahin wurde der Shih Tzu zusammen mit dem Lhasa Apso und dem Tibetischen Terrier (s. S. 200) in einer Kategorie geführt. Der Shih Tzu ist weniger reserviert und viel verspielter als seine tibetischen Vetter, und dies wird durch seine großen, runden Augen noch unterstrichen.

Tibetischer Spaniel

Andere Namen: Tibet Spaniel, Prayer Dog
Entstehungszeit: Altertum
Entstehungsort: Tibet
Ursprüngliche Nutzung: Gesellschaftshund von Mönchen
Moderne Nutzung: Gesellschaftshund
Maße: Größe 24,5–25,5 cm, Gewicht 4–7 kg
Farben: Alle Farben
FCI-Kategorie: 9

Der Tibetische Spaniel ist nur dem Namen nach ein Spaniel. Diese Hunde wurden nicht für die Jagd entwickelt, sondern dazu trainiert, die Gebetsmühlen der buddhistischen Mönche in den tibetischen Klöstern in Gang zu setzen. Es heißt, die Rasse sei sehr alt und ihre Geschichte reiche weit vor die Zeit schriftlicher Überlieferung zurück – und das ist tätsächlich früh, denn die tibetische Geschichtsschreibung beginnt im 6. Jahrhundert n. Chr. Da die frühe Geschichte Tibets mit China verknüpft ist, mag der Brauch, kleine Hunde als diplomatische Geschenke zu übersenden, zur Ankunft des Tibetischen Spaniels in China geführt haben, wo aus der Kreuzung mit dem Mops (s. S. 175) der Pekinese hervorgegangen sein könnte (s. S. 171). Eine andere Theorie besagt, dass Pekinesen als Geschenke Chinas nach Tibet wanderten, wo sie ihre Rassereinheit verloren und sich im Laufe der Jahrhunderte zu Tibetischen Spaniels entwickelten. Pekinesen und Tibetische Spaniels haben einen sehr ähnlichen Körperbau, doch Letzterer besitzt längere Beine sowie ein längeres Gesicht und leidet deshalb weniger unter Atemproblemen als der Pekinese.

Der erste Tibetische Spaniel wurde 1905 von einem Mr. F. Wormald nach Großbritannien gebracht. In den 1920er-Jahren importierte ein Missionsarzt, Dr. Grieg, weitere Hunde nach England, aber erst nach dem Zweiten Weltkrieg, als das Hundepaar Lama und Dolma von Sir Edward und Lady Wakefield die heute bekannte Rasse begründeten, konnte der Tibetische Spaniel sich in Großbritannien durchsetzen.

Tibetischer Terrier

Andere Namen: Dhoki Apso, Doppelter Chrysantemenhund
Entstehungszeit: Mittelalter
Entstehungsort: Tibet
Ursprüngliche Nutzung: Wach- und Gesellschaftshund von Mönchen
Moderne Nutzung: Gesellschaftshund
Maße: Größe 36–41 cm, Gewicht 8–14 kg
Farben: Alle Farben
FCI-Kategorie: 9

Genau wie der Tibetische Spaniel kein echter Spaniel ist, so ist der Tibetische Terrier kein echter Terrier; er wurde nicht gezüchtet, um in der Erde zu graben, sondern war ursprünglich Gesellschaftshund seiner Besitzer, der Mönche, und ihr stark Laut gebender Wachhund. Aus diesem Grund werden die Hunde in diesem Buch (wie auch in Großbritannien) nicht in der Terrier-Gruppe geführt, sondern in der Kategorie der Gebrauchshunde. Die Rasse gilt als sehr alt, Mönche schenkten die Hunde zuweilen nomadischen Stämmen als Glücksbringer. Diese Stämme haben die Hunde wahrscheinlich als Wachhunde und zum Hüten ihrer Schaf- und Ziegenherden benutzt.

Der Tibetische Terrier ist relativ klein, jedoch sehr muskulös. Körper und Kopf wirken ein wenig wie die Miniatur-Version des Old English Sheepdogs (s. S. 236), doch die Rute sieht anders aus: Sie ist herrlich befedert, eingerollt und wird elegant über dem Rücken getragen. Die Haarfransen über den Augen und über dem Hinterteil bescherten dem Tier den Spitznamen Doppelter Chrysantemenhund. Das lange Fell wird im heißen Sommer abgeschnitten und traditionell zusammen mit Yak-Wolle zu weicher, halb-wetterfester Kleidung verwoben. Vermutlich ist der Tibetische Terrier der einzige Hund auf der Welt, der große, flache Pfoten haben soll – die allerdings unter einer Fülle feiner, langer Haare verborgen sind.

Arbeitshunde

Die Gruppe der Arbeitshunde ist die größte. Sie umfasst die Hunderassen, die menschlichen Bedürfnissen dienen. Dies sind Wachhunde, Schlittenhunde, Hüte- und Treibhunde, Such- und Rettungshunde, Führhunde und allgemeine Helfer sowie jene Rassen, die einst als Zugtiere genutzt wurden. Häufig besitzen einzelne Rassen dieser Kategorie eine Vielzahl von Fähigkeiten.

Hunde waren schon lange vor der Domestizierung von Rindern, Pferden und Schafen Jagdgefährten des Menschen. Die Domestizierung von Vieh begann ca. 1000 v. Chr. Als Bauern hatten die Menschen nun keine Verwendung für Jagdhunde mehr und betrachteten diese mit größtem Misstrauen, denn sie konnten allzu leicht eine Gefahr für die Viehherden darstellen. Was die Bauern brauchten, waren Hunde, die das Vieh vor Angriffen von außen schützten und die Herden zusammenhielten, ohne sie ernsthaft anzugreifen. Hütehunde sind dafür geeignet, weil es ihre natürliche Eigenschaft ist, mit dem Rudel zu laufen (nur dass das Rudel aus einer Gruppe von Tieren besteht, die keine Hunde sind); auch verspüren sie kein Bedürfnis, das Vieh zu verletzen oder zu töten. Der Wunsch des Hundes, Rudelführer zu sein, wurde bei Hütehunden ausgenutzt – er wurde durch Zucht und Training weiter entwickelt.

Schwedischer Vallhund

Mastiff

Die selektive Zucht von Hütehunden förderte die Entwicklung von Hunden mit größeren Anteilen weißen Fells; Bauern und Schäfer schienen dies bevorzugt zu haben, da die Tiere so leichter von räuberischen Wölfen zu unterscheiden waren. Als die Herden im Laufe der Zeit größer wurden, mussten einzelne Tiere am Streunen gehindert werden. Man brauchte nun kleine, schnelle und wendige Hunde, die die streunenden oder verirrten Tiere wieder zur Herde treiben konnten.
Größere Hütehunde wurden indessen für eine andere Aufgabe gebraucht, nämlich große Herden über weite Strecken zu Märkten oder neuen Weiden zu treiben.
Der Old English Sheepdog bzw. Bobtail, der Corgi und der Schwedische Vallhund waren solche Viehtreiberhunde: Sie beschützten und trieben die Herden. Große, wuchtige Hunde wurden für Rinderherden benutzt, während kleinere Treibhunde für Schafe und Ziegen verwendet wurden. Diese wurden die Vorläufer der heutigen Hütehunde.

Hunde, die wir heute weniger mit Hütehunden in Verbindung bringen, sind die Molosser. Im Krieg als Waffen benutzt, wurden Hunde vom Molossertyp auch zum Hüten der Tierherden verwendet, die während des Krieges als lebende Nahrung mitgeführt wurden. Viele der heutigen Berghunde stammen von Molossern ab – ihre Größe ist ein Erbe ihrer Kriegshundevergangenheit. Als die Molosser mit kämpfenden Armeen und Händlern

Siberian Husky

Alaskan Malamute

kreuz und quer durch Europa und Asien zogen, vermischten sie sich u. a. mit Hunden vom Spitztyp aus den nördlichen Regionen und drückten Rassen wie dem Shar Pei ihren Stempel auf.

Die Hunde vom Husky-Typ bzw. die Schlittenhunde aus den arktischen Regionen gehören ebenfalls zur Gruppe der Arbeitshunde. Sie wurden nicht nur zum Ziehen von Schlitten durch den Schnee verwendet, sondern während der Sommermonate auch als Packtiere. Viele dieser Schlittenhunde, wie der Alaskan Malamute oder der Siberian Husky, nehmen noch heute an Schlittenrennen teil; Teams aus der ganzen Welt wetteifern bei den Weltmeisterschafen in Anchorage, Alaska, wo sie an drei aufeinander folgenden Tagen jeweils 40-km-Rennstrecken zu bewältigen haben. Die Schlittenführer können mit so vielen Hunden starten, wie sie wollen, doch sie müssen jeden Tag mit genauso vielen Hunden ins Ziel kommen – selbst wenn sie den Schlitten am Ende selbst ziehen müssen. Das berühmteste Hundeschlittenrennen von Nenana nach Nome, Alaska, im Januar 1925 war kein Rennen zwischen Hundeteams, sondern ein Wettlauf mit der Diphterie: Der Winter Alaskas hatte Bahn- und Flugverbindungen nach Nome unterbrochen, als die Krankheit ausbrach. So musste das Antitoxin von Nenana aus mit Hundeschlitten nach Nome geschickt werden. 20 Hundestaffelteams bewältigten die Überland-Distanz von 1080 km in nur gut 127 Stunden. Das heißt, innerhalb von gut fünf Tagen wurden durchschnittliche Tagesstrecken von 220 km zurückgelegt.

Kanaanhund

Andere Namen: Kelef K'naani
Entstehungszeit: Altertum
Entstehungsort: Mittlerer Osten
Ursprüngliche Nutzung: Müllfresser, Wach- und Hütehund
Moderne Nutzung: Hüte-, Such-, Rettungs- und Gesellschaftshund
Maße: Größe 48–61 cm, Gewicht 16–25 kg
Farben: Schwarz, Braun, Sandgelb, Weiß
FCI-Kategorie: 5

Als vor ca. 15000 Jahren Nomaden in Südwestasien umherzogen, folgten ihnen Hunde, die sich von Abfällen ernährten. Diese Tiere hatten herausgefunden, dass genug essbare Happen für sie abfielen, ohne dass sie dafür zu jagen brauchten, wenn sie sich nur lange genug in der Nähe von Menschen aufhielten; viele von ihnen wurden als Wachhunde domestiziert. Der Kanaanhund ist solch ein primitiver Hund, den es im Mittleren Osten schon seit tausenden von Jahren gibt. Ursprünglich war ihm der nähere Kontakt mit Menschen nicht erlaubt, später wurde er von den nomadischen Beduinen der Negev-Wüste als Wach- und Hütehund benutzt. Die Rasse wurde in den 1930er-Jahren von Dr. Rudolphina Menzel weiterentwickelt, die in Jerusalem ein selektives Zuchtprogramm leitete. Während des Zweiten Weltkriegs wurde eine Anzahl von Kanaanhunden erfolgreich für das Aufspüren von Landminen ausgebildet, nach dem Krieg wurden einige als Blindenhunde trainiert.

Heute wird der Kanaanhund in dieser Region noch immer als Hütehund eingesetzt. Seine hoch entwickelten Sinne haben ihm jedoch auch als Vermisstensuch- und Rettungshund Anerkennung eingetragen. Das Tier ist mittelgroß und sehr robust, sein Fell ist glatt und grob. Das charakteristischste Merkmal ist die buschige Rute: Ist der Hund alarmiert, trägt er sie eingerollt über dem Rücken.

Alaskan Malamute

Andere Namen: Mahlemut
Entstehungszeit: Altertum
Entstehungsort: Nordamerika
Ursprüngliche Nutzung: Schlitten- und Jagdhund
Moderne Nutzung: Gesellschafts- und Schlittenhund
Maße: Größe 58–71 cm, Gewicht 39–56 kg
Farben: Schwarz bis Hellgrau mit weißer Maske
FCI-Kategorie: 5

Der Alaskan Malamute, der fast wie ein Wolf aussieht, verdankt seinen Namen einem Eskimovolk, das an der Westküste von Alaska am Sund von Kotzebue lebt. Die Malamuten waren einst Fischer und auch Jäger, denn hinter der Küstenlinie erstreckt sich bergiges Gebiet. Der Alaskan Malamute ist die größte Schlittenhundrasse und stark genug, schwer beladene Schlitten über schwieriges Terrain zu ziehen: Ein Hundeteam kann eine halbe Tonne Gewicht über den Schnee schleppen. Einzelne Hunde wurden auch dazu benutzt, ein Travois zu ziehen – eine Trage, die durch ein Flechtwerk zwischen zwei Stangen entsteht.

Die Inuits behaupteten oft, dass diese Hunde reinrassige, gezähmte Wölfe oder das Ergebnis von Kreuzungen zwischen Hunden und gezähmten Wölfen seien. Es ist zwar wahrscheinlich, dass diese Tiere aus Kreuzungen enstanden, doch fanden diese mit anderen Hunden und nicht mit Wölfen statt – vor allem mit anderen Hunden vom Spitztyp aus den arktischen Regionen. Der Malamute war nicht nur ein Schlittenhund: Im Sommer, wenn Schlitten nicht benutzt werden konnten, transportierten die Hunde Päckchen, die unter ihren Bäuchen festgeschnallt wurden. Die Tiere waren so stark, dass sie 23 kg schwere Pakete bis zu 32 km am Tag tragen konnten.

Der reinrassige Malamute wurde ein Opfer des Goldrauschs von Yukon. Transporttiere wurden damals so dringend gebraucht, dass Hunde aller Art in die Region verfrachtet wurden, und das Resultat waren unzählige Einkreuzungen und eine Zersetzung der Blutlinie. Glücklicherweise überlebten genügend reinrassige Tiere, mit denen ein neues Zuchtprogramm begonnen werden konnte. Kanadische und US-amerikanische Züchter begannen in den 1940er-Jahren, ihre Zuchterfolge zu präsentieren.

Finnischer Lapphund

Andere Namen: Suomenlapinkoira, Lapplandhund
Entstehungszeit: 17. Jahrhundert
Entstehungsort: Finnland
Ursprüngliche Nutzung: Hütehund für Rentiere
Moderne Nutzung: Hüte- und Gesellschaftshund
Maße: Größe 46–52 cm, Gewicht 20–21 kg
Farben: Alle Farben
FCI-Kategorie: 5

Der Suomenlapinkoira oder Finnische Lapphund ist der traditionelle Hütehund der Samen. Er wurde für das Hüten von Rentieren benutzt; heute hütet er überwiegend Rinder und Schafe. Der Finnische Lapphund ist das Resultat aus Kreuzungen zwischen Hunden vom Spitztyp aus nördlichen Regionen und Hütehunden aus dem südlicheren Europa.

Halbwilde Rentiere wurden in ganz Skandinavien gehalten. Als das Interesse an ursprünglichen Kulturen – und auch an einheimischen Hunden – zunahm, erklärten sowohl die Schweden wie auch die Finnen die Rasse zu der ihren. Um einen etwaigen Streitpunkt zu umgehen, wurden zwei Rassen international anerkannt: der Finnische Lapphund bzw. Suomenlapinkoira und der Schwedische Lapphund bzw. Lapplandspitz. Im Grunde gehören diese Hunde also einer Rasse an, werden jedoch in zwei Ländern gezüchtet.

Grundsätzlich wurde in Finnland durch selektive Zucht der Hüteinstinkt des Finnischen Lapphundes bewahrt. Doch in den Städten werden Lapphunde oft als Gesellschaftshunde und geliebte Haustiere gehalten. Bei diesen Haustieren wurde vielfach mehr Wert auf das Aussehen gelegt als auf die Funktion: Der Hüteinstinkt nahm ab, gleichzeitig wurde das Fell noch üppiger, dichter und farbiger, was in Verbindung mit der eingerollten, buschigen Rute ein äußerst attraktives Erscheinungsbild ergibt.

Siberian Husky

Andere Namen: Arktischer Husky
Entstehungszeit: Altertum
Entstehungsort: Sibirien
Ursprüngliche Nutzung: Schlittenhund
Moderne Nutzung: Gesellschafts- und Schlittenrennhund
Maße: Größe 51–60 cm, Gewicht 16–27 kg
Farben: Alle Farben, oft mit weißer Maske
FCI-Kategorie: 5

Die ursprüngliche Heimat dieser Rasse ist Ostsibirien, wo sie von den dort lebenden Nomadenstämmen, z. B. den Tschuktschen, als Zugtiere für Schlitten eingesetzt wurden – für die sibirischen Völker stellten Schlitten mit Hundegespannen das einzige Transportmittel dar. William Hulme Hooper, Mitglied der British Royal Navy, der 1835 einige Monate in Sibirien verbrachte, beschrieb diese Hunde als klein und drahtig; die Schlitten, die von ihnen gezogen wurden, waren eher für hohe Geschwindigkeit konstruiert denn für schwere Lasten, und die Hunde wurden nicht durch Zügel gelenkt, sondern nur durch Zurufe des Schlittenführers.

Der Husky hat sich über die ganze arktische Region verbreitet und wurde zum Synonym für Schlittenhund – doch die sibirische Variante des Schlittenhundes ist die einzige offiziell als Husky anerkannte Rasse. Der Husky gehört zu den wenigen Hunden mit blauen, braunen oder marmorierten Augen. Wie andere Hunde vom Spitztyp bellt er selten, er fällt jedoch, genau wie der Wolf, tüchtig in den heulenden Gesang seiner Genossen mit ein.

Mit dem Goldrausch von Yukon wurde man auf Schlittenhunde aufmerksam, und Schlittenführer waren stolz auf ihre Tiere, auf deren Fähigkeiten und Ausdauer. Es wurden Wettrennen abgehalten, um die eigenen Hunde mit den anderen zu vergleichen, darunter das 669 km lange All Alaska Sweepstakes. 1909 gingen die schnellfüßigen Huskys zum ersten Mal an den Start und waren in den folgenden Jahren immer wieder unter den Gewinnern. 1948 legte ein Husky-Gespann eine 16 km lange Strecke in nur 35 Minuten zurück.

Der Siberian Husky ist sanftmütig, kontaktfreudig und aufmerksam. Seine Intelligenz, Fügsamkeit und Energie machen ihn zu einem angenehmen Begleiter und willigen Arbeitstier.

Samojede

Andere Namen: Samoyedskaya
Entstehungszeit: Altertum
Entstehungsort: Sibirien
Ursprüngliche Nutzung: Hütehund für Rentiere, Schlitten- und Wachhund
Moderne Nutzung: Gesellschaftshund
Maße: Größe 46–56 cm, Gewicht 23–30 kg
Farben: Weiß, Weiß-Beige, Creme
FCI-Kategorie: 5

Der Samojede ist eine Spitzrasse, deren Bezeichnung vom gleichnamigen sibirischen Nomadenstamm abgeleitet ist. Die Rasse war weitgehend unbekannt, bis Forschungsreisende im 18. Jahrhundert bemerkten, dass die Hunde von ihren Besitzern hoch geschätzt wurden. Sie wurden zum Ziehen von Schlitten, zum Hüten von Rentieren und als Wachhunde der Jurten (Zelte) ihrer Besitzer gebraucht. Ihr Haar wurde versponnen und zu Kleidern verwoben. Die ersten Samojeden, wie sie dann genannt wurden, kamen 1889 mit Fellhändlern nach Westeuropa, die für den Ankauf von Zobelfellen weit in den Norden Russlands und Sibiriens gereist waren. Die Hunde wurden zunächst als Schlittenhunde benutzt: Fridtjof Nansen, der norwegische Forscher, benutzte Samojeden auf seiner ersten Polarexpedition (1893–1896). Später verwendete Kapitän Scott die Hunde bei seinem zweiten Versuch, den Südpol zu erreichen.

In ihrem Heimatland zeigten die Tiere eine Vielfalt an Farben, darunter Schwarz und Schwarz-Braun. Als sie im Jahr 1900 Großbritannien erreichten, favorisierten die Züchter die rein weißen, beigeweißen und cremefarbenen Hunde, und schließlich wurde der Rassestandard nur auf diese Farben festgelegt. Samojeden sind liebevoll und lebhaft, doch auch etwas laut und zuweilen aggressiv gegenüber anderen Hunden. Das entzückendste Merkmal dieser Tiere ist, dass sie immer zu lächeln scheinen – wenn man die schwarzen, zu einem »Lächeln« nach oben gebogenen Lippen sieht, dazu die glänzenden braunen Augen, ist es sehr leicht, einem Samojeden zu verzeihen, dass er nicht der gehorsamste Hund ist.

Norwegischer Buhund

Andere Namen: Norsk Buhund, Norwegischer Schäferhund
Entstehungszeit: Altertum
Entstehungsort: Norwegen
Ursprüngliche Nutzung: Hütehund für Ponys und Rinder, Schlitten- und Wachhund
Moderne Nutzung: Hütehund für Schafe, Wach- und Gesellschaftshund
Maße: Größe 41–46 cm, Gewicht 24–26 kg
Farben: Weizenblond, Perlweiß, Schwarz, Rot
FCI-Kategorie: 5

Der Buhund ist furchtlos und energisch, ein »Hansdampf in allen Gassen«. Er diente als Schlittenhund und Begleithund von Jägern, hütete auf abgelegenen Bauernhöfen Ponys und Rinder oder wurde als Wachhund eingesetzt. Sein Name leitet sich von *Bu*, dem norwegischen Wort für Hof oder Gehöft, ab und bezieht sich auf die spätere Spezialisierung der Rasse auf die Arbeit mit domestiziertem Vieh. Hüte- und Treibinstinkt des Buhundes sind so gut, dass er in neuerer Zeit auf australischen Schaffarmen eingesetzt wird. Obwohl er ein Hund vom Spitztyp ist, also seinen Ursprung in den äußerst kalten arktischen Regionen hat, scheint er in der australischen Hitze gut zu gedeihen.

Der diametral gegenüberliegende Erdteil war nicht der einzige Anlaufhafen für diese weit gereisten Hunde: Es heißt, dass der Buhund schon auf den Schiffen der Wikinger mitsegelte, und es gilt als beinahe sicher, dass er mit dabei war, als die Wikinger 874 n. Chr. in Island einfielen; der Islandsk Farehond oder Isländer Spitz ist höchstwahrscheinlich verwandt mit dem Buhund, denn beiden gemein ist die charakteristisch hoch angesetzte, eingerollte Rute.

Manchmal wird das Tier als eher schlicht aussehender, falbfarbener Hund beschrieben, aber das ist weit von der Wahrheit entfernt: Die Farbschattierungen reichen von einem prächtigen Weizenblond bis hin zu Perlweiß, auch Rot und ein wunderschönes Schwarz kommen vor. Die heller gefärbten Hunde zeigen eine attraktive dunklere Färbung an Ohren und Schnauze, und alle haben schöne, glänzende dunkelbraune Augen, die von dunklen Augenlidern umrandet sind.

Schwedischer Vallhund

Andere Namen: Västgötaspets
Entstehungszeit: Mittelalter
Entstehungsort: Schweden
Ursprüngliche Nutzung: Hüte-, Treib- und Wachhund, Rattenjagd
Moderne Nutzung: Hüte-, Wach- und Gesellschaftshund, Rattenjagd
Maße: Größe 30–34 cm, Gewicht 11–15 kg
Farben: Grau, Grau-Braun, Grau-Gelb, Rotbraun, rötlich Gelb
FCI-Kategorie: 5

Der einst seltene Västgötaspets ist in Schweden als einheimische Rasse klassifiziert. Er stammt von europäischen Bassets ab und hat mit seinen kurzen, doch kraftvollen Beinen große Ähnlichkeit mit dem englischen Welsh Corgi Pembroke (s. S. 246); die Wikinger sollen Corgis auf ihrer Rückreise von Wales nach Skandinavien gebracht haben. In Schweden war der Vallhund ein Allzweckhund: Er hütete und trieb das Vieh, bewachte Haus und Hof und hielt Futterlager und Scheunen von Mäusen und Ratten frei. Man hatte sich wenig Gedanken über den Vallhund gemacht, bis plötzlich festgestellt wurde, dass es kaum noch Exemplare der Rasse gab. Der Hund stammt in seiner heutigen Form aus der Provinz Västgöta, wo er in den 1940er-Jahren von Graf Björn von Rosen wieder entdeckt und durch ein planvolles Zuchtprogramm vor dem Aussterben bewahrt wurde. Der Rassestandard wurde 1943 vom schwedischen Züchterverband anerkannt. In Schweden ist der Vallhund heute noch auf den Bauernhöfen zu sehen, doch er ist auch häufig im Schauring und als Familienhund anzutreffen.

Mastiff

Andere Namen:
Englischer Mastiff
Entstehungszeit: Altertum
Entstehungsort: Großbritannien
Ursprüngliche Nutzung: Wachhund
Moderne Nutzung: Wach- und Gesellschaftshund
Maße: Größe 70–76 cm, Gewicht 79–86 kg
Farben: Apricot-Braun, Silber-Braun, Dunkelbraun gestromt
FCI-Kategorie: 2

Bevor es Hundezuchtverbände und Zuchtregister gab, war es üblich, jeden großen Hund als Molosser zu bezeichnen – auch Bernhardiner und Neufundländer. Heute gilt die Bezeichnung nur noch für eine Hand voll Rassen, dazu gehören der Englische Mastiff (rund um die Welt einfach als Mastiff bekannt), der japanische Tosa Inu, der tibetische Do Khyi und der Mastino Napoletano (s. S. 213).

Der Mastiff gehört zu den schwersten existierenden Hunderassen. Er lebte ca. 700 v. Chr. in Assyrien und wurde möglicherweise von phönizischen Händlern auf die britischen Inseln gebracht. Die riesigen Hunde kämpften Seite an Seite mit den alten Briten, als die Römer Britannien einnahmen. Diese waren so beeindruckt von der Größe und dem Mut der Hunde, dass sie viele Mastiffs nach Rom schickten, wo sie im Kolosseum gegen Löwen, Stiere, Bären, Tiger und sogar gegen Gladiatoren kämpfen mussten. Mit dieser Vergangenheit werden Mastiffs seitdem immer in Verbindung gebracht, obwohl sie später in Großbritannien hauptsächlich als Wachhunde dienten. Das Wort Mastiff stammt vom angelsächsischen Wort *masty* (kräftig, stark).

Zucht und Haltung solch riesiger Hunde sind eine echte Herausforderung. Nach dem Zweiten Weltkrieg gab es nur noch 20 Mastiffs in Großbritannien, doch wurde die Rasse durch Reimporte aus den USA gerettet.

Mastino Napoletano

Andere Namen: Neapolitanischer Mastiff
Entstehungszeit: Altertum
Entstehungsort: Italien (Kampanien)
Ursprüngliche Nutzung: Kampf- und Wachhund
Moderne Nutzung: Wach-, Dienst- und Gesellschaftshund
Maße: Größe 65–73 cm, Gewicht 50–68 kg
Farben: Schwarz, Blau, Braun, Grau, schwarz gestromt, rot gestromt
FCI-Kategorie: 2

In Kampanien in Süditalien seit alters her anzutreffen, ist der Mastino Napoletano der italienische Beitrag zur Molosserfamilie. Er ist zwar ein wenig kleiner als der englische Mastiff, doch weist er ebenfalls die typische breite Schnauze, die schweren Hautlappen, die enorme Größe und das für Molosser charakteristische Gewicht auf. Der Mastino stammt höchstwahrscheinlich von den römischen Kampf- und Gladiatorenhunden ab, die ursprünglich aus dem

Nahen Osten kamen und mit Armeen und Händlern durch die damals bekannte Welt reisten.

Das Fell des Mastinos ist kurz und fein – am Kopf, wo die Haut besonders reichlich und locker sitzt, wird es zuweilen mit »ausgebeulter Seide« verglichen. Wie beim englischen Mastiff waren die Bestände der Rasse gegen Ende des Zweiten Weltkriegs dramatisch gesunken. Dank der züchterischen Bemühungen von Piero Scanziani wurde der Mastino Napoletano vor dem Aussterben bewahrt.

Seine Größe und Wuchtigkeit machen ihn nicht zur ersten Wahl als Haustier, doch in Kampanien wird er heute im Sicherheitsdienst eingesetzt und trägt noch immer sein traditionelles, schwer mit Eisennägeln beschlagenes und mit Dachshaar umsäumtes breites Halsband.

Do Khyi

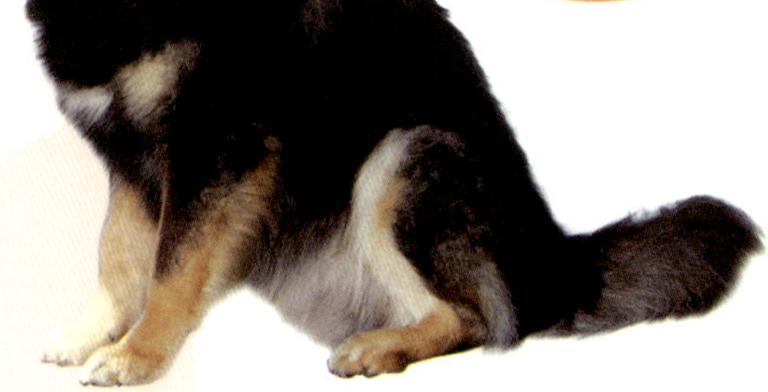

Andere Namen: Tibetischer Mastiff
Entstehungszeit: Altertum
Entstehungsort: Tibet
Ursprüngliche Nutzung: Hütehund
Moderne Nutzung: Wach- und Gesellschaftshund
Maße: Größe 61–71 cm, Gewicht 64–82 kg
Farben: Schwarz, Grau, Braun, Schwarz-Lohfarben, Gold
FCI-Kategorie: 2

Aristoteles, so heißt es, habe den Do Khyi als eine »Kreuzung zwischen einem Hund und einem Tiger« beschrieben, während Marco Polo schrieb, dass diese Hunde »so groß wie Esel« seien. Beide neigten wohl ein wenig zur Übertreibung, doch der Tibetische Mastiff ist in der Tat ein beeindruckender Hund: Er besitzt große Knochen, einen breiten, massigen Kopf und ist bis zu 71 cm groß. Robert Leighton schrieb 1907 in seinem Buch *The New Book of the Dog*, dass ein Tibetischer Mastiff, Bhotian genannt, der von Major Dougall nach England gebracht wurde, auf der Bahnfahrt durch Indien ein Abteil für sich allein brauchte, und jedes Mal, wenn der Zug hielt und Bhotian sich auf dem Bahnsteig die Füße vertrat, war dieser innerhalb kürzester Zeit menschenleer.

Der Do Khyi ist die Ausgangsrasse der meisten großen Berg-, Viehhüte- und Kampfhundrassen Europas, Amerikas und Japans. Ursprünglich wurde er in Tibet und im Himalaya zum Hüten des Viehs gebraucht. In Tibet war er im späten 19. Jahrhundert beinahe ausgestorben, wurde dann jedoch von britischen Züchtern gerettet. Außerhalb des Schaurings ist er immer noch selten anzutreffen. Er erscheint reserviert, behielt sein natürliches Misstrauen gegenüber Fremden und verteidigt sein Heim und Territorium.

Dogue de Bordeaux

Andere Namen: Bordeauxdogge
Entstehungszeit: Altertum
Entstehungsort: Frankreich
Ursprüngliche Nutzung: Jagd-, Kampf- und Wachhund
Moderne Nutzung: Wach- und Gesellschaftshund
Maße: Größe 58–69 cm, Gewicht 36–45 kg
Farben: Mahagoni, Goldbraun
FCI-Kategorie: 2

Einige Jahrhunderte hindurch wurde die französische Region Bordeaux von englischen Königen regiert – der anglisierte Rassename Dogue (statt des französischen *chien* = Hund) gibt Zeugnis dieser Geschichte ab. Offenbar ließ der englische Hof große, in Bordeaux heimische Hunde mit dem englischen Mastiff (s. S. 212) sowie mit ähnlich großen Hunden aus Spanien wie dem Mastin Espagnol kreuzen, um diese große, kräftige Rasse zu schaffen, die ursprünglich für die Jagd auf Wildschweine und Bären in Südfrankreich verwendet wurde. Seine Größe und Furchtlosigkeit ließen den Hund natürlich auch für tierquälerische »Sportarten« und Hundekämpfe geeignet erscheinen.

Der Dogue de Bordeaux sieht mit seinem wuchtigen Kopf und der gefurchten Stirn dem erst in jüngerer Zeit erzüchteten Bull Mastiff sehr ähnlich – einem Hund, der zu ca. 60 Prozent auf englische Mastiffs und zu 40 Prozent auf Bulldoggen zurückgeht. Obwohl der Dogue de Bordeaux 1989 als Filmpartner von Tom Hanks in dem Kinofilm *Scott & Huutsch* einer größeren Öffentlichkeit gezeigt wurde, ist die Rasse außerhalb Frankreichs und des Schaurings noch immer weitgehend unbekannt.

Deutsche Dogge

Andere Namen: Great Dane
Entstehungszeit: Altertum
Entstehungsort: Deutschland
Ursprüngliche Nutzung: Kriegshund, Jagd auf große Säugetiere
Moderne Nutzung: Wach-, Schutz- und Gesellschaftshund
Maße: Größe 71–76 cm, Gewicht 46–54 kg
Farben: Drei Varietäten: Gelb und gestromt; gefleckt (Schwarz-Weiß, sog. Tigerdoggen) und Schwarz; Blau
FCI-Kategorie: 2

Die Deutsche Dogge hat, obwohl sie im angelsächsischen Raum als Great Dane bezeichnet wird, nichts mit Dänemark zu tun. Sie ist der Nationalhund Deutschlands und kann ihre Ahnen bis zu den Hunden zurückverfolgen, die von einem skythischen Stamm, den Alanen, aus Russland nach Europa gebracht wurden. Im Mittelalter benutzte die deutsche adelige Gesellschaft riesenhafte Hunde für die Jagd auf Wildschweine, bei denen es mehr auf Größe, Ausdauer und Mut ankam als auf das Aussehen. Die heutige unbestrittene Eleganz der Deutschen Dogge legt nahe, dass frühe Molosser zu einem bestimmten Zeitpunkt mit Greyhounds (s. S. 96) gekreuzt wurden. Im 19. Jahrhundert eskortierten Deutsche Doggen die Kutschen der wohlhabenden und modebewussten Leute; Sydenham Edwards schrieb in seiner 1800 erschienenen *Cynographia Britannica*: »Keine Kutsche kann die höchste Pracht entfalten, ohne dass ein Paar Tigerdoggen dem Prunk vorangehen.« Die Tigerscheckung, eine der anerkannten Farbvarietäten, besteht aus rein weißer Grundfarbe mit über den ganzen Körper gut verteilten, ungleichförmigen, zerrissenen, lackschwarzen Flecken.

Wie viele große Hunde mit einer »wilden« Vergangenheit hat die Deutsche Dogge so viel Selbstvertrauen, dass sie es nie nötig hat, einen Kampf vom Zaun zu brechen. Sie vereint Eleganz mit Kraft, Erhabenheit und Gutmütigkeit sowie Mut mit Fügsamkeit in sich. Wegen ihrer ungeheuren Größe hat sie viele Bewunderer, aber leider weitaus weniger Besitzer. Die Rasse ist anfällig für Arthritis.

Boxer

Andere Namen: Keine
Entstehungszeit: 19. Jahrhundert
Entstehungsort: Deutschland
Ursprüngliche Nutzung: Wachhund, Bullenbeißen
Moderne Nutzung: Polizei-, Grenzschutz- und Gesellschaftshund
Maße: Größe 53–63 cm, Gewicht 25–32 kg
Farben: Rehbraun, braun gestromt
FCI-Kategorie: 2

Der Boxer ist eine der vielen Rassen, zu deren Ahnen die Bulldogge (s. S. 180) gehört. Abgesehen davon stammt der Boxer aus Deutschland. Seine genauen Ursprünge sind unklar, doch es wird angenommen, dass er auf dem Bullenbeißer basiert, einer alten Mastiff-Rasse, die einst für das Beißen von Bullen und Wildschweinen verwendet wurde. Erst in der zweiten Hälfte des 19. Jahrhunderts wurde Bulldoggenblut beigemischt, um gute Grenzschutzhunde zu schaffen.

Das Resultat war ein zäher, wachsamer, starker, kräftiger Hund mit einschüchterndem Aussehen. Daneben besitzt der Boxer ein wunderbar ausdrucksvolles Gesicht (diese Ausdrucksstärke wird noch durch seine Neigung unterstrichen, fragende Laute von sich zu geben und den Kopf dabei schief zu legen) sowie viel Sinn für Späße. Außerhalb Deutschlands waren Boxer bis nach dem Zweiten Weltkrieg nicht sehr bekannt, doch heimkehrende Soldaten waren begeistert von dieser bezaubernden Rasse, und innerhalb von nur wenigen Jahren wurde der Boxer einer der beliebtesten Hunde in Großbritannien und in den USA. Zwar wird der Hund in Europa immer noch als Polizei- und Grenzschutzhund benutzt, doch noch häufiger trifft man ihn als idealen Gefährten aktiver Familien an.

Berner Sennenhund

Andere Namen: Ursprünglich Dürrbächler
Entstehungszeit: Altertum, im 20. Jahrhundert weiterentwickelt
Entstehungsort: Schweiz
Ursprüngliche Nutzung: Wach- und Hütehund, Zugtier
Moderne Nutzung: Hüte- und Gesellschaftshund
Maße: Größe 58–70 cm, Gewicht 40–44 kg
Farben: Schwarz mit satten rotbraunen und weißen Abzeichen
FCI-Kategorie: 2

Der Berner Sennenhund ist der bekannteste und auch der größte der vier schweizerischen Berghunde, deren Teilung in einzelne Rassen gegen Ende des 19. Jahrhunderts erfolgte. Der Legende nach wurden große, langhaarige Hunde vom Molossertyp (wobei der Begriff Molosser für alle großen, schweren Hunde gebräuchlich war) von römischen Legionen, die große, wetterfeste Hunde für die Bewachung ihrer Lager in den Alpen brauchten, in die Schweiz gebracht. Die Nachfahren dieser Hunde blieben in den Alpen und übernahmen neue Aufgaben als Wach- und Hütehunde sowie als Zugtiere, die für die Weber aus dem Kanton Bern kleine Karren zum Markt zogen.

Im späten 19. Jahrhundert war der Berner Sennenhund fast verschwunden – er stand im Schatten des glamouröseren Bernhardiners (s. S. 219). Im Zuge seiner Untersuchungen zur Geschichte schweizerischer Berghunde durchkämmte Franz Schertenleib das Land nach den letzten Berner Sennenhunden und stieß noch auf einige Exemplare. Er sammelte die besten Hunde, begann mit einer Zucht und gründete einen Verein, um die Rasse populärer zu machen. Der Berner Sennenhund war gerettet, etablierte sich bald in seinem Heimatland und erhielt im Jahr 1908 seinen heutigen offiziellen Namen. Da der Rassestandard besonderen Wert darauf legt, dass der Berner Sennenhund gutmütig, selbstbewusst und freundlich ist, überrascht es nicht, dass dieser große, reizende Hund in Europa und Noramerika immer beliebter wird.

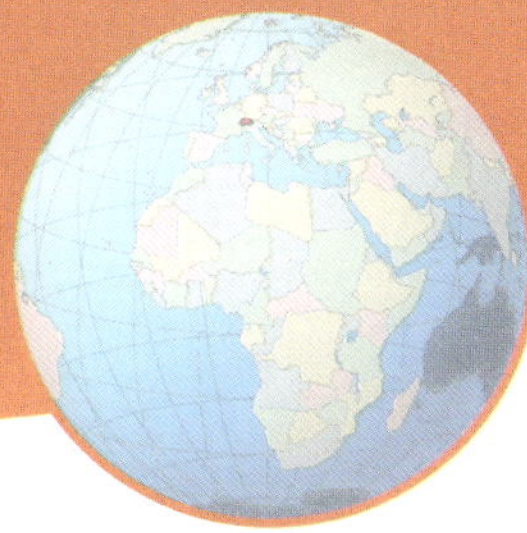

Bernhardiner

Andere Namen: St.-Bernhard-Hund
Entstehungszeit: Mittelalter
Entstehungsort: Schweiz
Ursprüngliche Nutzung: Zugtier, Wach-, Führ- und Gesellschaftshund
Moderne Nutzung: Gesellschaftshund
Maße: Größe 61–71 cm, Gewicht 50–91 kg
Farben: Grundfarbe Weiß mit rotbraunen Platten (Plattenhunde) bis hin zu durchgehender rotbrauner Decke (Mantelhunde), rotbraun gestromt
FCI-Kategorie: 2

Man kann darüber diskutieren, ob der legendäre Bernhardiner (mit dem belebenden Weinbrand-Fässchen um den Hals) jemals im Schnee verschüttete Wanderer rettete – doch wie in allen Legenden steckt wohl ein Körnchen Wahrheit darin. Der Bernhardiner stammt von großen Hunden vom Molossertyp ab, die einst von römischen Legionen als Wachhunde in die Schweiz gebracht wurden. Die weitere Geschichte der Hunde ist eng verbunden mit der des Hospizes auf der Passhöhe des Großen St. Bernhard. Das Hospitz ist eine der höchstgelegenen Behausungen Europas und wurde 1050 von Bernhard von Menthon (996–1081) gegründet. Es wurde dort errichtet, wo einst ein dem Jupiter geweihter römischer Tempel gestanden hatte. Aufzeichnungen aus dem Jahr 1707 belegen, dass dort auch Hunde arbeiteten.

Der Bernhardiner war kein Vermisstensuchhund, vielmehr führte er Wanderer und markierte sichere Wege über verschneite Bergpässe. Diese Hunde – bis 1865 Alpenmolosser genannt – hatten immer ein kurzes Fell und waren zwar groß, jedoch lebhafter und leichter als heutige Bernhardiner. In den 1830er-Jahren war die Rasse fast ausgestorben, wurde aber durch Einführung von Neufundländer-Blutlinien (s. S. 229) gerettet. Ein Erbe dieser Einkreuzung ist die langhaarige Varietät der Rasse.

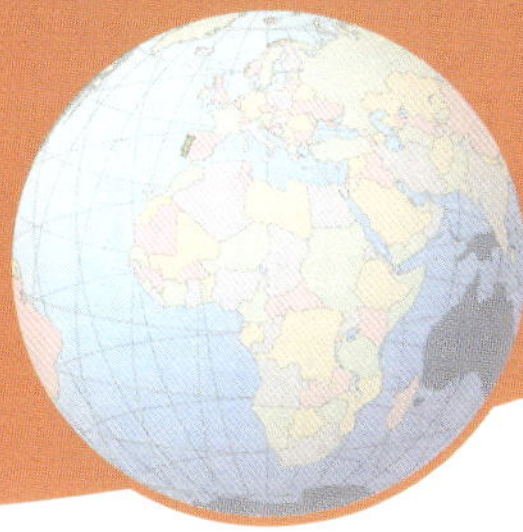

Estrela-Berghund

Andere Namen: Caõ da Serra da Estrela, Portugiesischer Schäferhund
Entstehungszeit: Mittelalter
Entstehungsort: Portugal
Ursprüngliche Nutzung: Hütehund
Moderne Nutzung: Hüte- und Gesellschaftshund
Maße: Größe 62–72 cm, Gewicht 30–50 kg
Farben: Gelb, Wolfsgrau, Rehbraun, schwarz gestromt
FCI-Kategorie: 2

Der Estrela-Berghund ist eine der beliebtesten und ältesten portugiesischen Hunderassen. Er ist ein Nachfahre der asiatischen Molosser, die von den Römern als Wachhunde nach Europa gebracht wurden. Als die Römer abzogen, blieb der Estrela in der zerklüfteten Serra da Estrela, wo er jahrhundertelang Viehherden vor Wölfen beschützte. Wie viele Hunde vom Molossertyp des europäischen Festlandes passte sich der Estrela sehr gut an die Umgebung an, in der er lebte und arbeitete: Als Berghund brauchte er ein Fell mit dichter Unterwolle, das vor Winterschnee und Angriffen umherziehender Wölfe schützte. Im frühen 20. Jahrhundert gab es Einkreuzungen von Deutschen Schäferhunden. Heute hat der Estrela – dank der züchterischen Bemühungen in Portugal und anderen Ländern, speziell Großbritannien – zu seinem ursprünglichen Aussehen zurückgefunden.
Er bewacht noch heute Viehherden in den Bergen Portugals, während das Treiben des Viehs dem Caõ de Castro Laboreiro (Portugiesischer Viehhund) und dem Caõ da Serra de Aires (Portugiesischer Schäferhund) überlassen bleibt.

Rottweiler

Andere Namen: Rottweiler Metzgerhund, Rotti
Entstehungszeit: Altertum, moderne Version im 19. Jahrhundert entwickelt
Entstehungsort: Deutschland
Ursprüngliche Nutzung: Treib- und Hütehund
Moderne Nutzung: Dienst-, Wach- und Gesellschaftshund
Maße: Größe 58–69 cm, Gewicht 41–50 kg
Farben: Schwarz mit satten rotbraunen Abzeichen
FCI-Kategorie: 2

Der Rottweiler ist eine alte Rasse, deren Vorfahren wahrscheinlich mit römischen Legionen nach Deutschland kamen. Als die Römer ihre Angriffe auf ‘ausländischem Territorium durchführten, brauchten sie zur Versorgung der Legionen auch Frischfleisch, das – in einem Zeitalter ohne Gefriertechnik – in lebender Form mitgeführt wurde. Für solche Massenbewegungen von Vieh wurden starke Arbeitshunde benötigt, die Vieh sowohl treiben wie auch bewachen konnten. Eine der Hauptversorgungsrouten führte via St.-Gotthard-Pass über die Alpen – entlang dieser Strecke kann man heute noch die Nachfahren der römischen Hunde sehen. Einige dieser Hunde reisten weiter bis nach Süddeutschland und entlang der alten Militärstraße über Württemberg bis zur kleinen Marktstadt Rottweil.

Später blühte diese Region dank ihrer Viehzucht auf. Der Rottweiler Metzgerhund, so heißt es, trug die Einnahmen der Fleischhändler in einem Beutel am Hals, denn kein Räuber wäre so dumm gewesen, einen so kräftig und gefährlich aussehenden Hund herauszufordern. Als der Viehhandel zurückging, erlebte auch der Rottweiler seinen Niedergang: Im Jahr 1900 gab es in Rottweil selbst nur noch ein Exemplar. 1912 wurde die Rasse mit der Aufnahme als Diensthund bei Polizei und Militär vor dem Aussterben gerettet. Seitdem erfreuen Rottweiler sich wachsender Beliebtheit als Wachhunde und auch als Familienmitglieder, denn sie sprechen sehr gut auf Gehorsamstraining an.

Deutscher Schäferhund

Andere Namen: Keine
Entstehungszeit: 19. Jahrhundert
Entstehungsort: Deutschland
Ursprüngliche Nutzung: Treib- und Hütehund
Moderne Nutzung: Wach-, Dienst-, Blindenhund, Such- und Rettungshund von Verschütteten und Lawinenopfern, Gesellschaftshund
Maße: Größe 55–66 cm, Gewicht 34–43 kg
Farben: Schwarz mit gelben bis hellgelben, braunen oder rotbraunen Abzeichen, einfarbig Schwarz, Grau
FCI-Kategorie: 1

Der Deutsche Schäferhund ist wahrscheinlich die beliebteste Rasse der Welt. Es gibt seit tausenden von Jahren wolfsähnliche Hunde, die als Vorfahren dieser Rasse sowie anderer Hütehunde, z. B. der Niederländischen und Belgischen Schäferhunde, anzusehen sind, doch hat der moderne Deutsche Schäferhund außerdem viel jüngere Wurzeln: Gegen Ende des 19. Jahrhunderts begann Max von Stephanitz eine Zucht mit einer Vielzahl von lang-, kurz- und drahthaarigen Schäferhunden aus Württemberg, Thüringen und Bayern. Er wollte einen starken, wendigen Hütehund schaffen. Der entstandene Deutsche Schäferhund ist nicht nur wachsam, intelligent, aufgeschlossen, energisch und gehorsam, er ist auch ein sehr schönes Tier.

Vor dem Ersten Weltkrieg war die Rasse außerhalb Deutschlands unbekannt. Im Krieg wurden sie zu Kurieren ausgebildet: Sie überbrachten Botschaften und transportierten Medikamente sowie Verbandszeug und liefen dazu durch Granatenfeuer über Schlachtfelder. Auch benutzte man sie als Wachhunde und für die Suche nach verletzten Soldaten. Nach dem Krieg wurden einige Schäferhunde nach Großbritannien gebracht, wo die Rasse – vielleicht um sie nicht mit Deutschland in Verbindung zu bringen – zunächst Alsatian (Elsässer) getauft wurde. In den 1920er-Jahren führte wahllose Zucht zu reizbareren Hunden, und über entsprechende Vorfälle wurde groß in der Presse berichtet. Die Kombination aus verantwortungsloser Zucht und Panikmache in der Presse zerstörte fast den Ruf des Deutschen Schäferhundes, sodass seine Anzahl stark zurückging. Erst in den 1960er-Jahren eroberte er seine frühere Popularität zurück. Bis 1915 waren sowohl langhaarige wie auch kurzhaarige Schäferhunde im Schauring zugelassen, doch heute wird dort nur noch die kurzhaarige Varietät anerkannt.

Hovawart

Andere Namen: Hofwarth
Entstehungszeit: Mittelalter, weiterentwickelt im 19. Jahrhundert
Entstehungsort: Deutschland
Ursprüngliche Nutzung: Hütehund
Moderne Nutzung: Wach- und Gesellschaftshund
Maße: Größe 58–70 cm, Gewicht 25–41 kg
Farben: Schwarz mit mittelblonder Markenzeichnung, Schwarz, Blond
FCI-Kategorie: 2

Der Hovawart ist außerhalb seiner Heimat Deutschland noch immer weithin unbekannt. Erstmals erwähnt wurde er um 1220 als Hofwarth, also als Wachhund eines Landsitzes, in Eike von Repgows *Sachsenspiegel*. Später, im 15. Jahrhundert, diente die Rasse der Überlieferung nach zur Verfolgung von Räubern und Gesetzesflüchtlingen. Der moderne Hovawart wurde im späten 19. Jahrhundert mit der Absicht erzüchtet, die Hunde der großen mittelalterlichen Burgen und Renaissance-Anwesen wieder zu erschaffen. Züchter sammelten hierfür eine Vielzahl von Bauernhofhunden aus dem Schwarzwald und dem Harz und vermengten deren Blutlinien mit Deutschen Schäferhunden (s. S. 223), Neufundländern (s. S. 229) und mit dem ungarischem Kuvasz (ein hübscher weißer Hirtenhund, der von den Kumanen, einem nomadischen Turkvolk, in Ungarn eingeführt wurde). Der Hovawart wurde 1936 als Rasse anerkannt und wird oft als eleganter Arbeitshund beschrieben. Er ist in der Tat sehr attraktiv, besonders typisch ist die herrliche Befederung an den Rückseiten der Vorderläufe und an der Rute. Wie jede sehr attraktive und gut zu erziehende Rasse, die sowohl mit anderen Hunden wie auch mit Kindern gut auskommt, entwickelt sich der Hovawart zum beliebten Familienhund.

Leonberger

Andere Namen: Keine
Entstehungszeit: 19. Jahrhundert
Entstehungsort: Deutschland
Ursprüngliche Nutzung: Gesellschaftshund
Moderne Nutzung: Wach- und Gesellschaftshund
Maße: Größe 65–80 cm, Gewicht 34–50 kg
Farben: Rotbraun, Goldgelb
FCI-Kategorie: 2

Im Jahr 1855 begann Heinrich Essig aus Leonberg, einen Hund zu entwickeln, der aussehen sollte wie die Löwen auf dem Leonberger Stadtwappen. Als Züchter von Bernhardinern (s. S. 219) und Neufundländern (s. S. 229) kreuzte Essig diese mit dem Landseer (schwarzweiße Neufundländer, die nach dem Künstler Sir Edwin Landseer benannt wurden) sowie dem Pyrenäen-Berghund (s. S. 228), um die »sanften Riesen« zu erzüchten. Es ist möglich, dass Essig eine weitere »geheime Zutat« verwendete, denn die erwünschte Farbe ist goldgelb – man könnte auch sagen löwengelb – mit schwarzer Gesichtsmaske. Die Festlegung eines Rassestandards war sehr schwierig: Als der Leonberger erstmals ausgestellt wurde, wies man ihn als Mischling ab, und erst 1949 wurde ein offizieller Rassestandard vom kynologischen Weltverband *FCI* anerkannt. Bis in die späten 1970er-Jahre war der Leonberger eine auf ihr lokales Umfeld begrenzte Rasse und außerhalb Deutschlands fast unbekannt, doch seither ist seine Beliebtheit in Großbritannien und in den USA sprunghaft angestiegen. Die Neufundländerahnen vererbten dem Leonberger nicht nur ihre Schönheit, sondern auch ihre Begeisterung für das Schwimmen sowie die Schwimmhäute an den großen, runden Pfoten.

Belgischer Schäferhund

Andere Namen: Chien de Berger Belge
Entstehungszeit: Mittelalter, weiterentwickelt im 19. Jahrhundert
Entstehungsort: Belgien
Ursprüngliche Nutzung: Hütehund
Moderne Nutzung: Groenendael, Laekenois, Malinois, Tervueren: Hüte-, Wach-, Dienst- und Fährtensuchhund; Malinois, Tervueren: Agility-Wettbewerbe
Maße: Größe 56–66 cm, Gewicht 27,5–28,5 kg
Farben: Groenendael: Schwarz (langes, glattes, üppiges Fell); Laekenois: Rehbraun (drahthaarig); Malinois: Rot, Rehbraun, Grau (glatthaarig); Tervueren: Rot, Rehbraun, Grau, charbonniert (langes, glattes, üppiges Fell)
FCI-Kategorie: 1

Den Belgischen Schäferhund gibt es in vier Varietäten, die sich nur in Fell und Farbe unterscheiden. Eine Klassifizierung dieser Hunde ist eine schwierige Aufgabe, denn nationale Hundeverbände können sich nicht auf einen einheitlichen Namen verständigen: In den USA ist der Groenendael der Belgische Schäferhund, während der Malinois und der Tervueren als eigene Rassen anerkannt sind und der Lakenois überhaupt nicht anerkannt wird. Der *British Kennel Club* wie auch der kynologische Weltverband *FCI* erkennen alle vier Varietäten als eigenständige Rassen an.

Belgische Schäferhunde sind leicht gebaute Hunde mit schlanken Beinen. Sie haben natürliche Stehohren, die Rute wird tief getragen. Allen gemein ist das charakteristische hohe Tragen des Kopfes.

Gegen Ende des 19. Jahrhunderts begannen sich Züchter aus ganz Europa für landestypische Hirtenhunde zu interessieren. Zur Erhaltung dieser oft sehr alten Rassen wurden in Belgien Standards aufgestellt, zunächst acht, um die Hunde in so wenigen Rassen wie möglich zu festigen. Unter diesen acht war der Groenendael, eine Rasse, die vom belgischen Züchter Nicholas Rose entwickelt und verfeinert wurde. Der Groenendael zeichnet sich durch sein langes, weiches, schwarzes Fell aus, das besonders füllig an Schultern, Hals, Brust, Rute und Vorderläufen wächst.

Der Tervueren hat ebenfalls ein langes, glattes und fülliges Fell, doch die Farben schließen alle Abstufungen von Rot, Braun und Grau ein. Das Fell ist doppelt pigmentiert: Die hellen Haare sind charbonniert, d. h., sie haben eine schwarze Spitze. Der ausgewachsene Tervueren hat eine dunklere Farbtönung, besonders dunkel ist das Fell an Schultern und Rücken. Das Tier ist aus dem Groenendael entwickelt: Bei Paarungen zwischen Groenendaels werden manchmal Tervueren-Welpen geboren. Dieser Belgische Schäferhund, der am Ende des Zweiten Weltkriegs beinahe ausgestorben war, ist heute bei Polizei und Sicherheitsdiensten beliebt. Seine Spezialität ist das Aufspüren von Rauschgift und Sprengstoff. Lernfreude und Leichtführigkeit machten ihn auch zum Helfer von Behinderten.

Der Malinois war der erste Belgische Schäferhund, dessen Typ festgelegt war, so wurde er zum Maßstab für die Bewertung der anderen. Er wurde vorwiegend in der Gegend des flämischen Mechelen gezüchtet, das von den französischsprachigen Belgiern Malines genannt wird, daher der Name Malinois. Der Malinois hat ein weiches Fell und ist dem Deutschen Schäferhund (s. S. 223) sehr ähnlich. Da er von diesem hinsichtlich der Beliebtheit in den Schatten gestellt wurde, ist er noch immer eine seltene Rasse, obwohl er zunehmend als Diensthund eingesetzt wird.

Der Laekenois ist der seltenste der Belgischen Schäferhunde. Sein Fell wird oft als braun, zottig, grob und drahthaarig beschrieben, doch zu Unrecht – der Lakenois ist eine äußerst schöne Rasse mit sehr attraktiven dunklen Augen und einem »Bartansatz«. Von den vier Belgischen Schäferhunden war er der Liebling von Königin Henriette von Belgien. Der Rassename ist denn auch abgeleitet von Schloss Laeken, einem der königlichen Landsitze.

Pyrenäen-Berghund

Andere Namen: Chien de Montagne des Pyrénées
Entstehungszeit: Altertum
Entstehungsort: Frankreich (Pyrenäen)
Ursprüngliche Nutzung: Hütehund für Schafe
Moderne Nutzung: Wach- und Gesellschaftshund
Maße: Größe 65–81 cm, Gewicht 45–60 kg
Farben: Weiß, auch mit grauen, zitronen- oder dachsfarbenen Abzeichen
FCI-Kategorie: 2

Der Große Pyrenäe, wie die Rasse in den USA genannt wird, gehört zu den großen weißen europäischen Molosserrassen und wurde vor vielen Jahrhunderten zum Bewachen von Schafherden in Höhen bis zu 1500 m gezüchtet. Der Pyrenäen-Berghund ist möglicherweise mit dem Maremma (s. S. 241), dem ungarischen Kuvasz und dem türkischen Karabasch verwandt. Er ist auf der französischen und der spanischen Seite der Pyrenäen zu finden. In Anpassung an die klimatischen Bedingungen seiner Umwelt entwickelte er eine dichte Unterwolle und einen rauen, dicken, schützenden »Mantel« aus Deckhaaren. Die Hunde waren den Unbilden der Natur genauso ausgeliefert wie die ihnen anbefohlenen Schafe und brauchten deshalb ein ebenso gut schützendes Fell wie diese.

Es war nie die Aufgabe der Pyrenäen-Berghunde, mit den Schafen zu arbeiten. Dazu waren die kleineren Pyrenäen-Schäferhunde da, die paarweise die Schafe trieben und zusammenhielten, oder die Pyrenäen-Mastiffs, die in Gruppen von vier oder fünf Hunden arbeiteten und Herden von bis zu 1000 Schafen zusammentrieben. Die Rolle des Pyrenäen-Berghundes war es vielmehr, die Schafherden vor Wölfen zu beschützen. Zum Schutz der empfindlichen Hundekehle vor den Zähnen der Wölfe wurde dem Berghund traditionell ein Carlanca, ein mit eisernen Stacheln besetztes Halsband, umgelegt. Im 18. Jahrhundert wurden einige Pyrenäer aus ihrer Bergheimat geholt und als Wachhunde auf Schlössern eingesetzt; beim Chateau de Lourdes soll es Wachhäuschen gegeben haben, die groß genug für einen Wachposten und seinen Hund waren. Es heißt, Madame de Maintenon (1635–1719), die Geliebte und spätere zweite Gemahlin Ludwigs XIV., sei so beeindruckt von den Tieren gewesen, dass sie einige von ihnen nach Paris an den königlichen Hof bringen ließ.

Neufundländer

Andere Namen: Keine
Entstehungszeit: 18. Jahrhundert
Entstehungsort: Kanada
Ursprüngliche Nutzung: Fischerhund
Moderne Nutzung: Rettungs- und Gesellschaftshund
Maße: Größe 66–71 cm, Gewicht 50–68 kg
Farben: Schwarz, Braun
FCI-Kategorie: 2

Viele sind der Meinung, diese großen Hunde mit den Schwimmhäuten an den Pfoten seien eine einheimische nordamerikanische Rasse, die vom inzwischen ausgestorbenen Greater St. John's Dog abstamme. Andere sagen, Lief Ericson habe im Jahr 1000 einen schwarzen »Bärenhund« namens Oolum nach Neufundland gebracht. Einer weiteren Theorie zufolge brachten Fischer aus der Biskaya den französischen Siedlern an der Küste Neufundlands 1662 große Berghunde, die beim Krieg gegen die Briten helfen sollten; aus diesem Grund halten einige Experten den Pyrenäen-Berghund (s. S. 228) für einen der Vorfahren des Neufundländers.

Wie auch immer, eines steht fest: Der Neufundländer ist eine der attraktivsten und freundlichsten Hunderassen überhaupt. Er ist für seine Liebe zum Wasser bekannt, und er ist berühmt dafür, Menschen aus dem Wasser zu ziehen – wenn auch manchmal ohne Rücksicht darauf, ob der Schwimmer überhaupt gerettet werden muss oder will! Die kanadische Insel, auf der er als Fischerhund arbeitete, gab dem Neufundländer den Namen; er zog die Fischernetze und Boote an die felszerklüfteten Küsten Neufundlands. An Land wurde er gebraucht, um Feuerholz vom Binnenland an die Küsten zu ziehen. In Frankreich wird der Neufundländer heute sowohl an Land wie auch im Wasser als Rettungshund eingesetzt.

Border Collie

Andere Namen: Keine, doch Arbeitshunde werden oft als Arbeits- oder Farm-Collies bezeichnet, um sie von Ausstellungs- und Haustieren zu unterscheiden
Entstehungszeit: 18. Jahrhundert
Entstehungsort: Großbritannien
Ursprüngliche Nutzung: Hütehund für Schafe und Rinder
Moderne Nutzung: Hütehund für Schafe, Hütewettbewerbe, Gesellschaftshund
Maße: Größe 46–54 cm, Gewicht 14–22 kg
Farben: Vielfältig, u. a. Schwarz, Schwarz-Weiß, Braun, Tricolor, Blue-Merle, Rot
FCI-Kategorie: 1

Der Border Collie, einer der besten und bekanntesten Hütehunde der Welt, wurde nach dem Grenzland zwischen England und Schottland benannt (engl. *border* = Grenze). Flinke, schwarz-weiße Farmhunde, ausschließlich für die Arbeit gezüchtet, wurden seit dem 11. Jahrhundert in Großbritannien porträtiert, und es ist wahrscheinlich, dass sie schon lange vor dieser Zeit existierten. Der erste Sheep Dog Trial, ein Wettbewerb, bei dem Hirtenhunde – angeleitet von den Zurufen und Pfiffen ihrer Besitzer – ihre Fähigkeiten, mit Schafen zu arbeiten, unter Beweis stellen können, wurde 1873 in Bala (Wales) abgehalten. Der Sieger war ein Hund aus dem englisch-schottischen Grenzgebiet. Bei weiteren Wettbewerben waren wiederum ähnliche Hunde dieser Region unter den Gewinnern, und so wurde aus dem Hund, der bis dahin einfach Sheepdog hieß, allmählich der Border Collie.

Arbeitshunde werden allgemein primär auf Leistung hin gezüchtet, das Aussehen ist zweitrangig. Nur diejenigen Hunde, die sich als intelligent und gut erziehbar erweisen, werden zur Zucht verwendet. In den meisten Ländern werden die zur Arbeit eingesetzten Border Collies in speziellen Zuchtbüchern registriert und nicht in nationalen Verbänden, die sich um Ausstellungshunde und andere Arten von Wettbewerben kümmern. Besitzer von Arbeitshunden können die Ahnen ihrer Tiere im Allgemeinen über mehrere Generationen zurückzuverfolgen, und die Würfe von herausragenden Arbeitshunden oder Champions werden begierig erwartet und sind sehr gefragt. Arbeits-Collies entsprechen normalerweise dem Rassetyp: Die Farben sind Schwarz, Grau, Blue-Merle, mit weißer Zeichnung, oder Tricolor. Border Collies sind berühmt für ihren strengen Blick, mit dem sie Schafen ihren Willen aufzwingen können.

Langhaar-Collie

Andere Namen: Schottischer Collie, »Lassie«
Entstehungszeit: 19. Jahrhundert
Entstehungsort: Schottland
Ursprüngliche Nutzung: Hütehund für Schafe
Moderne Nutzung: Gesellschaftshund
Maße: Größe 51–61 cm, Gewicht 18–30 kg
Farben: Sandgelb-Weiß, Blue-Merle, Tricolor
FCI-Kategorie: 1

Der Collie wurde als Star zahlreicher Lassie-Filme weltberühmt – wobei Lassie (Mädchen) in Wirklichkeit ein Laddie (Junge) war. Der heutige Langhaar-Collie ist ein viel einheitlicherer und schönerer Hund als das zweckmäßige Tier, das vor über 100 Jahren im Norden Schottlands harte Arbeit leistete. Schafe hatten zu dieser Zeit gewöhnlich eine dunkle Farbe und hießen Colleys, abgeleitet vom angelsächsischen Wort *col* (= schwarz). Die Hirtenhunde hatten keinen Rassenamen, wurden jedoch häufig einfach Colley Dogs genannt. Diese arbeiteten jahrhundertelang in Schottland, blieben jedoch außerhalb ihrer Heimat weitgehend unbekannt. Dies änderte sich, als Königin Victoria

im Jahr 1860 zum ersten Mal Balmoral Castle in Schottland besuchte – es war Liebe auf den ersten Blick, und sie ließ einige Collies in die königlichen Zwinger von Windsor Castle bringen. So dauerte es nicht lange, bis sich die ersten Hundezüchter für den Arbeitshund interessierten, der damals übrigens kurzbeiniger war als der heutige Collie und auch eine kürzere Schnauze hatte.

Der Langhaar-Collie war eine der ersten Hunderassen, die für den Schauring herausgeputzt wurden. Als sein Äußeres zum Hauptbewertungskriterium wurde, ging leider viel von dem Elan, der Energie, Ausdauer und Leidenschaftlichkeit des früheren Hirtenhundes verloren. Das einst wetterfeste, raue Fell wurde länger, fülliger und prächtiger; es muss täglich gebürstet werden, damit es nicht verfilzt.

Kurzhaar-Collie

Andere Namen: Keine
Entstehungszeit: 19. Jahrhundert
Entstehungsort: Schottland
Ursprüngliche Nutzung:
Hütehund für Schafe
Moderne Nutzung: Gesellschaftshund
Maße: Größe 51–61 cm, Gewicht 18–30 kg
Farben: Sandgelb-Weiß, Blue-Merle, Tricolor
FCI-Kategorie: 1

Er sieht aus wie Lassie mit Sommerschnitt – doch kommt er nicht frisch aus dem Hundesalon, vielmehr ist der Kurzhaar-Collie die einzige Collie-Rasse ohne langes Fell. Davon abgesehen entspricht der Kurzhaar-Collie jedoch in jeder Hinsicht dem Rassestandard des Langhaar-Collies (s. S. 231), und wenn MGM einen Kurzhaar-Collie als Filmhund Lassie gewählt hätte, wer weiß, vielleicht wäre es heute die bekanntere Rasse; so aber ist sie außerhalb Großbritanniens recht selten anzutreffen. Eine weit verbreitete Theorie lautet, dass Langhaar-Collies auf den Hügeln Schafe hüteten – und so dem Wetter besonders ausgesetzt waren –, während die Kurzhaar-Collies dafür eingesetzt wurden, die Schafe über Feldwege und Straßen zum Markt zu treiben. Diese Theorie geht davon aus, dass es wirklich zwei verschiedene Rassen waren. Doch während des größten Teils ihrer Geschichte wurden Kurzhaar- zu den Langhaar-Collies gerechnet, hauptsächlich, weil kurzhaarige Collies in den Würfen von langhaarigen nichts Ungewöhnliches waren.

Allgemein als Urvater der Kurzhaar-Collie-Rasse anerkannt ist ein Tricolor-Welpe namens Trefoil, der 1873 geboren wurde. Zwar steht er im Schatten seines glamouröseren Verwandten, doch ist der Kurzhaar-Collie ebenfalls eine sehr attraktive Rasse. Er besitzt alle guten Eigenschaften des Langhaar-Collies: Intelligenz, Eignung für das Leben in der Familie und in der Stadt, Schönheit – wozu auch die ausdrucksvollen, aufmerksam aufgestellten Ohren gehören, deren Spitzen nett nach vorn fallen. Dazu besitzt er einen Vorteil: Sein Fell ist pflegeleichter!

Bearded Collie

Andere Namen: Highland Collie, Beardie
Entstehungszeit: 16. Jahrhundert
Entstehungsort: Schottland
Ursprüngliche Nutzung: Treib- und Hütehund
Moderne Nutzung: Gesellschaftshund
Maße: Größe 51–56 cm, Gewicht 18–27 kg
Farben: Schwarz, Sandgelb, Rehbraun, Blau, Grau
FCI-Kategorie: 1

Zottige Hirtenhunde wie der Bearded Collie leisteten in Schottland jahrhundertelang harte Arbeit, doch offiziell anerkannt wurde diese Rasse in Großbritannien erst 1944.

Eine Theorie besagt, dass der Highland Collie (wie er lange Zeit genannt wurde) mit dem Komondor – dem prächtigen ungarischen Hirtenhund mit den »Dreadlocks« – verwandt ist, der vor hunderten von Jahren von den Magyaren nach Polen gebracht wurde und von dort aus auch nach Schottland gelangte: Die Polen schickten Getreide (und den Komondor) und erhielten dafür Schafe. Nach dieser Theorie ist es gut möglich, dass sich im Gen-Mix des Beardies auch Anteile des PON (Polnischer Niederungshütehund; s. S. 242) befinden; der Beardie ähnelt dieser Rasse im Aussehen viel mehr als dem Komondor mit seinem Schnürenfell. Bis ins frühe 20. Jahrhundert hinein war die Rasse außerhalb Schottlands weitgehend unbekannt, wo sie eher als Treib- denn als Hütehund eingesetzt wurde.

Zwar wurde 1912 ein Rasseclub gegründet, doch hinterließ der Bearded Collie keinen starken Eindruck in der Öffentlichkeit. Gegen Ende des Zweiten Weltkriegs war er als Arbeitshund fast verschwunden. Die Rasse wurde durch eine Mrs. Wilson vor dem Aussterben bewahrt, die durch Zufall einen Beardie erworben hatte: Sie wollte eigentlich einen Shetland Sheepdog (s. S. 235) kaufen, doch der Farmer, bei dem sie die Bestellung aufgegeben hatte, sandte ihr stattdessen einen seltsam aussehenden Welpen. Es dauerte eine Weile, bis sie herausgefunden hatte, zu welcher Rasse er gehörte, doch dann wurde Jeannie, wie der Welpe genannt wurde (später Champion Jeannie of Bothkennar), mit Baillie zusammengebracht, einem anderen Beardie, den Mrs. Wilson glücklich spielend am Stand von Brighton in der Grafschaft Sussex entdeckt hatte. Diese beiden Hunde belebten die Rasse wieder.

Shetland Sheepdog

Andere Namen: Sheltie
Entstehungszeit: 18. Jahrhundert
Entstehungsort: Schottland (Shetlandinseln)
Ursprüngliche Nutzung: Hütehund für Schafe und Ponys
Moderne Nutzung: Hüte- und Gesellschaftshund
Maße: Größe 35–37 cm, Gewicht 6–7 kg
Farben: Sandgelb-Weiß, Tricolor, Blue-Merle, Schwarz-Weiß, Schwarz-Weiß marmoriert
FCI-Kategorie: 1

Auf den ersten Blick sieht der Shetland Sheepdog wie eine Miniatur-Ausgabe des Langhaar-Collies (s. S. 231) aus. Oft wird deshalb angenommen, der Sheltie sei eine absichtlich herbeigeführte Verkleinerung des größeren Hundes. Das ist nicht der Fall: Alle auf den Shetlandinseln domestizierten Tiere – am besten bekannt sind die berühmten Shetland Ponys, Schafe und Rinder sind weitere Beispiele dafür – sind kleiner als ihre Gegenstücke auf dem Festland. Ein Grund dafür sind die rauen Lebensbedingungen auf den Inseln, die kleinere Tiere begünstigen. Ein anderer Grund ist, dass die isolierte Population auf den Inseln Inzucht förderte, was ebenfalls zu einer Verkleinerung führte.

Es ist gut möglich, dass der Sheltie von kleinen Langhaar-Collies abstammt, die wegen ihrer zu den Inseln »passenden« Größe importiert wurden. Wie der Langhaar-Collie sah auch der Sheltie vor 100 Jahren weitaus schlichter und vielleicht struppiger aus als heute. Es existieren kaum Beschreibungen der Hunde, bis auf die Erwähnung, dass sie oft gefleckt waren und ein »Fuchsgesicht« hatten – Arbeitstauglichkeit wurde mehr geschätzt als Aussehen. Shelties hüteten Schafe und sorgten auch dafür, dass diese keine wertvollen Pflanzen aus den Gärten der Inselbewohner fraßen.

Der Ursprung des modernen, wunderschönen Shelties führt nicht weit zurück – er wurde erst 1909 vom *British Kennel Club* anerkannt. Seit dieser Zeit wurde das Aussehen der Rasse verbessert, besonders das reiche Fell mit der üppigen Mähne am Hals. Der Sheltie ist ein außergewöhnlich sanfter und liebenswürdiger Hund. Obwohl er nur noch selten als Arbeitshund dient, hat er viel von seinem Schutz- und Hüteinstinkt bewahrt.

Bobtail

Andere Namen: Old English Sheepdog
Entstehungszeit: 19. Jahrhundert
Entstehungsort: Großbritannien
Ursprüngliche Nutzung: Treib- und Hütehund für Schafe
Moderne Nutzung: Gesellschaftshund
Maße: Größe 56–61 cm, Gewicht 29,5–30,5 kg
Farben: Grau-Weiß, Blau-Weiß
FCI-Kategorie: 1

Der Bobtail gehört zur Familie der zottigen Hirtenhunde, die sich über Europa ausbreiteten – von Süditalien bis Russland im Norden, Ungarn im Osten und Großbritannien im Westen. Anders als sein britischer offizieller Name Old English Sheepdog vermuten lässt, ist er erst ca. 200 Jahre alt. Wahrscheinlich ist er ein Nachfahre der Bearded Collies (s. S. 234) und ausländischer Rassen wie dem Briard (s. S. 239) – bis im Jahr 1873 Abstammungsregister eingeführt wurden, wurden Paarungen, besonders unter Arbeitshunden, viel weniger wählerisch herbeigeführt als heute. Besitzer, die von ihren Hunden die Erledigung bestimmter Aufgaben erwarteten, waren interessiert daran, Hunde mit den erwünschten Arbeitsqualitäten zu züchten, und nicht so sehr daran, einen bestimmten Hundetyp zu festigen. Für die Schaffarmer im Westen Englands waren Intelligenz, Ausdauer, Robustheit und Beweglichkeit bei einem Hund entscheidend – all diese Merkmale weist der Bobtail auf. Bobtail bedeutet gestutzte Rute; Treibhunde, die Schafherden zu den Märkten trieben, waren auf diesem Weg von Steuern und Zöllen befreit. Um sie als Treibhunde auszuweisen, wurden ihnen die Ruten kupiert. Der verbreitete Glaube, dass der Bobtail eine schwanzlose Rasse sei, ist also falsch. Die Mehrheit der Welpen wird mit Ruten geboren, die kupiert werden.

Selektive Zucht, die in den 1880er-Jahren begann, veränderte den Old English Sheepdog: Er ist jetzt ein viel größerer und schwererer Hund als ursprünglich. Das Fell wurde länger, üppiger und viel weicher. Einst mag die Fellpflege schwierig gewesen sein, doch heute ist sie eine Herkules-Aufgabe! Was der Bobtail beibehielt, sind sein lautes, volltönendes Bellen und sein trügerisch langsamer Schlenderschritt – bis er in Galopp fällt.

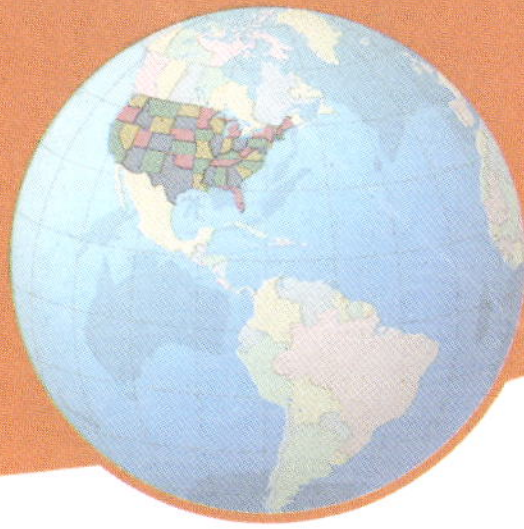

Australian Shepherd

Andere Namen: Aussie
Entstehungszeit: 19. Jahrhundert
Entstehungsort: USA (Kalifornien)
Ursprüngliche Nutzung: Hütehund für Schafe
Moderne Nutzung: Hüte-, Dienst-, Such-, Rettungs- und Gesellschaftshund
Maße: Größe 46–58 cm, Gewicht 16–32 kg
Farben: Schwarz, Rot, Blue-Merle, Rot-Merle mit weißen oder kupferfarbenen Abzeichen
FCI-Kategorie: 1

Obwohl zu seinen Vorfahren Hütehunde aus Australien und Neuseeland gehören, wurde der Australian Shepherd im 19. Jahrhundert in den USA »geboren«, wo er im abwechslungsreichen Klima von Kalifornien für den Einsatz als Hütehund gezüchtet wurde. Seitdem hat die Rasse sich in vielen Arbeitsfeldern hervorgetan, darunter als Such- und Rettungshund. Sein liebevolles, verspieltes, doch ruhiges Wesen ähnelt dem des Golden und Labrador Retrievers (s. S. 70 und S. 74) und sicherte ihm einen Platz in vielen Herzen und Heimen. Zur Zeit ist der Australian Shepherd außerhalb der USA abseits des Schaurings noch wenig bekannt. Einige Züchter arbeiten daran, kleinere Aussies zu entwickeln, was die Popularität der Rasse als Familienhund weiter fördern würde. Der Australian Shepherd ist ein gut aussehendes Tier mit einem herrlichen Fell, einer meist braunen Nase, gesprenkelten Augen und attraktiven Hosen (befederten Hinterläufen). Mit der Zeit wird dieser Hund auf der ganzen Welt seine Liebhaber finden.

Australian Cattle Dog

Andere Namen: Hall's Heeler, Blue Heeler, Queensland Heeler, Australian Heeler
Entstehungszeit: 19. Jahrhundert
Entstehungsort: Australien
Ursprüngliche Nutzung: Treibhund für Rinder
Moderne Nutzung: Treib- und Gesellschaftshund
Maße: Größe 43–51 cm, Gewicht 16–20 kg
Farben: Blau, blau gefleckt, rot gefleckt
FCI-Kategorie: 1

Australien brachte zwei der besten Arbeitshunde hervor, die je im Dienst des Menschen standen: den Australian Kelpie und den Australian Cattle Dog, der ca. 30 Jahre vor dem Kelpie entstand. Die ersten australischen Treibhunde für Rinder waren die heute ausgestorbenen Black Bobtails. Doch dies waren große, schwerfällige Hunde, ungeeignet für die flirrende Hitze und die großen Entfernungen, mit denen es Treibhunde in Australien zu tun haben. Thomas Smith Hall, der Gründer der Rasse, wollte einen Hund schaffen, der Freilandrinder – also recht wilde Tiere – umkreisen, treiben und einpferchen konnte. Der Hund musste robust, wendig, intelligent und fähig sein, einen Bullen in die Fersen zu beißen, ohne ihn dabei zu verletzen oder selbst verletzt zu werden. Solche Hunde wurden allgemein Heeler (engl. *heel* = Ferse) genannt. Sie dirigierten das Vieh durch Scheinangriffe und schnappten nach der Ferse des Beins, auf dem gerade das Gewicht des Stiers lagerte. Da ein gut gezielter Tritt eines Rindes schnell und möglicherweise tödlich ist, drückt sich der Hund nach dem Zuschnappen flach auf den Boden, um dem Tritt auszuweichen. Hall kreuzte auch einheimische Dingos ein, um deren Fähigkeit, sich leise an die Beute anzuschleichen, einzubringen. Der Hall's Heeler, wie der Australian Cattle Dog auch genannt wurde, geht aus Kreuzungen zwischen Dingos, inzwischen ausgestorbenen Smithfield Collies, Kelpies, Kurzhaar-Collies mit der Farbtönung Blue-Merle (s. S. 233), Bull Terriern und Dalmatinern (s. S. 183) hervor. Wie beim Dalmatiner werden die Welpen des Australian Cattle Dogs ungeachtet ihrer späteren Farbe weiß geboren (oder weiß mit schwarzen Sprenkeln). Ebenso wie Dingos sind die Hunde von Natur aus argwöhnisch und bedürfen der frühen Sozialisierung.

Briard

Andere Namen: Berger de Brie
Entstehungszeit: Mittelalter, weiterentwickelt im 19. Jahrhundert
Entstehungsort: Frankreich
Ursprüngliche Nutzung: Hütehund
Moderne Nutzung: Wach- und Gesellschaftshund
Maße: Größe 57–69 cm, Gewicht 33,5–34,5 kg
Farben: Schwarz, Grau-Sandfarben, Sandfarben
FCI-Kategorie: 1

Zwar ist sein genauer Ursprung unbekannt, doch gehört der Briard – dessen Name der für ihren Käse berühmten französischen Provinz Brie entlehnt ist – höchstwahrscheinlich zur alten Familie von Hütehunden, die sich mit den Völkerwanderungen von spätrömischer Zeit an bis ins Mittelalter hinein von Asien aus über den europäischen Kontinent ausbreitete. Andere Hunde, die zu dieser Gruppe gehören, sind der ungarische Komondor, der Kuvasz, der Puli (s. S. 244), der Bearded Collie (s. S. 234) und der Bobtail (s. S. 236). Zwar unterscheiden sich diese Rassen in vielerlei Hinsicht, doch haben alle einen ähnlichen Körperbau und wurden für die Verrichtung ähnlicher Arbeit gezüchtet. Der Briard wurde einst als die »ziegenhaarige« Variante des Beauceron angesehen; dieser Hund stammt auch aus Brie und besitzt ebenfalls doppelte Wolfskrallen an den Hinterfüßen.

Einst als Hütehund genutzt, stand der Briard im Ersten Weltkrieg im Dienst der französischen Armee. Briards trugen speziell für sie angefertigte Rucksäcke mit Munition und Waffenteilen von den Waffenlagern zur Frontlinie. Im Einsatz des Roten Kreuzes transportierten sie Erste-Hilfe-Pakete und spürten Verwundete auf. Heute ist der Briard einer der beliebtesten Gesellschaftshunde in Frankreich und im Begriff, auch in Großbritannien und den USA festen Fuß zu fassen.

Bergamasker

Andere Namen: Cano de Pastore Bergamasco, Bergamasker Hirtenhund
Entstehungszeit: Altertum
Entstehungsort: Italien (Bergamo)
Ursprüngliche Nutzung: Hütehund
Moderne Nutzung: Wach- und Gesellschaftshund
Maße: Größe 56–61 cm, Gewicht 26–38 kg
Farben: Alle Grautöne
FCI-Kategorie: 1

Typisch für den Bergamasker ist sein weiches, langes, mit verfilzten »Flocken« durchsetztes, wolliges Haarkleid. Die Rasse ist mindestens 2000 Jahre alt – wenn nicht noch älter – und erhielt ihren Namen von der norditalienischen Region um Bergamo, wo sie zum Hüten von Viehherden benutzt wurde und wo sich das Fell zu einem wetterfesten »Mantel« entwickelte, der auch vor Huftritten größeren Viehs und vor Wolfszähnen schützte. Es ist möglich, dass der Bergamasker mit dem Briard verwandt ist (s. S. 239), obwohl sein Zottelfell mehr dem des ungarischen Komondors gleicht. Wie diese beiden Rassen ist auch der Bergamasker sehr tüchtig und mit Feuereifer bei der Arbeit. Doch genau wie diese ist auch er ein wenig bekannter Hund, selbst in Italien. In jüngerer Zeit war die Rasse bereits mehrmals vom Aussterben bedroht. Zwar ist er ein sehr liebevolles Tier, doch eignet sich der Bergamasker am besten für eine Haltung im Freien und nicht für das Leben in der Stadt. Inzwischen befindet sich die Rasse in den sicheren Händen einer Reihe enthusiastischer Besitzer und Züchter.

Maremma

Andere Namen: Maremmen-Abruzzen-Schäferhund, Pastore Abruzzese
Entstehungszeit: Altertum
Entstehungsort: Italien (Toskana und Abruzzen)
Ursprüngliche Nutzung: Hütehund für Schafe
Moderne Nutzung: Wach- und Gesellschaftshund
Maße: Größe 60–73 cm, Gewicht 30–45 kg
Farben: Weiß
FCI-Kategorie: 1

Der rein weiße Maremma, auch Maremmen-Abruzzen-Schäferhund genannt, stammt aus der Toskana und den Abruzzen und ist ein Nachfahre der großen, weißen Hirtenhunde, die sich mit den Magyaren vor über 1000 Jahren westwärts nach Europa ausbreiteten und auch in Hunden wie dem Pyrenäen-Berghund (s. S. 228) weiterleben. Der Maremma ist kleiner als seine Vorfahren, der kurzhaarigere Maremmen-Schäferhund und der Abruzzen-Berghund, doch behielt er die weiße Farbe bei. Diese wurde von Schäfern bevorzugt: Zum einen konnten weiße Hunde leichter von Wölfen unterschieden werden, zum anderen akzeptieren Schafe weiße Hütehunde besser. Ältere Maremmas zeigen einen Anflug von Beige oder Zitronengelb an den Ohren, und die jugendlich schwarze Nase bekommt im Alter eine leichte rosabraune – doch keinesfalls weniger charakteristische – Färbung. Das füllige, außer am Kopf lange, raue Fell ist wetterfest; es ist leicht gewellt und bildet eine dicke Mähne um den Hals. Die Rute ist dick befedert und herrlich bauschig. Wie viele Hirtenhunde ist der Maremma ein tüchtiger Wachhund, doch ist die Gehorsamserziehung nicht einfach. Die Rasse wird in Großbritannien seit 1931 regelmäßig ausgestellt; gleichwohl ist sie außerhalb Italiens noch immer selten.

PON

Andere Namen: Polski Owczarek Nizinny, Polnischer Niederungshütehund
Entstehungszeit: 16. Jahrhundert
Entstehungsort: Polen
Ursprüngliche Nutzung: Jagdhund
Moderne Nutzung: Hüte- und Gesellschaftshund
Maße: Größe 41–51 cm, Gewicht 14–16 kg
Farben: Alle Farben von Schwarz über Braun bis Weiß
FCI-Kategorie: 1

PON ist die in Deutschland eingebürgerte Abkürzung für den polnischen Namen Polski Owczarek Nizinny. Der PON gilt vielen als Verbindungsglied zwischen den asiatischen Hütehunden mit Schnürenfell, die von den Magyaren vor über 1000 Jahren aus dem Osten nach Europa gebracht wurden und zu deren Nachfahren der ungarische Puli (s. S. 244), der Bergamasker (s. S. 240) und der Komondor gehören, und den jüngeren zottigen Hütehundrassen wie dem Bearded Collie (s. S. 234).

Es gibt zahlreiche Hunde diesen Typs in ganz Europa, z. B. den Katalanischen Schäferhund in Spanien, den Portugiesischen Schäferhund oder den Schapendoes (niederländischer Hütepudel), die in ihrer jeweiligen Heimat als Arbeitshunde gezüchtet wurden. Folglich sind diese Hunde, wie auch der PON, außer auf Ausstellungen selten außerhalb ihrer Heimatländer zu sehen, wo viele noch immer Arbeitshunde sind. Im 19. Jahrhundert, als die Mechanisierung der Landwirtschaft viele Arbeitstiere überflüssig machte, begann man sich für einheimische Rassen zu interessieren – ohne dieses Interesse gäbe es heute viele davon nicht mehr. Die beiden Weltkriege führten zu einer weiteren Abnahme der Bestände. Der PON hatte jedoch das Glück, Ende der 1940er-Jahre begeisterte Züchter zu finden, denen es gelang, die Rasse wiederzubeleben. Heute ist er in Polen ein beliebter Familienhund.

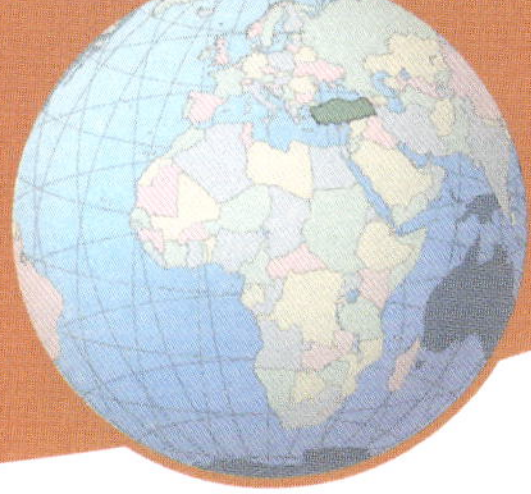

Anatolischer Hirtenhund

Andere Namen: Coban Kopegi, Karabas, Kangal
Entstehungszeit: Mittelalter
Entstehungsort: Türkei
Ursprüngliche Nutzung: Hütehund für Schafe
Moderne Nutzung: Hütehund für Schafe
Maße: Größe 71–81 cm, Gewicht 41–64 kg
Farben: Alle Farben
FCI-Kategorie: 2

Der stattliche Anatolische Hirtenhund aus der Zentraltürkei gehört zu den vielen Hütehundrassen, die jahrhundertelang in ganz Europa und Asien im Dienst von Schäfern standen. Diese Tiere waren keine Treibhunde – sie mussten die Herden nicht kontrollieren, vielmehr war es ihre Aufgabe, sie zu beschützen, vor allem vor Wölfen. Der Anatolische Hirtenhund ist möglicherweise mit den Molossern verwandt, denn er weist die für diese Hunde typische Größe, Schnelligkeit, Ausdauer und den breiten Kopf auf.
In der Türkei wurden alle Hirtenhunde einst pauschal als Coban Kopegi bezeichnet, doch in den 1970er-Jahren begannen Züchter mit der Untersuchung von Hundetypen und fanden einige regionale Unterschiede. Heute werden der Anatolische Hirtenhund aus der Zentraltürkei und der westtürkische Akbash in ihrer Heimat als unterschiedliche Rassen angesehen. Zwar erkennt der *British Kennel Club* nur den Anatolischen Hirtenhund an, dafür wird der Akbash jedoch sehr wohl von türkischen Hirten und Schafen akzeptiert!

Das Fell des Anatolischen Hirtenhundes ist dicht und weich, mit einer dicken, schützenden Unterwolle. Die häufigste Farbe ist Rehbraun mit schwarzer Maske; hellere Farben wurden bei Hütehunden normalerweise bevorzugt, da die Hunde so leichter von Wölfen zu unterscheiden waren. Die Rasse beschützt noch heute Schafherden vor Wölfen, die in Zentralasien noch immer frei umherstreifen. Als ausgesprochener Arbeitshund eignet sich der Anatolische Hirtenhund nicht zum Gesellschaftshund, es sei denn, er wird früh durch Menschen und andere Hunde sozialisiert.

Puli

Andere Namen: Ungarischer Puli, Ungarischer Wasserhund, Juhaszkutya
Entstehungszeit: Mittelalter
Entstehungsort: Ungarn (Puszta)
Ursprüngliche Nutzung: Apportier- und Hütehund
Moderne Nutzung: Gesellschaftshund
Maße: Größe 37–44 cm, Gewicht 10–15 kg
Farben: Schwarz, Apricot, Weiß
FCI-Kategorie: 1

Der Puli, der einst auf den großen Schafweideflächen der Puszta zu Hause war, ist vielleicht die bekannteste der vier großen ungarischen Hütehundrassen. Sein charakteristischstes Merkmal ist das Fell, das bei Ausstellungshunden bis zum Boden reicht und Schnüre bildet, wenn der Hund herangewachsen ist (bei Welpen ist das Fell noch nicht zu Schnüren verfilzt). Die Gesamterscheinung ist die eines Hundes, der sich unter einem riesigen Wischmop verbirgt, und zwar so gut, dass manchmal kaum zu erkennen ist, wo vorn und hinten ist.

Der praktisch »wasserdichte« Puli mit seinen typischen »Dreadlocks« ist sehr wahrscheinlich der Vorfahr des Pudels (s. S. 194). Es gibt sogar einen Pudel mit derselben Fellstruktur, den Schnürenpudel. Beide Rassen wurden einst als Jagdhunde verwendet, die geschossenes Wasserwild apportierten. In Ungarn wurden der Puli und der Pumi (der aus Kreuzungen zwischen Puli und Deutschen Spitzen mit weicherem Fell entstand) oft zusammen unter dem Namen Juhaszkutya klassifiziert, was einfach Hütehund bedeutet. Die genauen Ursprünge des Pulis sind unbekannt, es gibt jedoch eine frühe Erwähnung aus dem Jahr 1751 durch einen ungarischen Schreiber namens Heppe. Dieser beschrieb einen Hund mit Schnürenfell, nannte ihn Ungarischer Treiberhund und behauptete, er jage Enten – und Kaninchen.

Heute ist man sich allgemein einig darüber, dass zu den Vorfahren des Pulis die asiatischen Hunde gehören, die mit den Magyaren ins Land kamen. Der Zweite Weltkrieg brachte fast das Ende der Rasse in Ungarn, doch eine Gruppe von Exil-Ungarn schaffte es, den Puli im Ausland zu etablieren, besonders in Nordamerika, wo er zum beliebten Gesellschaftshund wurde. Pulis – in der ungarischen Sprache Pulik (Plural von Puli) – wurden in Deutschland auch für den Polizeidienst trainiert.

Welsh Corgi Cardigan

Andere Namen: Corgi
Entstehungszeit: Mittelalter
Entstehungsort: Wales
Ursprüngliche Nutzung:
Treibhund für Rinder
Moderne Nutzung: Treibhund für Rinder, Gesellschaftshund
Maße: Größe 27–32 cm, Gewicht 11–17 kg
Farben: Alle Farben
FCI-Kategorie: 1

Corgis waren – und sind es auf einigen walisischen Gehöften immer noch – Rindertreibhunde. Sie gehören zu den Hunden, die im Englischen als Heeler (Fersenbeißer) bezeichnet werden. Flink, aktiv und sehr kräftig, haben diese Tiere einen recht langen Körper und kurze Beine. Ihre Aufgabe war es, auf Rinder zuzuschnellen und sie mit einem Zwicken in die Ferse anzutreiben. Ihre niedrige Statur war dabei von Vorteil, denn so konnten sie sich nach dem Scheinangriff schnell flach auf den Boden legen und dem zu erwartenden Huftritt entgehen. Die ursprüngliche Bedeutung des keltischen Wortes *corgi* ist einfach Hund. Es ist überliefert, dass es den Einwohnern Britanniens nach der Eroberung durch die Normannen im Jahr 1066 verboten war, die »blaublütigen« Hunde ihrer französischen Oberherren zu halten; *corgi* soll in dieser Zeit zu *curgi* verfälscht und schließlich zu *cur* geworden sein, einem Begrif, der heute noch für einen Mischlingshund oder eine »Zufallskreuzung« benutzt wird. Einer anderen Theorie zufolge bedeutet *cor* Zwerg und *gi* Hund, doch taucht dieses Wort in der mittelenglischen Schriftsprache erst um das Jahr 1360 auf.

Der Cardigan und der Pembroke (s. S. 246) stammen zwar beide aus Südwales, sind jedoch eigenständige Rassen. Durch die isolierten Lagen der Farmen in den walisischen Tälern blieb das auch so. Ob der Corgi nun vor über 3000 Jahren mit den Kelten nach Wales gelangte oder, wie viele glauben, mit den kurzbeinigen Basset-Hunden des europäischen Festlandes verwandt ist – Tatsache ist, dass der Welsh Corgi Cardigan seit seiner Ankuft in Wales relativ unverändert blieb: Er hat noch immer seinen langen Fuchsschwanz und große Stehohren. Der Cardigan ist der ruhigere und gelassenere der zwei Corgi-Rassen – und doch ist er ein wachsamer und recht bissiger Verteidiger seines Eigentums.

Welsh Corgi Pembroke

Andere Namen: Corgi
Entstehungszeit: Mittelalter
Entstehungsort: Wales
Ursprüngliche Nutzung: Treibhund für Rinder
Moderne Nutzung: Treibhund für Rinder, Gesellschaftshund
Maße: Größe 25–31 cm, Gewicht 10–12 kg
Farben: Rot, Rehbraun, Zobel, Schwarz-Lohfarben, auch mit weißen Abzeichen
FCI-Kategorie: 1

Der Welsh Corgi Pembroke ist die bekanntere der beiden Corgi-Rassen – hauptsächlich weil diese Hunde häufig in Begleitung der britischen königlichen Familie gesehen werden. Es gibt zwei Haupttheorien über die Ursprünge des Pembroke: Der ersten zufolge wurde ein Zwerghund von flämischen Webern um 1100 nach England gebracht. Einige dieser Weber zogen dann in die südwestliche Ecke von Wales. Wofür Weber Viehtreibhunde brauchten, ist nicht bekannt, vielleicht wurden die Tiere wegen ihrer geringen Größe als Begleithunde gewählt. Wenn der Pembroke flämischen Ursprungs ist, dann stammt er von Hunden des Spitztyps ab und ist mit dem Schipperke (s. S. 196) verwandt. Sowohl der Pembroke als auch der Schipperke haben »Fuchsgesichter«, doch wo stammen der lang gezogene Körper, die kurzen Beine und die großen Ohren her? Außerdem würde eine Verwandtschaft mit dem Schipperke den fehlenden Schwanz beim Pembroke nicht erklären.

Die andere, plausiblere These lautet, dass der Pembroke wie der Cardigan von kontinentaleuropäischen, kurzbeinigen Basset-Hunden abstammt und die isolierte Lage der walisischen Gehöfte sowie das Verfahren der Farmer, auf Arbeitsmerkmale hin zu züchten, zu der Unterschiedlichkeit der Corgi-Rassen führten.

Möglicherweise ist der Pembroke auch mit dem Schwedischen Vallhund verwandt (s. S. 211) – es könnte sein, dass der kleine Treibhund nach der Plünderung Britanniens als Beute mit zurück nach Skandinavien genommen wurde.

Im frühen 20. Jahrhundert wurde der Welsh Corgi Cardigan nach Pembrokeshire gebracht, und die zwei Corgi-Rassen wurden vermischt, was zu einer Verringerung der Unterschiede führte. 1934 wurden beide als eigenständige Rassen anerkannt. Wie der Cardigan kann auch der Pembroke noch immer bei der Arbeit angetroffen werden. Doch die meisten Corgis sind heute Haustiere – in Wales und anderswo auf der Welt.

Lancashire Heeler

Andere Namen: Ormskirk Heeler, Nip'n Duck Dog
Entstehungszeit: 17. Jahrhundert, rekonstruiert in den 1960er-Jahren
Entstehungsort: England
Ursprüngliche Nutzung: Hüte- und Treibhund für Rinder
Moderne Nutzung: Gesellschaftshund
Maße: Größe 25–31 cm, Gewicht 3–6 kg
Farben: Schwarz-Lohfarben
FCI-Kategorie: Noch nicht kategorisiert

Diese Rasse wurde erst 1981 in Großbritannien anerkannt. Mit der Mechanisierung der Landwirtschaft wurde die Arbeit vieler Rindertreibhunde (Heeler, am besten übersetzt mit Fersenbeißer; engl. *heel* = Ferse) nicht mehr gebraucht. Der Lancashire Heeler, der Yorkshire und der Norfolk Heeler sowie der Smithfield Collie (so genannt, weil er auf dem Smithfield Fleischmarkt von London arbeitete) starben aus. Der heutige Lancashire Heeler entstand durch eine Rekonstruktion der Rasse: In den 1960er-Jahren wurden Welsh Corgis (s. S. 245 und 246) – ihrerseits ebenfalls Heeler – mit Manchester Terriern (s. S. 137) gekreuzt, die für das glatte, glänzende schwarze Fell mit seinen leuchtenden Loh-Abzeichen verantwortlich sind.

Die »neue Rasse« sieht genau so aus wie der alte Lancashire Heeler, der in der Gegend rund um Ormskirk in der Grafschaft Lancashire im Nordwesten Englands von Schlachtern und Metzgern zum Hüten und Treiben von Rindern benutzt wurde. Diese Hunde wurden allgemein Nip'n Duck Dogs (Schnapp-und-Duck-Hunde) genannt, was genau ihre Arbeitsweise beschreibt. Die modernen Lancashire Heeler arbeiten nicht mehr mit Rindern, sondern zeigen lieber, wie viel Terrierblut in ihnen steckt, wenn sie hinter Kaninchen und Eichhörnchen herjagen.

Dobermann

Andere Namen: Dobermann-Pinscher
Entstehungszeit: 19. Jahrhundert
Entstehungsort: Deutschland
Ursprüngliche Nutzung: Schutzhund
Moderne Nutzung: Gesellschafts- und Diensthund
Maße: Größe 65–69 cm, Gewicht 30–40 kg
Farben: Schwarz, Braun, Blau mit rotbraunem Band auf Kopf, Rumpf und Beinen
FCI-Kategorie: 2

Der elegante, gehorsame und oft sehr liebevolle Dobermann ist eine relativ junge und durch ein geplantes Zuchtprogramm entstandene Rasse. In den 1870er-Jahren begann der Steuereinnehmer Louis Dobermann aus Apolda in Thüringen ein experimentelles Programm zur Züchtung des idealen Schutzhundes. Er benutzte dafür Rottweiler (s. S. 222), Pinscher (s. S. 186), Weimaraner (s. S. 68), Greyhounds (s. S. 96) und Manchester Terrier (s. S. 137). 1890 war Herr Dobermann bei einem Hundetyp angelangt, der seinen Anforderungen entsprach: ein riesiger Terrier mit der Stärke und Wachsamkeit der berühmten Thüringischen Schäferhunde. Nach frühen Kommentaren zur Rasse war der Dobermann ein furchtloser Hund, und die meisten Menschen glaubten, dass Furchtlosigkeit auch auf Seiten seiner Besitzer erforderlich sei; es gibt die Geschichte über einen Dobermann, der in die USA exportiert und dreimal zum besten Zuchttier gekört wurde, ohne dass es irgendein Richter gewagt hätte, dem Hund ins Maul zu schauen. Erst als man sich dazu durchrang, wurde entdeckt, dass das »beste Zuchttier« einen schwerwiegenden Fehler hatte: Ihm fehlten Zähne!

Nach dem Wunsch von Louis Dobermann erweiterte ein späterer Züchter, Otto Göller, den Rassenamen zum heute bereits wieder veralteten Dobermann-Pinscher. Heute ist der Dobermann der vielleicht berühmteste und beste Diensthund, den es gibt – er wird auf der ganzen Welt von der Polizei und von Sicherheitsdiensten eingesetzt. Dobermänner, die früh sozialisiert wurden, erwiesen sich auch als hervorragende Gesellschaftshunde.

Glossar

Abzeichen	Kleiner Fleck, dessen Farbe mit dem restlichen Fell kontrastiert; er befindet sich in der Regel an Kopf oder Rumpf.
Appell	Unbedingte Folgsamkeit als Grundlage für die gesamte Erziehung und Abrichtung.
Apportieren	Das Bringen eines ausgelegten oder weggeworfenen Gegenstandes bzw. von geschossenem Kleinwild.
Ballen	Zähe, dicke Verlängerung der Haut, die sich an der Unterseite der Pfoten befindet und als Stoßdämpfer wirkt.
Barthaare	Recht lange Tastorgane an den Seiten der Schnauze und manchmal auch am Unterkiefer.
Befederung	Besatz aus langen Haaren.
Blenheim	Farbe: Kastanienbraune Abzeichen auf perlweißer Grundfarbe.
Blesse	Weißer Streifen, der vertikal auf dem Gesicht verläuft.
Blue-Merle	Farbe: Marmoriertes Blau und Grau, gemischt mit Schwarz.
Buntschecken	Farbe: Ungleichmäßige weiße Stellen, gemischt mit einer anderen Farbe.
Deckrüde	Männlicher Hund, der zur Zucht zugelassen ist.
Doppeltes Fell	Warme, wasserdichte Unterwolle und wetterfestes Deckhaar.
FCI	Fédération Cynologique Internationale (kynologischer Weltverband).
Fessel	Fußwurzelgelenk, das die Verbindung zwischen Sprunggelenk und Zehen bildet.
Fledermausohren	Stehohren, breit am Ansatz und mit abgerundeten Spitzen.

Geschimmelt	Farbe: Weiße und farbige Haare wechseln sich ab.
Gestromt	Farbe: Streifenzeichnung aus schwarzen, braunen, goldenen, roten oder grauen Haaren.
Grizzle	Farbe: Gräuliches Fellmuster, normalerweise eine Mischung aus Schwarz, Blaugrau, Eisengrau mit roten bzw. weißen Haaren.
Größe	Abstand vom Boden bis zum Widerrist, am Vorderlauf entlang gemessen.
Hosen	Lange Haare an der Rückseite der Hinterbeine, die den Hund aussehen lassen, als hätte er weite Hosen an (z. B. beim Australian Shepherd).
Inzucht	Paarung nah verwandter Tiere.
Kennel Club (KC)	Hundeverband.
Kreuzung	Paarung von Hunden verschiedener Rassen oder Rassetypen.
Kupieren	Stutzen der Ohren oder der Rute des Hundes aus Gründen des Erscheinungsbildes oder der Hygiene; in vielen Ländern inzwischen verboten.
Läufe	Vorder- und Hinterbeine bei Hunden.
Läufigkeit	Die Läufigkeit, auch Hitze genannt, tritt bei Hündinnen zweimal im Jahr auf; ca. 10 Tage nach Einsetzen der Läufigkeit ist die Hündin zur Paarung bereit.
Laut geben	Bellen eines Wach- oder Jagdhundes.
Linienzucht	Kreuzung von verwandten Hunden (Familienzucht) oder von Hunden, die auf einen gemeinsamen Ahnen zurückgehen.
Lefzen	Herabhängende Oberlippen.
Maske	Dunkles oder weißes Gesicht (z. B. bei Deutscher Dogge, Boxer oder Alaskan Malamute).
Merle	Farbe: Geschecktes oder buntes Fell, basierend auf einem einzigen oder mehreren dominanten Genen.

Meliert	Farbe: Mischung farbiger und weißer Haare (z. B. beim English Cocker Spaniel).
Ohren	Die Form der Ohren ist bei Hunden sehr unterschiedlich, es gibt z. B. Fledermausohren (Französische Bulldogge), Kippohren (Foxterrier), Behangohren (Golden Retriever), Stehohren (Deutscher Schäferhund), Hängeohren (Bassets), Überfallohren (Shetland Sheepdog), Rosenohren (Whippet) und Knopfohren (Jack Russell Terrier); bei einigen Rassen war oder ist das Kupieren der Ohren üblich.
Pfeffer-Salz	Farbe: Mischung aus schwarzen und weißen Haaren.
Pointer	Vorstehhund; die klassische Aufgabe des Pointers ist das Erstarren in der Bewegung, sobald der Hund das Wild sieht. Ein abgewinkelter Vorderlauf »zeigt« in Richtung des Wildes.
Pompom	Rundes Haarbüschel, das bei einigen Rassen beim Scheren am Ende der Rute stehen gelassen wird (z. B. beim Pudel).
Quaste	Lange Haare, die von der Rute herabhängen.
Rassestandard	Beschreibung einer Rasse, anhand derer die Hunde bei Ausstellungen bewertet werden.
Sable	Farbe: Schwarze Spitzen an goldenen, silbernen oder lohfarbenen Haaren.
Schnürenfell	Schnüre im Fell entstehen, wenn Deckhaar und Unterwolle ineinander verfilzen (z. B. bei Komondor, Puli, Schnürenpudel).
Schweißhund	Hund, der schnüffelnd Geruchsspuren auf dem Boden folgt; als Schweiß wird die Blutspur eines verletzten Tieres bezeichnet.
Sichelrute	Wie eine Sichel getragene Rute.
Spürhunde	Hunde, die mit ihrer Nase eine Spur auf dem Boden verfolgen (auch Fährtensuchhunde).

Sesam	Farbe: Rot-falbfarbene Haare mit schwarzen Spitzen; Rot-Sesam: weiße und schwarze Haare ins Rot eingestreut; Schwarz-Sesam: rötlich gelbe Haare ins Schwarz eingestreut.
Setter	Vorstehhund; die klassische Aufgabe des Setters ist das Erstarren in der Bewegung, wenn der Hund das Wild sieht, und das Aufstöbern des Wildes auf ein Kommando hin.
Sichthund	Hund, der mehr auf Sicht als der Nase nach jagt; dazu gehören alle Windhundrassen.
Stammbaum	Auflistung von mindestens drei Generationen der Vorfahren eines Hundes.
Stopp	Einwölbung zwischen den Augen, wo Nasenknochen und Schädel aufeinander treffen.
Tricolor	Farbe: Schwarz-Weiß mit lohfarbenen Abzeichen (Dreifarbigkeit).
Wamme	Recht lockere, herabhängende Haut unter der Kehle oder am Hals (z. B. beim Boxer oder Basset).
Widerrist	Höchster Punkt der Rückenwirbel, direkt hinter dem Hals, von dem aus die Körperhöhe des Hundes (am Vorderlauf entlang) gemessen wird.
Wolfskralle	Meist verkümmerte erste Zehe an der Innenseite des vorderen Mittelfußes.
Wurf	Die Anzahl von Welpen, die eine Hündin zur Welt bringt.
Zobel	Farbe: Haare mit schwarzen Spitzen, Grundfarbe aus goldenen, silbernen, grauen, rehbraunen oder gelbbraunen Haaren.

Hilfreiche Adressen

Verband für das Deutsche Hundewesen (VDH) e.V.
Westfalendamm 174
44141 Dortmund
Telefon: (0231) 565 000
Homepage: www.vdh.de

Interessengemeinschaft Deutscher Hundehalter (IDH)
Auguststraße 5
22085 Hamburg
Telefon: (040) 454 761

Deutscher Hundesportverband (DHV) e.V.
Gustav-Sybrecht-Straße 42
44536 Lünen
Telefon: (0231) 878 010
Homepage: www.dhv-hundesport.de

Österreichischer Kynologenverband (ÖKV)
Siegfried-Marcus-Straße 7
2362 Biedermannsdorf
Österreich
Tel: (0043 2236) 710 667
Homepage: www.oekv.at

Schweizerische Kynologische Gesellschaft (SKG)
Postfach 8276
3001 Bern
Schweiz
Telefon: (0041 31) 3066 262
Homepage: www.hundeweb.org

FCI-Generalsekretariat (Fédération Cynologique Internationale)
Place Albert 1er, 13
6530 Thuin
Belgien
Telefon: (0032 71) 591 238
Homepage: www.fci.be

Danksagung

Die Autorin dankt Vic Swift, British Library, London, außerdem allen Hundebesitzern, -züchtern und -liebhabern, die viele ausführliche Darstellungen und lustige Anekdoten über Hunde und Hunderassen im Internet zur Verfügung stellten.

Register

Zum schnelleren Auffinden sind die Seitenangaben für die Rassebeschreibungen fett gedruckt.